《江西省生态产品价值实现机制改革绿皮书》编委会

主　编：王前虎

副主编：刘　兵　彭小平　徐伟民

编　委（按姓氏笔画排列）：

马思洁　王　伟　王鑫亮　邓龙云　田红豆
匡剑勇　孙志伟　任　璇　刘　贫　刘建军
刘亮良　杨志平　周　吉　罗斌华　赵文鹏
秦佳军　彭秋松　熊　瑜　熊名荣　潘远超

江西省生态产品价值实现机制改革绿皮书

JIANGXI SHENG SHENGTAI CHANPIN
JIAZHI SHIXIAN JIZHI GAIGE LÜPISHU

王前虎◎主编

江西人民出版社
Jiangxi People's Publishing House
全国百佳出版社

图书在版编目（CIP）数据

江西省生态产品价值实现机制改革绿皮书 / 王前虎主编 . -- 南昌：江西人民出版社，2024.8. -- ISBN 978-7-210-15651-2

Ⅰ . F127.56

中国国家版本馆 CIP 数据核字第 2024G11C04 号

江西省生态产品价值实现机制改革绿皮书　　王前虎　主编
JIANGXI SHENG SHENGTAI CHANPIN JIAZHI SHIXIAN JIZHI GAIGE LÜPISHU

责 任 编 辑：张志刚
封 面 设 计：回归线视觉传达

江西人民出版社 出版发行
Jiangxi People's Publishing House
全国百佳出版社

地　　　　址：	江西省南昌市三经路 47 号附 1 号（邮编：330006）
网　　　　址：	www.jxpph.com
电 子 信 箱：	jxpph@tom.com　　web@jxpph.com
编辑部电话：	0791-86898873
发行部电话：	0791-86898815
承　印　厂：	南昌市红星印刷有限公司
经　　　销：	各地新华书店

开　　本：	787 毫米 ×1092 毫米　1/16
印　　张：	20.25
字　　数：	319 千字
版　　次：	2024 年 8 月第 1 版
印　　次：	2024 年 8 月第 1 次印刷
书　　号：	ISBN 978-7-210-15651-2
定　　价：	68.00 元

赣版权登字 -01-2024-331

版权所有　侵权必究

赣人版图书凡属印刷、装订错误，请随时与江西人民出版社联系调换。
服务电话：0791-86898820

前 言

  建立健全生态产品价值实现机制，是习近平总书记亲自谋划、亲自部署、亲自推动的一项重大改革任务，是生态文明建设领域全面深化改革的一项重大制度安排。习近平总书记多次发表重要讲话指出，要积极探索推广绿水青山转化为金山银山的路径，选择具备条件的地区开展生态产品价值实现机制试点，探索政府主导、企业和社会各界参与、市场化运作、可持续的生态产品价值实现路径；要加快建立生态产品价值实现机制，让保护修复生态环境获得合理回报，让破坏生态环境付出相应代价。2023年10月，习近平总书记在进一步推动长江经济带高质量发展座谈会上强调，要拓宽生态产品价值实现路径，支持生态优势地区做好生态利用文章，完善横向生态保护补偿机制，把生态财富转化为经济财富。习近平总书记的系列重要论述，为我们做好生态产品价值实现工作提供了根本遵循和科学指引。

  习近平总书记对江西生态文明建设和生态产品价值实现寄予厚望，三次考察江西时都对生态文明建设作出重要指示，强调要坚定不移走生态优先、绿色发展之路，推动全面绿色转型，打造生态文明建设高地。2023年10月，习近平总书记在婺源县石门自然村考察时指出，要找到实现生态价值转化的有效途径，让群众得到实实在在的好处。2016年，党中央将江西列入首批国家生态文明试验区，部署探索多元化生态保护补偿，建立绿色价值共享机制，推动生态产品价值得到更多实现。2017年，中共中央、国务院印发《关于完善主体功能区战略和制度的若干意见》，确定在江西等四省开展生态产品价值实现机制试点。2019年9月，经国家批准，抚州市成为全国第二个生态产品价值实现机制改革试点市。2024年6月，国家发展改革委发布《关于印发首批国家生态产品价值实现机制试点名单的通知》，确定抚州市继续开展试点工作。

江西全省上下牢记习近平总书记殷殷嘱托，深入贯彻习近平生态文明思想，以国家生态文明试验区建设和生态产品价值实现机制国家试点为契机，聚焦"走在前、勇争先、善作为"目标要求，坚持以人民为中心，牢固树立和践行绿水青山就是金山银山的理念，高标准打造美丽中国"江西样板"。省委十五届四次全会明确将打造"国家生态文明建设高地"作为重点打造的"三大高地"之一，省人民代表大会作出关于全力打造国家生态文明建设高地的决定，将"在生态产品价值实现上走前列"作为生态文明建设"四个走前列"之一，在全国率先出台省级生态产品价值实现机制实施方案，全面实施生态产品价值实现机制改革行动，全域化、系统性推进生态产品价值实现。通过深入推进实践探索，推动生态产品价值实现机制建设取得阶段性成效，生态产品"度量难""交易难""变现难""抵押难"得到初步解决，先后有20多项改革成果和经验做法在全国推广。

各地各部门坚持以体制机制改革创新为核心，以产业化利用、价值化补偿、市场化交易为重点，积极探索绿水青山与金山银山转化路径。建立试行生态产品价格形成机制，全省碳汇、水权、排污权、用能权累计成交额近4500万元，湿地占补平衡指标累计成交额超过9300万元，林业类生态产品累计成交额超过90亿元。上饶市等地探索权属分置设立林下经济收益权、湿地经营权，九江市探索开展自然资源资产整体配置、累计成交额达79亿元。大力实施林下经济"三千亿工程"、竹产业"千亿工程"、油茶产业"三年行动"，林下经济年综合产值超过1800亿元。加强生态产品品牌培育和保护，累计发布"江西绿色生态"品牌认证标准95项。推动实施多轮省内和跨省的流域横向生态保护补偿，累计发放全流域生态补偿资金近300亿元。创新生态资源平台运营模式，构建省市县三级共享共用的生态资源储蓄运营综合平台，资溪县"两山"转化、万年县湿地资源运营经验入选国家推广清单。创新生态资产权益抵押模式，构建林权收储担保体系，油茶产业专属贷款累计近40亿元，抚州市首创"生态信贷通"融资模式。全省各地因地制宜推进生态产品价值实现，江西绿水青山的底色更亮、金山银山的成色更足。

省发展改革委牵头推进生态产品价值实现工作，将生态产品价值实现列为全省生态文明建设的重大任务和打造国家生态文明建设高地的重要抓手。加强组织领导，充分发挥省生态文明建设领导小组办公室职能作用，加强政策设计，强化统筹协调，适时组织评估。强化争资争项，在生态补偿等方面争取国家大力支持，积极争取中央预算内资金支持生态保护修复和生态产品价值实现。深化改革创新，聚焦生态产品价值实现机制重点举措和重点任务，推动出台试行全省统一的GEP核算规范、核算统计报表制度、GEP核算结果应用意见、生态资产价值评估管理办法等，持续深化生态补偿、绿色金融改革，推进生态资源环境要素交易扩面增量。推动试点示范，坚持以破解问题为导向，打造23个省级生态产品价值实现机制改革示范单位。创新智力支撑，支持省生态文明研究院联合15家国家级、省级高端智库，共建江西省生态产品价值实现智库联盟，组织开展联合研究，作为全省生态产品价值实现工作亮点写入了省委十五届五次全会工作报告。加强宣传引导，组织政策宣讲、召开新闻发布会，开展生态产品价值实现改革创新案例评选，总结生态产品价值实现经验，通过现场会、推进会等形式，积极推广生态产品价值实现经验做法。

值此党的二十届三中全会胜利召开之际，为总结近年来江西生态产品价值实现机制改革进展，提炼典型经验，进一步全面深化生态产品价值实现重点领域和关键环节改革，助力打造国家生态文明建设高地，在各地各部门和省生态产品价值实现智库联盟各成员单位的大力支持下，我们组织编写了《江西省生态产品价值实现机制改革绿皮书》。全书分为综合报告、创新案例、专题研究三大部分，并附录生态产品价值实现政策文件等。本书是江西深入践行绿水青山就是金山银山理念、建立健全生态产品价值实现机制的阶段性成果，也是江西为全国贡献的可复制可推广的经验成果。

党的二十届三中全会擘画了进一步全面深化改革的时代蓝图，强调加快完善落实绿水青山就是金山银山理念的体制机制，健全生态产品价值实现机制，发展绿色低碳产业，促进绿色低碳循环发展经济体系建设。我们要以更强的自觉、更大的担当，精心做好生态价值转化的"江西文章"，着力完善绿水青山转化为金山银山的多元实现途径和制度体系，加快推动生态要素向生产要素、生态财富向物质财富转变，探索具有江西特色的生态产品价值实现新路子，推动生态产品价值实现走在全国前列，建设全国优质生态产品供给区、生态产品价值实现机制改革先行区、绿水青山与金山银山双向转化样板区，为加快打造国家生态文明建设高地提供强有力支撑。

编者
2024 年 8 月

目　录

第一篇　　　　　　　　　　　　　　　　　　　　　　　001
生态产品价值实现机制改革综合报告

一　全国生态产品价值实现机制改革情况　　　　　　　002
二　江西生态产品价值实现机制改革情况　　　　　　　009
三　系统探索构建江西生态产品价值评价机制　　　　　016

第二篇　　　　　　　　　　　　　　　　　　　　　　　021
生态产品价值实现机制改革创新案例

一　**生态产业规模化发展**　　　　　　　　　　　　　022
　　上饶市广信区：望仙谷以生态产品价值实现推动乡村振兴　022
　　赣州市寻乌县：变"废弃矿山"为绿水青山和金山银山　030
　　萍乡市莲花县：以"六化"协同探索生态产品价值实现的八种模式
　　　　　　　　　　　　　　　　　　　　　　　　　034
　　赣州市上犹县：探索"1+1+3"模式推动生态产品价值实现　041
　　上饶市婺源县：探索生态特色突出的乡村振兴新路　046
　　赣州市崇义县：以野果种质资源保护促进现代农业产业融合发展
　　　　　　　　　　　　　　　　　　　　　　　　　050
　　抚州市资溪县："以竹代塑"带动全域绿色低碳发展　054
　　南昌市高新区：统筹生态产品价值与高质量发展双提升　058
　　鹰潭市龙虎山景区：创新"生态＋产业发展"模式　063

抚州市广昌县：以地方"土特产"大发展推动生态价值实现 068

二　生态资源市场化运营　073
　　江西省市场监管局：打造"江西绿色生态"区域公用品牌 073
　　江西省农业气象中心：气候品质评价助力生态产品价值实现 078
　　江西省机关事务管理局：创新推进公共机构碳普惠制 083
　　抚州市：全域系统推进生态产品价值实现 087
　　宜春市铜鼓县："有为政府＋有效市场"协同生态产品价值共创
　　　094
　　抚州市南丰县：创新湿地资源运营机制 100
　　赣州市大余县：生态产品价值实现促进共同富裕的"丫山模式"
　　　105
　　吉安市万安县：创新"两山"公司实体化运营机制 111
　　抚州市乐安县：做强竹笋产业推动"竹山"变"金山" 116
　　南昌湾里：打造人与自然和谐共生的城市中央公园 120

三　生态领域多元化保障　125
　　江西省：构建全流域生态保护补偿机制 125
　　赣州市寻乌县：流域生态补偿促进上下游共同保护和协同发展
　　　129
　　上饶市余干县：生态补偿助推"候鸟经济"高质量发展 134
　　江西省林业局：依托林业金融服务平台创新政策性林业保险线上
　　投保理赔 138

抚州市资溪县：打通区域资源变现金融资本新路径　　141
赣江新区：创新"绿色产业数字保"保险产品　　145
吉安市安福县：创新公益林补偿收益权质押贷款　　149
九江市武宁县：构建全过程全链条生态产品价值转化运作体系
　　152
上饶市婺源县：探索"整村开发、生态入股"为核心的
　　　　　　　　市场运营"篁岭模式"　　158
吉安市吉州区：金融"活水"推动生态古村绿色转型　　163
九江市濂溪区：创新湿地公园自然资源资产价值实现　　167

第三篇　　171
生态产品价值实现机制改革专题研究

一　生态价值评价研究　　172
　　建立全省生态产品价值考核制度路径研究　　172
　　基于基础设施项目的生态产品价值核算指标体系研究　　178
　　宜春高安市生态系统生产总值（GEP）核算研究　　184
二　生态产业发展研究　　188
　　以产业化为核心推动生态产品价值实现研究　　188
　　江西省生态产业化综合支持政策建议　　196
　　江西农光互补项目实施现状、问题与对策　　205

		抚州市资溪县竹产业高质量发展研究	210
三		生态产品交易研究	217
		矿山生态修复资源合理利用与产品价值实现机制	217
		江西省林业碳汇发展现状、问题与对策研究	231
		生态系统碳汇开发及交易规范化研究	239
		以平台化运营破解江西生态资源碎片化难题	244
四		双向转化路径研究	250
		探索江西多元化生态产品价值实现路径研究	250
		江西生态产品价值实现机制建设"走前列"的建议	256
		江西建立健全生态产品价值实现机制研究	262

附录   269

一	江西省生态产品价值实现政策文件目录	270
二	江西省生态产品价值实现机制改革示范基地	276
三	江西省生态产品价值实现智库联盟	307

后记   315

第一篇

生态产品价值实现机制改革综合报告

一

全国生态产品价值实现机制改革情况

习近平总书记高度重视建立健全生态产品价值实现机制，多次作出重要指示批示，强调探索政府主导、企业和社会各界参与、市场化运作、可持续的生态产品价值实现路径，为完善生态产品价值实现机制指明了前进方向、提供了根本遵循。我们要提高政治站位，深刻学习领会习近平总书记重要讲话和重要指示批示精神，深入贯彻落实党中央、国务院决策部署，深刻认识完善生态产品价值实现机制的重大意义，加力破除生态产品价值实现障碍，不断增强做好工作的政治自觉、思想自觉和行动自觉，推动生态产品价值实现机制工作迈上新台阶。

一、深刻认识完善生态产品价值实现机制的重大意义

完善生态产品价值实现机制是生态文明领域全面深化改革的一项重大制度安排，是事关我国发展理念、发展方式、发展动力的重要变革，对于全面推进美丽中国建设、加快建设人与自然和谐共生的现代化，具有重大而深远的意义。

完善生态产品价值实现机制是发展新质生产力的重要抓手。习近平总书记强调，"新质生产力本身就是绿色生产力""保护生态环境就是保护生产力，改善生态环境就是发展生产力"。生态产品价值实现机制以保护和改善生态环境为前提，丰富和发展了绿色生产力的内涵，让生态优势源源不断转化为发展优势，促进符合新质生产力要求的生态产品价值实现新业态新模式加快发展。加

快完善生态产品价值实现机制，让良好的生态环境同劳动力、资本、技术等生产要素一样成为现代化经济体系的核心生产要素，能够充分释放良好生态环境中蕴含的经济价值，厚植高质量发展的绿色底色，培育发展新质生产力的绿色动能。

完善生态产品价值实现机制是促进经济社会发展全面绿色转型的重要方向。习近平总书记强调，"促进经济社会发展全面绿色转型是解决我国生态环境问题的基础之策"。2024年2月，中央全面深化改革委员会第四次会议审议通过《关于促进经济社会发展全面绿色转型的意见》。加快完善生态产品价值实现机制，推进以产业生态化和生态产业化为主体的生态经济体系建设，建立生态环境保护者受益、经营者获利、使用者付费、破坏者赔偿的利益导向机制，有利于推动形成以绿色为底色的经济发展方式和经济结构，让生态成为支撑经济社会持续健康发展的不竭动力，有力促进经济社会发展全面绿色转型。

完善生态产品价值实现机制是推动区域协调发展的重要举措。习近平总书记强调，绿水青山与金山银山的意义不仅仅在于生态环境本身，还可以延伸到统筹城乡和区域的协调发展上。从我国现阶段发展实际看，具有生态优势的广大地区往往经济发展水平相对落后。加快完善生态产品价值实现机制，推动区域间供需精准对接、要素有序流动，将生态优势转化为发展优势、竞争优势，将生态财富转化为社会财富、经济财富，能够加快塑造宜水则水、宜山则山、宜粮则粮、宜农则农、宜工则工、宜商则商的区域协调发展新格局，让提供生态产品的地区和提供农产品、工业产品、服务产品的地区发展相对均衡。

完善生态产品价值实现机制是实现共同富裕的重要路径。习近平总书记强调，"消除贫困、改善民生、实现共同富裕是社会主义的本质要求""促进共同富裕，最艰巨最繁重的任务仍然在农村"。我国农村地区生态资源富集、生态产品价值丰富，但其经营开发能力及价值实现能力相对较弱。我国拥有4亿多人口的世界最大规模中等收入群体，对高品质的生态产品具有巨大的需求和购买力。加快完善生态产品价值实现机制，能够带动广大农村地区土地、劳动力、资产、自然风光等要素活起来，让资源变资产、资金变股金、农民变股东，发挥生态优势就地就近致富，形成良性发展机制，实现"一方水土养一方人"向"一方水土富一方人"转变。

二、建立健全生态产品价值实现机制取得显著成效

2021年4月,中共中央办公厅、国务院办公厅印发《关于建立健全生态产品价值实现机制的意见》,该文件成为我国首个将绿水青山就是金山银山理念落实到制度安排和实践操作层面的纲领性文件。三年来,在习近平经济思想和习近平生态文明思想科学指引下,各地区各部门聚焦重点难点问题,着力打通瓶颈制约,深入推进实践探索,推动生态产品价值实现机制建设取得丰硕成果。

推进调查监测,着力破解生态产品"底数不清"问题。构建自然资源调查监测体系,完成第三次全国国土调查,扎实开展年度国土变更调查和森林、草原、湿地、水等自然资源专项调查,推进自然资源三维立体时空数据库建设。完善自然资源确权登记制度体系,有序开展国家公园等自然保护地、森林、湿地、草原、河流、湖泊、探明储量的矿产资源、海域等各类自然资源确权登记。完善自然资源分等定级价格评估制度。推动出台生态产品目录清单编制工作指南,组织部分地区编制本区域生态产品目录清单,摸清各类生态产品数量、质量等底数。

开展价值评价,着力破解生态产品"度量难"问题。制定《生态产品总值核算规范(试行)》,明确指标体系、具体算法、数据来源和统计口径,推进核算标准化和智能化。在全国层面开展森林、草原、湿地等生态系统价值核算。组织北京等13个省(区、市)开展生态产品总值核算,推动核算结果进考核、进监测、进评估、进规划、进项目、进决策、进补偿、进赔偿、进交易。在北京市门头沟区、浙江省湖州市、安徽省黄山市探索开展特定地域单元生态产品价值(VEP)评估,推动评估结果在经营开发、担保信贷、权益交易等方面开展实际运用。

加强经营开发,着力破解生态产品"交易难"问题。拓展生态产品价值实现模式,大力发展林下经济,全国林下经济经营和利用林地面积超过6亿亩,年均产值超过1万亿元,3400多万林农受益。出台全国生态旅游发展规划,

打造旅游与康养休闲融合发展的生态旅游开发模式，建设110家国家生态旅游示范区。将8155个有重要保护价值的村落纳入中国传统村落保护名录。推动全国846个市县在6174个城市公园实施开放共享。积极培育浙江"丽水山耕"、江西抚州"赣抚农品"、福建南平"武夷山水"等一批特色鲜明的生态产品区域公用品牌，提升生态产品溢价。

深化保护补偿，着力破解生态产品"变现难"问题。完善纵向生态保护补偿制度，以生态保护红线面积等因素为依据，加大对重点生态功能区的转移支付支持力度。2022年、2023年，中央财政分别下达地方重点生态功能区转移支付992.04亿元、1091亿元，分别比上年增长12.5%、10%。健全横向生态保护补偿机制，出台支持长江、黄河全流域建立横向生态保护补偿机制等政策文件，明确流域生态补偿基准、方式、标准。已有21个省份在20个跨省流域建立机制，流域水环境质量稳中有升，流域协同治理能力明显提高，综合效益不断扩大。

创新绿色金融，着力破解生态产品"抵押难"问题。发布《环境权益融资工具》金融行业标准，为企业和金融机构开展环境权益融资活动提供指引。截至2023年底，全国绿色贷款余额30.08万亿元，是2020年末的2.5倍，绿色贷款规模连续四年保持20%以上的高速增长。推进生态环境导向的开发模式（EOD）创新，2020年以来共有239个EOD项目进入生态环保金融支持项目储备库，截至2023年底，已有83个EOD项目获得金融机构支持，授信金额2012亿元，发放贷款576亿元。全国首单水土保持生态产品价值转化交易在安吉落地，交易资金专项用于水保功能巩固提升和促进村民共富创收。

三、加力破除生态产品价值实现障碍

总体上看，我国生态产品价值实现机制尚处于起步探索阶段，生态产品价值实现机制在生产、分配、交换、消费、制度层面仍面临一些障碍，既需要理论创新，也需要实践突破，更需要深化改革，加快破除深层次体制机制障碍和制度藩篱，促进生态产品价值高效实现。

生态产品生产供给不够充分。目前在地方实践过程中，物质供给类生态产

品以原生态、绿色、有机、国家地理认证等品牌认证形式实现价值提升，存在规模小、市场散、品牌乱、竞争力弱的问题，经营开发水平不高。生态产品供给地区大多基础条件相对薄弱，大部分生态产业集中在生态产品初级加工、旅游资源开发等初级阶段，缺乏基础设施建设和配套支撑保障体系，价值实现难度较大。

生态产品收益分配不尽合理。生态环境保护者未获得合理回报、受益者未支付足够费用、破坏者未付出相应代价、受害者未获得应有赔偿等分配不平衡的问题依然不同程度存在。生态产品受益主体不明确，生态资源存在产权边界模糊、所有者缺位、产权界定不明晰等现实困难，加剧了生态产品价值实现收益分配不均的问题。

生态产品交换基础待进一步完善。各地区生态产品价值核算结果可比较性不高、可应用性不强、关键参数差异大，难以获得各方普遍认可。碳排放权、用能权、用水权、排污权等资源环境要素一体纳入要素市场化配置改革面临困难，各领域试点大多属于单项推进，难以适应系统高效推进改革的现实需求。资源环境要素价格形成机制仍需进一步健全完善。

生态产品消费潜力未完全释放。生态产品交易中心不健全，宣传推介力度有限。生态产品供给方与需求方对接不精准，资源方与投资方合作不畅通，大量偏远地区的生态产品受运输时效和物流成本影响价值难以实现。绿色金融支持生态旅游等生态产业力度有限，行业规模难以做大，产品服务水平有待提升。生态产品认证体系、质量追溯体系不完善，制约生态产品溢价和品牌塑造。

生态产品价值实现制度体系不健全。现有生态产品价值实现制度体系的顶层设计已经完成，但缺乏分领域细化实施方案，尚未形成贯穿生态产品生产、分配、流通、消费全过程的政策合力。生态产品价值实现激励机制和约束机制欠缺，经济发展与生态产品总值双评价、双考核的改革探索在全国层面还未取得实质性突破。

四、推动生态产品价值实现机制工作迈上新台阶

加快完善生态产品价值实现机制，拓宽绿水青山转化为金山银山的路径，

责任重大、使命光荣，功在当代、利在千秋。我们要深入贯彻习近平经济思想和习近平生态文明思想，认真落实党中央、国务院决策部署，加快形成生态产品价值实现政策制度体系和实践路径模式，切实把生态产品价值实现工作抓实抓好、抓出成效。

推动生态产品调查监测取得新进展。基于现有自然资源、生态环境调查监测和林草生态综合监测，利用网格化监测手段和自然资源分等定级成果，开展生态产品基础信息调查，编制国家层面生态产品目录清单。推动建立生态产品动态监测制度，及时跟踪掌握生态产品数量分布、质量等级、功能特点、权益归属、保护和开发利用情况等信息，建立生态产品信息云平台。

推动生态产品价值评价取得新突破。建立生态产品总值核算工作组，建设全国统一的生态产品总值核算平台，出台生态产品总值核算国家标准，推动具备条件的地区参照《生态产品总值核算规范（试行）》，开展生态产品总值试算并推广应用。支持一批具备条件的地区开展特定地域单元生态产品价值评估探索，指导制定特定地域单元生态产品价值评估导则。探索建立覆盖各级行政区域的生态产品总值统计制度和核算结果定期发布制度。

推动生态产品经营开发取得新成效。大力发展生态农业、生态种养、林下经济、生态旅游等生态产业。支持具备条件的地区利用现有交易场所依法合规建设生态产品交易中心，按市场化原则举办生态产品推介交易会，推进生态产品供需精准对接。实施一批示范带动作用强的生态产品价值实现工程，建立重点项目库。构建生态产品认证体系，制定分级分类的生态产品认证评价标准细则，建立完善相应认证规范程序。加快建立生态产品质量追溯机制，实施生态产品供给端、加工端、流通端全过程质量监管，提升生态产品市场认可度和信任度。

推动生态产品保护补偿取得新成果。深入实施《生态保护补偿条例》，推动中央和省级财政参照生态产品总值核算结果、生态保护红线面积等因素，完善重点生态功能区转移支付资金分配机制。支持新安江、赤水河等流域深化探索横向生态保护补偿机制。鼓励地方在横向生态保护补偿建设中探索生态产品价值核算结果应用，变被动补偿为主动合作。推进生态环境损害成本内部化，加强生态环境修复与损害赔偿的执行和监督，完善生态环境损害行政执法与司法衔接机制，提高破坏生态环境违法成本。

探索生态产品价值实现金融支持新模式。加大绿色金融对生态产品价值实现支持力度，创新绿色金融产品，提升金融服务质效。推动金融机构在市场化、法治化的原则下，基于特定地域单元生态产品价值评估结果创新抵押融资贷款的产品和服务。探索"生态资产权益抵押+项目贷"模式，支持区域内生态环境质量提升及生态产业发展。探索生态产品资产证券化路径和模式。鼓励各类金融机构为实现生态产品价值的系统性生态保护修复项目、生态产品经营开发项目提供中长期、低成本的绿色金融产品和服务。

探索生态产品价值实现组织实施新路径。开展生态产品价值实现机制试点建设，重点在生态产品价值评价、可持续经营开发、保护补偿、评估考核等方面，依法按程序赋予试点地区改革自主权，总结推广试点地区经验做法。支持具备条件的地区，探索开展经济发展与生态产品总值双评价、双考核。建立生态产品价值实现学科体系，加强对生态产品价值实现机制改革创新的研究，依托科研单位培育生态产品价值实现机制领域智库。支持在生态学、经济学等学科具备优势的高等院校，开展生态产品价值实现相关学科专业建设和人才培养。

（国家发展改革委环资司崔洪运、张雨宇执笔）

二

江西生态产品价值实现机制改革情况

我省牢记习近平总书记殷殷嘱托,积极挖掘绿色生态这一最大财富、最大优势、最大品牌的价值,以抚州生态产品价值实现试点为引领,将全域探索建立健全生态产品价值实现机制作为深化国家生态文明试验区建设的主要抓手,围绕构建生态产品价值核算评估体系、畅通生态产品价值实现多元化路径、健全生态产品价值实现保障机制等重要领域,由点到面、由分散到系统积极推进体制机制改革创新。

一、江西生态产品价值实现基本情况

自2019年9月抚州市被列为国家试点以来,我省由点到面、由分散到系统地深化改革,健全制度,取得了一定实践成效,先后有20余项经验做法被列为国家推广的典型案例,相关工作受邀在全国现场交流会、中国浦东干部学院进行推介,得到国家充分肯定和社会广泛好评。

(一)坚持务实担当,狠抓改革任务落实

一是高位部署推动。省委和省政府坚决贯彻落实党中央、国务院决策部署,率先于2021年6月印发《关于建立健全生态产品价值实现机制的实施方案》,明确25项重点措施、89项重点任务,常态化、全方位、多领域、系统性推进生态产品价值实现工作。2024年1月26日,省十四届人大二次会议将"生态产品价值实现"列为《关于全力打造国家生态文明建设高地的决定》重点任务，把省委和省政府的战略部署转化为全省人民的共同意志。省委和省政府主要领导每年适时主持召开推进大会，省人大常委会本次专题听取和审议省政府有关情况报告，省有关部门不定期组织开展政策宣讲、召开新闻发布会，持续调动全社会共同参与的积极性。二是加快改革突破。以破解问题为导向，择优在3个设区市和11个县开展生态产品总值（GEP）核算试点，打造9个省级生态产品价值实现示范基地、14个示范基地创建单位。出台试行全省统一的GEP核算规范、核算统计报表制度、GEP核算结果应用意见、生态资产价值评估管理办法等，完成全省共用的GEP核算平台主体功能开发，初步建立起生态产品价值评价的"四梁八柱"。进一步深化核算结果应用，吉安市率先探索将GEP增长目标纳入国民经济计划指标、将部分核算指标纳入综合考评体系，赣州上犹梅岭水库尝试生态溢价交易与融资，抚州市初步确定在湿地占补平衡、森林损害赔偿等领域探索应用场景。三是广泛汇智聚力。省生态文明研究院联合15家国家级、省级智库单位共建生态产品价值实现智库联盟，在政策起草、标准制定、项目谋划、案例分析等方面提供智力支持，积极提出破解产业化利用、市场化交易、价值化补偿等方面难点堵点的对策建议。各地、各有关单位结合实际，适时总结提炼典型经验，积极借鉴省外先进做法，谋划出台加快建立价值实现机制、推动核算评估结果应用、生态产业融合发展的政策措施。

（二）坚持长效常态，系统拓展实现路径

一是建立完善生态资源环境要素交易机制。建立试行体现市场供需关系的全省生态产品价格形成机制，不断促进各种交易要素扩面增量，试点政府排污权储备和出让机制，全省碳汇、水权、排污权、用能权累计成交额近4500万元，湿地占补平衡指标累计成交额超过9300万元，林业类生态产品累计成交额近90亿元。探索权属分置有效形式，上饶市、资溪县、崇义县等地设立林下经济收益权、湿地经营权；九江市探索开展自然资源资产整体配置，累计成功交易13个项目共79亿元；建设银行新余市分行以污水处理费收费权和仙女湖（湖体）GEP作为质押保证，向仙女湖旅发集团授信19亿元。二是加快建设生态产业规模化发展机制。出台实施支持生态产品经营开发主体若干政策措施，持续开展国家绿色有机农产品基地试点省和现代林业产业示范省建设，大力实施林下经济"三千亿工程"、竹产业"千亿工程"，出台推动油茶产业高质量发展三年行动方案。全省绿色有机地理标志农产品数量达6457个，位列全国第一方阵，2023年全省林下经济综合产值达到1836亿元。加强生态产品品牌培育和保护，累计发布"江西绿色生态"品牌认证标准95项，深入实施"生态鄱阳湖·绿色农产品"品牌战略，推广应用农产品气候品质评价服务，农产品质量追溯机制入网主体超过1.7万家；持续打造世界绿发会和中国绿博会等经贸平台，"江西风景独好""中国天然氧吧""全球学子嘉游赣"等旅游品牌影响力不断提升。三是不断完善生态产品补偿机制。持续推进国家生态综合补偿试点省建设，推动实施了两轮省内流域横向补偿和三轮赣粤东江、两轮赣湘渌水、首轮鄂赣长江跨省横向生态保护补偿；连续8年实施全流域生态补偿，累计筹集流域补偿资金近300亿元。

（三）坚持试点先行，不断创新实践模式

一是创新生态资源平台运营模式。完善各类交易平台功能，依托省公共资源交易集团、南方林权交易所等机构升级打造面向全国的交易平台，有序运行省湿地资源运营管理服务平台，组建省自然资源权益与储备保障中心，构建以省级综合平台为主、设区的市平台和省有关行业平台为辅、县级使用的生态资源储蓄运营综合平台。资溪县、万年县分别创建全省首家"两山"转化中心、湿地资源运营中心，相关经验做法入选国家典型案例推广清单。二是创新生态资产权益抵押模式。开展林权收储担保体系建设，油茶产业专属贷款累计近40亿元。抚州市首创"生态信贷通"融资模式，金溪县"古村落金融贷"、东乡区"畜禽智能洁养贷"等做法被中国人民银行等有关部门向全国推广。扩大绿色信贷规模，鼓励引导银行机构加大生态环保领域项目金融支持，截至2024年3月底，全省绿色贷款余额约8825亿元，同比增长约41%。三是创新生态环境损害赔偿模式。出台关于贯彻落实生态环境损害赔偿管理规定的实施意见，建立生态环境损害赔偿与检察公益诉讼、刑事犯罪侦查工作等衔接机制，评选和发布三批生态环境损害赔偿磋商典型案例，向全社会传递"环境有价、损害担责"的明确信号。

二、江西生态产品价值实现存在主要问题

（一）生态价值评估机制有待完善

一是GEP核算制度还不完善。部分基础数据获取仍有较大难度，特别是自然资源、农林、气象和文旅等领域数据无法完全覆盖核算所需，有些关键参数不够科学、不够精准并有待检验优化（各市县相同类型的生态资源，其核算参数可能因为地理、气候等因素存在不同）；同时，GEP核算专业化程度要求较高，核算结果审核和发布制度尚未建立，第三方技术支撑单位还不足，这些都影响核算结果可比性、公认性和权威性。二是生态资产价值评估机制还不健全。表现在试行的评估技术指南应用还不广泛，行业评估协会还在推进设立，评估行业自律机制还不健全，评估操作细则尚未出台，第三方评估机构和专业人员比较缺乏等等。三是结果应用还不普遍。全省统一核算的GEP结果尚未发布，生态资产价值评估局限于少数市县试行，评估结果市场认可度有待提高、应用场景还需拓展；相关结果应用仍在市县试点试用阶段，尚未体现在全省的国土空间、生态环保、产业发展等方面规划上，也未统一应用于市县政府综合绩效考核、生态保护补偿与环境损害赔偿等领域。

（二）生态产业能级还需提高

一是生态资源一、二、三产融合利用不深。生态农林产品精深加工水平不高，产业链延伸不足，一、二、三产融合不够紧密，附加值偏低。品牌建设比较薄弱，虽然有"好的产品"，但没有转化成"好的商品"。二是生态产业发展规模偏小。生态产业发展模式较为单一，以传统生态种养、农林产品粗加工、分散式山村民宿等为主，标准化、规模化、集中度不高。以竹产业为例，我省与福建省竹林面积相近，福建省竹产业年综合产值超过1100亿元，而我省竹产业年综合产值仅为798亿元，仍有较大发展空间。三是经营开发主体不强。经营主体数量较多但规模较小，大多集中在产业链上游，产业链资源整合能力较弱，没有形成创新性、引领性较强的细分领域龙头。比如，按2023年营收排名的中国农业企业500强，江西仅双胞胎集团、绿滋肴集团、江天农博城等7家企业上榜，缺少对于产供销全产业链资源拥有垂直整合能力的龙头企业。

（三）生态资源交易不够活跃

一是生态环境要素市场交易制度仍不完善。部分交易管理制度落实力度有待提高，市县政府推动交易动力不足，生态环境要素市场交易尚未完全成型，部分产品交易成本偏高、价格偏低。二是生态资产权益类交易规模不大。目前交易产品以农地经营权和林权交易为主、占比较高，古屋古建和其他权益类交易相对较少，水权、排污权、林业碳汇等环境权益交易还处在试点阶段，交易频率较低、成交金额不大。三是生态资源交易市场功能不强。市场发育较慢，供需对接不精准，不少以线下交易为主，不能通过网上交易平台实现流转双方的利益最大化。

（四）生态投融资渠道不畅

一是生态产业投入规模不大。生态产品经营开发项目（特别是农业和康养开发项目）前期投资较大、运营资金较多、目前效益偏低，社会资本投资总体意愿不强。二是生态资产融资渠道不畅。生态资产价值评估体系还不完善，作为融资抵质押物的变现转让处置机制尚未建立。现阶段金融支持生态产业仍以绿色信贷为主，专属生态产品价值实现的绿色金融产品较少，参与生态开发的中小企业和民营企业融资难的问题仍然存在。三是社会资本关注度不高。各级财政专项扶持资金规模较小，产业基金存在募集、投资两头难的问题，难以发挥撬动社会资本的作用，生态产业融资仍然以直接融资为主。

三、江西生态产品价值实现下步工作思路

我们将深入贯彻党的二十大精神和习近平生态文明思想，认真落实习近平总书记考察江西重要讲话精神，聚焦"走在前、勇争先、善作为"的目标要求，把建立健全生态产品价值实现机制作为打造国家生态文明建设高地的重要抓手，深化生态产品价值实现重点领域和关键环节体制机制改革，努力做好全省生态利用文章，加快生态财富向经济财富转变，推动形成具有江西特色的生态产品价值实现政策制度体系和实践路径模式。

（一）持续完善生态价值制度化评价

全面推进确权、核算、评估等工作，推动明权属、摸家底、算价值、树导

向。推进全民所有自然资源调查、统一确权登记。建立完善生态产品调查监测机制，优化全省生态产品目录清单。加快完善 GEP 核算省级地方标准，提高核算结果可信度和公认度，定期开展全省统一标准的 GEP 核算，率先探索 GEP 核算结果在重点生态功能区、生态补偿等相关财政转移支付资金分配、横向生态保护补偿、高质量发展综合绩效评价等领域的应用。健全生态资产价值评估机制，参照评估结果等因素优化生态环境损害鉴定评估办法和实施机制，积极推动评估结果应用于生态资源的经营开发、权益交易、投资融资等多元化场景。

（二）加快推进生态产业规模化发展

着力推动生态资源一、二、三产有机融合利用，大力提升生态产业发展能级。深化国家绿色有机农产品基地试点省和现代林业产业示范省建设，创建国家绿色旅游发展先行区，打造生态农业、林下经济、体育旅游、生态旅游、森林康养、森林食品等优势生态产业集群。出台实施加快推动"以竹代塑"若干举措，研究制定支持生态产业发展的综合性政策，促进生态产品供需精准对接，不断扩大生态产业发展规模。积极开展生态产品认证工作，加强生态产品品牌培育和保护，落实生态产品质量追溯和认证体系，推广应用农产品气候品质评价服务，持续开展"生态鄱阳湖·绿色农产品"品牌宣传，加快培育"赣鄱正品"绿色品牌。

（三）大力促进生态资源市场化运营

积极培育生态资源环境要素交易市场，深化各类自然资源资产组合供应，升级打造区域性生态产品综合交易平台。推动 10 个设区的市生态资源储蓄运营平台建设，优化提升省级生态资源环境要素交易平台功能，尽快形成省市县三级互联互通、共享共用的生态资源储蓄运营机制。引导国有企业、村集体组织、专业合作社将分散的生态资源和权益性资产收储聚集、集中经营，鼓励民营资本参与开展生态资产专业化运营。加快排污权、湿地资源、林业要素等储备运营试点示范。积极参与碳排放权、温室气体自愿减排、绿色电力等全国交易市场，探索开展碳汇权益交易试点。

（四）努力强化生态领域多元化保障

纵深推进绿色金融改革，创新生态资产融资授信方式，鼓励金融机构开展生态资源抵质押融资，探索"生态资产权益＋项目"担保贷款等模式；拓展生态产品资产证券化路径，推动设立生态产品价值实现产业基金，完善生态保护修复投入机制。强化多层次智力支撑，加快组建省生态产品价值实现机制研究中心，强化专业人才培养和储备；联合省内外高校、科研院所等高端智库，加强生态产品价值实现机制改革创新研究。研究建立全省生态产品价值考核制度，适时将 GEP 核算结果作为领导干部自然资源资产离任审计的重要参考。加大立体式宣传力度，不断总结提炼推广创新做法和典型经验，推动"绿水青山就是金山银山"理念转化为全社会的高度共识和生动实践。

（江西省发展和改革委员会）

系统探索构建江西生态产品价值评价机制

生态产品价值评价作为一项系统性创新工作，从理论研究、试点试行、应用探索到全面铺开，因受制于技术方法、法规政策等因素，因此具有很强的挑战性，三年多来，江西由点到面、由分散到系统地深化改革、健全制度、全域推进，初步构建了一套可借鉴推广的生态产品价值评价机制。

一、基本背景

2021年4月26日，中办、国办印发了《关于建立健全生态产品价值实现机制的意见》，意见明确提出：到2025年，生态产品价值实现的制度框架初步形成，比较科学的生态产品价值核算体系初步建立，生态保护补偿和生态环境损害赔偿政策制度逐步完善，生态产品价值实现的政府考核评估机制初步形成。为贯彻落实党的二十大精神，2024年初国家又印发相关文件要求加快建立生态产品价值实现机制。江西省高度重视、十分珍惜这一国家重大改革战略机遇，省委、省政府主要领导多次指示批示并深入基层调研指导、主持召开专题会议部署，在抚州2019年开展国家试点基础上，2021年6月，省委、省政府联合印发了《关于建立健全生态产品价值实现机制的实施方案》，2022年至2023年，省发展改革委通过（联合）出台全省核算规范和统计报表制度以及生态资产价值评估管理办法等文件细化"动作"。

二、经验做法

（一）试点先行，统一全省 GEP 核算规范

推动市县开展核算试点。以破解问题为导向，2021 年下半年，择优在抚州市、南昌市、吉安市等 3 个设区市和武宁等 11 个县开展生态产品总值（GEP）核算试点，同时积极打造一批生态产品价值实现改革示范单位。

及时发布全省核算规范。积极总结提炼抚州试点经验，2021 年 6 月发布省级标准《生态系统生产总值核算技术规范》；后按照国家印发的核算规范要求，结合我省实际，2022 年 7 月又发布《江西省生态产品总值核算规范（试行）》（以下简称《核算规范》）作为全省统一的 GEP 核算指南。

不断优化核算方法。根据各地试点经验以及全省统一的试算实践，进一步规范 GEP 核算方法，建立以物质产品、调节服务产品与文化服务产品 3 项一级指标为主的核算指标体系，具体包括生物质产品、水源涵养、土壤保持、旅游康养在内的 12 项二级指标以及包括渔业产品、淡水资源产品、水力发电、水源涵养、减少泥沙淤积、减少面源污染、休闲游憩在内的 27 项核算指标。

（二）实践探索，规范全省 GEP 核算数据填报

试行省市两级的统计报表制度。参照 GDP 统计方法，按照部门统计方式，经省统计局批准，2023 年 5 月省发展改革委印发《江西省生态产品总值核算统计报表制度（试行）》（以下简称《报表制度》），全省所有设区市也随后制定印发了本地区的 GEP 核算统计报表制度。我省试行的统计报表制度共涉及自然资源、农业农村、水利、文旅、气象、统计、林业、统调队与电网公司等 9 家相关单位，需要填报 21 项基础数据，并将按照时效性分为月报 6 项、季报 4 项和年报 11 项。

探索第三方核算参数获取机制。目前，我省按照国家核算规范要求，通过建立确定目标网站、确定获取时间、明确获取信息、编制抓取程序、执行数据抓取、数据检验校验等标准化工作流程获取核算所需的第三方参数（包括权威科研机构发布在国家授权的科学数据中心共享网站上的数据集和商业服务网站公开的年度统计数据），形成一套完善的数据获取机制，以保证数据的有效性

和准确性。后续，我们将主要采取第三方调查、专业机构试验、行业部门统计等方式规范数据来源，力求形成更加客观有效、公认性更强的核算数据获取机制。

搭建全省共用的自动核算平台。为统一核算方法、规范数据来源、实现结果可比、提高工作效率，专门安排省财政资金建设全省生态产品信息数据共享平台，已完成全省共用的 GEP 核算平台主体功能开发，基本实现省市县三级有关部门基础数据线上填报、自动检查和逐级审核，还可以进行基础数据整理、制作和 GEP 一键计算。

（三）顶层设计，推动全省生态产品价值评价结果应用

积极拓展 GEP 核算结果应用场景。经江西省委深改委会议审议通过，2023 年 6 月省委办公厅、省政府办公厅印发试行《关于推进生态产品总值核算结果应用的意见》，要求结合各地各相关行业实际特点，以推动 GEP 增长为重要目标，因地因类施策，完善相关规划、政策、评价、评估等指标体系和制度安排。

探索建立生态资产价值评估应用机制。为促进生态系统资源价值高效转化，2022 年 12 月底在全国率先出台试行《江西省生态资产价值评估管理办法》（并附有评估技术指南），借用 GEP 核算方法，探索开展生态资产（经确权登记、预期会给所有者带来经济利益的生态系统资源）价值（包括存量价值和功能价值两部分：存量价值指生态系统现存的生态系统资源的经济价值，功能价值指生态系统未来预期一段时期产生物质供给服务、调节服务和文化服务的价值）评估管理方法、制度安排，旨在规范相关评估机构、评估人员的市场行为，科学估算生态资产价值，为生态系统资源的经营开发、投资融资、损害赔偿等相关方面提供可采信的管理方法、技术支持和议价依据。

构建合作共赢的生态资源储蓄运营机制。依托省公共资源交易集团、南方林权交易所等机构升级打造面向全国的交易平台，有序运行省湿地资源运营管理服务平台，组建省自然资源权益与储备保障中心，构建以省级综合平台为主、设区的市平台和省有关行业平台为辅、县级使用的生态资源储蓄运营综合平台。

三、取得成效

江西省先后出台试行全省统一的GEP核算规范、省市两级核算统计报表制度、GEP核算结果应用意见、生态资产价值评估管理办法等，完成全省共用的GEP核算平台主体功能开发，积极构建起全省生态资源储蓄运营机制，初步建立起生态产品价值评价的"四梁八柱"，生态资产价值评价结果应用取得积极成效。一是全省GEP核算常态开展。目前，已经完成省市县三级2021—2023年生态产品总值试算，正在探索建立GEP核算结果审核发布机制，积极推进生态产品信息平台数据资源共享交换。二是GEP核算结果引导作用初步显现。着力推动GEP核算结果在重点生态功能区、生态补偿等相关财政转移支付资金分配、横向生态保护补偿、高质量发展综合绩效评价等领域的应用，如吉安市率先探索将GEP增长目标纳入国民经济计划指标、将部分核算指标纳入综合考评体系，抚州市在考核湿地占补平衡、森林损害赔偿等场景领域探索成果应用。三是生态资产价值评估结果应用初见成效。着力拓展生态资产价值评估结果应用于生态资源的经营开发、权益交易、投资融资等多元化场景，如九江瑞昌青山森林公园、赣州上犹梅岭水库尝试开展生态价值评估，积极探索生态溢价交易与融资等。四是生态资源权益市场交易不断活跃。全省碳汇、水权、排污权、用能权累计成交额近4500万元，湿地占补平衡指标累计成交额超过1.2亿元，林业类生态产品累计成交额超过100亿元，九江市探索开展自然资源资产整体配置，累计成功交易13个项目共79亿元。

（江西省发展改革委赵文鹏、潘远超、刘建军，江西省统计局方建洲执笔）

第二篇

生态产品价值实现机制改革创新案例

一

生态产业规模化发展

上饶市广信区：
望仙谷以生态产品价值实现推动乡村振兴

上饶市广信区深入贯彻习近平生态文明思想和习近平总书记考察江西重要讲话精神，依托望仙谷独特的环状花岗岩峰林地貌，发展生态休闲旅游，实现乡村振兴。昔日矿区变成了国家 4A 级旅游景区，已成为江西省用行动践行绿水青山就是金山银山理念的典范，成功打造了乡村振兴的"望仙样板"。

一、基本背景

望仙谷坐落于上饶市广信区望仙乡，南邻灵山主峰景区，北望三清山。在 2000 年以前，望仙乡依托辖区内丰富的石材资源，大力发展石材产业，曾获得"石材之乡"的称号。由于工艺落后、无序开采，废弃石粉随意倾倒等，导致溪谷水源都被染成牛奶色，对当地生态环境造成严重破坏。石材开发叫停后，当地人口大量外流，导致望仙、上镇、大济、葛路等村相继成了"空心村"。

为有效打通绿水青山与金山银山转换通道，将生态产品价值转化为经济价值，广信区以生态综合旅游开发为转型突破口，把生态文明建设转化为望仙谷的实践创新行为，走出一条具有望仙谷特色的经济社会发展与生态环境协调的绿色发展之路，推动实现生态产品资源的保护与有序开发。

二、经验做法

（一）构建生态治理新体系：探索生态治理的"三绿"模式

政府"关停＋政策机制"的复绿模式。一是制定政府转型战略，调整发展方向。政府主导作用是生态转型的关键因素，2007年当地政府痛下决心关停望仙谷所有采石场和石材加工企业，一张蓝图绘到底，一任接着一任干，在产业发展及招商引资方向上，坚持走绿色生态发展道路。二是制定矿山修复行动方案，引入生态修复政策资金。争取省流域生态补偿资金近1440万元，完成区域供水管网、污水管网、设备等改造；投入资金3亿元，实施乡村振兴示范带建设工程，提升景区周边环境；通过打包申报专项债项目、包装项目融资约10亿元，用于旅游交通提升、景区综合环境治理等基础设施建设。三是建立长效管控机制。通过建立健全常态化巡查机制，实现县、乡、村三级"河长"全覆盖，并在望仙乡建立起由40名专职护林员、40名半专业扑火队员、9名专职消防员组成的精干应急管理队伍。

市场"改造＋变靓美化"的增绿模式。引进九牛文旅公司，发挥市场在资源配置中的决定性作用。一是开展生态专项整治工程。通过实施植树种草、清运废石、回填矿坑、河道清理等措施，有效恢复了废弃矿山自然生态环境。二是实施景观提升工程。包括核心景区打造、景观变靓提升、旅游区污水处理、管网建设、河道提升等工程，景区吸引了国内外80余名专业人员，组建了专门的设计规划院和施工队，遵循了规划设计因地制宜、就地取材的原则，让望仙谷成为美丽风景。通过十多年的河道提升工程，"牛奶河"成了沿河绿树参天的网红极限漂流项目。三是构建生态产品价格形成机制。形成望仙谷景区生态保护市场体系，景区通过生态产品的交易获得门票、旅游消费等综合收益，发挥市场机制促进生态保护的良性循环作用。

群众"监督＋常态保护"的守绿模式。一是开展纵深化宣教活动。通过组织干部宣讲、悬挂标语、"村村响"等形式，深入田间地头、村中家里，经常性循环化宣传生态环境保护工作，并把生态文明理念写进"村规民约"，引导域内群众形成了"优势在生态、出路在生态"的发展共识。二是持续开展造林绿化活动。大力实施乡村森林公园、乡村风景林建设，鼓励居民充分利用村旁、路旁、水旁、宅旁等"四旁"空闲土地，适当栽植绿化树种以及经济果木林。在望仙谷周边引进"十里桃花观光走廊"等种植观光项目，进一步增加望仙谷的森林蓄积量和美丽度。三是搭建乡村治理大数据平台。建立乡村治理大数据平台望仙乡试点，用数字赋能提高环境保护工作的便捷度、精准度和效率，为保护环境、扮靓环境打造了全域覆盖"天网"。

（二）塑造生态宜居新风貌：探索宜居宜游的"三复"模式

再现夯土风貌的"复原乡村建筑"模式。一是寻找建筑文化根基，复原地域风貌。设计团队经过对当地传统建筑的全面考察分析，确定传承赣东北民居传统建筑形制和构筑手法复原村落，用大面积的夯土墙、碎石墙搭配木质小窗，朴实素雅，体现极具江西地域特色的风貌。二是因山就势布局，就地取材建设。土地不进行平整，尽量错落有致分布。通过样式各异的建筑，营造形态各异无一重样的差异特色。三是通过古建筑易地搬迁，复兴古村古朴风貌。从全国各地通过产权购买的方式，把古建筑易地搬迁到景区。景区通过整体规划和设计，目前已经复原老宅10余栋、古街1条、古道4.5公里、仿建古宅40余栋、古桥2座，打造出极具赣东北地域特色古村落，让昔日旧山村换上了极具传奇色彩的世外桃源景象。

再造乡愁故乡的"复活乡村生活"模式。一是构建乡村生活居所。望仙谷景区一期共有民宿客房348间，相对于2022年108万人次的游客量供不应求，三期民宿客房数量将达到2600间。望仙谷原汁原味的夯土民宿，为游客及当地居民提供了古朴的乡村生活居所。二是激活乡村味蕾记忆。在百味街和作坊街上，汇聚了上饶本地的各色小吃和农业作坊。望仙谷秉持以本地出产的各种农产品为原材料，打造了红糖、酒、酱、醋、油、烙饼、烤串、年糕、豆腐、白茶、辣酱、造纸、木竹、布染等十多个传统农业手工作坊和小吃，可以让游客品尝到最正宗的望仙乡村美食。三是复活乡村村庄功能。在村庄中重建晒场、图书馆、古戏台、庙宇、文化广场等公共功能空间,注重完善公共服务设施,让传统村落的风貌文脉展现出新的生机。

再生地域文化的"复兴乡村文化"模式。一是让非遗民俗文化活起来。重点导入桥灯、自然门武术、串堂班等非遗文化区,搭建演艺平台,创新活化方式,既实现了非遗的活态传承,更提高了景区吸睛指数和文化内涵。二是主打跨越千年的望仙文化。景区依托丰富而神奇的史料、传奇,以在地文脉、史脉点亮望仙谷传奇,打造沉浸式体验剧《我就是药神》,将九牛大峡谷、白鹤崖、岩铺等景点融入其中,并借助多媒体技术让游客身临其境。还有汉族传统婚礼大秀、古风快闪舞蹈极具中国特色的大型演出,展示了传统礼仪文化。三是固态展示非遗手工艺和文创商品。在鸣蝉巷和灵光街上,汇聚了本地的各种手工艺品,奇思妙想的文创商店和上饶的非遗体验项目。通过保留乡村生产方式、风俗习惯,再现乡村浓郁的乡土文化。

(三)开创产业兴旺新局面:探索网红景区的"三新"模式

紧跟国家号召,善借"新时代"政策东风。一是争取"点状用地"政策为项目落地谋出路。将景区纳入集镇规划,落实土地政策。积极推行"点状供地"改革政策,解决没有旅游用地指标和旅游用地指标的投入产出不平衡问题。二是争取政府支持为项目推进拔丁抽楔。将望仙谷列为重大项目调度,成立主要领导挂帅的项目指挥部,召开专题协调会,对需支持协调事项采取一月一调度的方式,在征地、迁坟、拆迁房屋、改造公路、提升景区周边环境等方面强力推进。三是争取财政扶持为项目持续保驾护航。为发挥望仙谷景区的溢出效应、带动广信区北部片区发展,以扶持望仙谷景区实现快速发展为抓手,实行水、电、气等减税降费政策,推动落实旅游企业税收优惠政策。在土地、税费、资金、行政审批等要素环节上,制定支持措施和办法,扶持望仙谷旅游发展。

立足悬崖特色构筑"新IP"品牌符号。一是挖掘IP符号,树立"悬崖望仙"IP地标。通过挖掘地域文化、民俗、跨越千年的望仙传说等内涵,打造悬崖民宿、夯土建筑、古桥溪水、老街商铺、手工作坊等特色地标性构筑物。还原独具风情的乡村生活,传承千百年来的乡村文化脉络。"悬崖望仙"的IP

场景，已经成为望仙谷独特的文化符号。二是让 IP 落地消费，营造体验 IP 场景。通过"仙侠盛典、盛月游侠、跨年盛典"等主题活动，将二次元文化与传统文化破圈结合，为游客创造一个理想化的沉浸式体验空间。三是延伸 IP 产业，提升 IP 价值链。依靠"悬崖望仙" IP 核心来引爆实现快速引流。通过特色小吃、农业作坊、民宿酒店等新产品、新业态，推动一、二、三产融合发展，延伸旅游产品 IP 产业链，提升旅游产品 IP 价值链。

顺应文旅潮流破解"新媒体"流量密码。一是创新景区设计，打造景区"网红点"。在景观设计中别出心裁，打造 38 间悬空民宿及悬崖图书馆、悬崖餐厅和白鹤楼，令人震撼；古朴的建筑营造古风、民国风的场景，借助灯光、全息投影与声效互动等科技手段，打造沉浸式体验和崖壁灯光真人秀，备受游客追捧。二是建立媒体推广机制。与美团、巨人网络等不同领域媒体合作，吸引头部、腰部达人线上线下打卡推荐，对提供优质内容的网红主播提供 1 万至 2 万元的补贴，对一般网红达人采取减免门票、免费食宿的策略。三是搭建草根共生平台，引发去中心化裂变。通过制度设计和模式创新搭建专属的共创平台，吸引各方资源，发挥广大群众在抖音、快手、小红书、微博、微信公众号等平台的创意和智慧，注重"草根"力量加入旅游营销。

（四）创造共同富裕新生活：探索红利共享的"三创"模式

搭建商铺永不收租的"创客空间"模式。一是创立"一店一品"模式。按照"一店一品"的原则，引进布局了一批高品质业态。建立特色绿色农产品和非遗工坊 40 余间，打造了手工红糖、酱醋、年糕、豆腐、白茶等颇具赣家风味的餐饮体系。二是建立"永不收租"模式。凡经过景区筛选的店铺，以永不收租、共创共享的方式经营。减轻店铺经营压力，提供了良好的经营环境。三是构建"创业合作"模式。引进的商家负责店铺装潢、生产设备购置和经营，景区统一负责店铺外部设计、营销运营和引流，让商家成为景区的"创业合伙人"。目前景区内店铺已超过 135 家营业，店铺总营业额超过 5000 万元。

构建利益巧妙分配的"共创共享"模式。一是创新店铺利益"532 分配"模式。探索建立了店铺收益分成机制，游客进入景区后所有消费进入统一账户，其中店铺收益占 50%、景区占 30%，还有 20% 进行店铺间因消费额差异的平衡调配，实现商铺个体与景区共赢。二是建立联农带农利益共享机制。以公司＋农户的形式组建农业合作社，带动村集体经济和农民共创共享。流转土地5800余亩，布局"古早"农业、超级水稻、大棚蔬菜、红糖坊、葛粉坊等产业，带动500余人就业，夯实了联农带农共享乡村振兴新成果。三是"两保一增"带动乡村富裕。保障脱贫兜底，带动100余户贫困户脱贫致富。保障稳岗就业，长期在公司上班或开办工坊的当地村民达150余人，临时参与景区开发建设的当地村民达500余人。以望仙谷核心景区为"发动机"，带动辐射周边乡村，仅周边民宿客栈就已经达到1500余家。

带动居民共同富裕的"大众创业"模式。一是打造旅游农业产业，为乡村振兴提供新动能。伴随望仙谷景区的发展，景区周边的休闲农庄、山村民宿、观光园、采摘园、体验园、农家乐等产业新业态如火如荼，仅望仙乡近年来就新增各类农业新业态经营主体80多家。二是打造旅游民宿业态，为乡村振兴提供新方向。如紧邻的樟涧自然村成立樟望民宿有限公司，由2家民宿发展到30余家，现有200多间客房投入使用，带动本村农民就业，已接待游客近4万人次，每户民宿月增收4000元。三是构建全域旅游格局，打造乡村振兴示范带。整合资金1亿多元，依托望仙谷、灵山景区在华坛山、望仙、郑坊等周边乡镇的优势，因地制宜发展特色产业，带动脱贫群众大幅增收，实现每个村级集体经济经营性年收入均超过20万元，形成持续稳定的增收机制。

三、取得成效

（一）从满目疮痍废"矿区"，到绿水青山靓"景区"

望仙谷是世界罕见的环状花岗岩峰林地貌，自1998年开始，当地逐步成为江西著名的花岗岩板材生产基地、石材之乡。但由于技术和加工工艺落后，石材加工企业的废水未经处理乱排乱放，废弃石粉随意倾倒，溪谷里的水都被染成了牛奶色，对当地生态环境一度造成严重破坏。当地坚持共抓大保护、不搞大开发，坚持生态优先、绿色发展。于2011年成功引进九牛文旅公司后，从一条峡谷漂流干起，一步步打造出一座综合性的望仙谷景区。景区总规划面积6.1平方公里，总投资44亿元，已完成投资18.4亿元。如今的望仙谷已经发生翻天覆地的变化，废弃矿山一跃变成峡谷清幽、景色宜人的国家 4A 级旅游景区、"省级旅游休闲街区""省级夜间文旅消费集聚区"。

（二）从矿停业衰穷"荒山"，到业态兴旺富"金山"

2007 年，由于石材开采加工被叫停，矿山逐渐成为荒山。远近约 5000 名矿工因此失业，村民失去主要收入来源。但望仙谷主要为花岗岩地貌，可耕地较少，土壤相对贫瘠，无法大规模发展农业，加之地处偏远山区，交通不便，发展工业也举步维艰，当地经济一时陷入停滞阶段。为改变这一窘境，望仙谷探索发展生态休闲旅游道路。伴随景区的发展，望仙谷已发展为集观光、娱乐、休闲、度假、探险、健身为一体的旅游胜地，极大地促进了一、二、三产业的融合发展，景区周边的观光采摘、客栈民宿、餐饮购物、娱乐休闲等业态发展如火如荼。2023 年达到 335 万人次，旅游综合收入 5.2 亿元；2024 年 1—6 月达到 147.86 万人次，旅游综合收入 2.5 亿元。

（三）从打工经济向"外流"，到旅游经济往"回流"

望仙的石材开采加工被正式叫停后的几年内，没有找到接替产业的当地居民大多选择外出打工，纷纷背上行囊离开这个"穷山沟"，仅剩 20% 左右的村民，且基本为老人和小孩，望仙、上镇、大济、葛路等行政村渐渐变成了空心村。伴随望仙谷景区勃然兴起，极大地增加了就业岗位，吸引人才回流。景区为当地居民提供直接或间接就业岗位 1000 余个，使其户均增收达到 4 万元以上，其中带动 100 余户贫困户脱贫致富，并带动当地周边就业 5000 余人，带来了良好的经济效益和社会效益。随着景区工作人员的入驻、外地游客的纷至沓来，景区周边乡村外来人口越来越多，外出务工的居民看准了旅游行业的人气、商机，争先回乡就业、创业。

（四）从偏远落后空"绝望"，到幸福自信满"期望"

望仙乡自矿业发展停止后，村民受限于贫瘠的土地、落后的交通、糟糕的生态等，重走农业及工业等道路已是举步维艰，望仙乡发展总体陷入"绝望"。通过一系列变革，望仙谷景区带动推进了美丽集镇、秀美乡村、乡村振兴示范带建设，进一步完善了农村供水、供电、供气、排污、硬化等公共基础设施，彻底改变了村民的生活生产条件，森林覆盖率提升至 81%，让贫穷落后的山村变成了宜居宜业宜游的幸福村。广大群众投身旅游发展，积极参与各类培训增技能，一改过去赌博、迷信的陈风陋俗。旅游发展使得外界先进的思想、文化、观念和信息源源不断地输入，乡村居住环境和精神文明建设得到有效提升，逐步形成了积极向上、文明健康的村风民风。

如今的望仙谷，民居、竹海、巨石、峡谷在蓝天白云下宛若画卷；黄墙黛瓦的江西民居群落，在山中、在溪畔，错落成让游客流连的街市、让饕客垂涎的食肆、让住客忘返的私密空间；点缀在悬崖上的民宿，是文旅深度融合的成果，更是绿水青山就是金山银山的力证。

（上饶师范学院殷剑、李梁平执笔）

赣州市寻乌县：
变"废弃矿山"为绿水青山和金山银山

赣州市寻乌县创新践行"三同治"生态治理修复模式，重现绿水青山，打造金山银山。治理经验入选2019年全国省部级干部深入推动长江经济带发展研讨班培训教材、2020年全国第一批生态产品价值实现典型案例、2021年中国生态修复典型案例，成为向全球推介生态与发展共赢的"中国方案"之一。

一、基本背景

寻乌稀土资源富集。从20世纪70年代开始，进行了30多年的大规模稀土开采，为出口创汇作出了重大贡献。但由于开采工艺落后和不注重生态保护，开采使用低效的池浸、堆浸工艺，污染了矿区地表水及土壤，造成大面积植被严重破坏。近年来，寻乌县正视历史生态问题，主动作为，不等不靠，下决心还清"历史欠账"、根治"生态伤疤"。2008年，文峰乡上甲村柯树塘矿区正式封山，停止稀土开采。2016年，列入国家山水林田湖草生态保护修复工程试点，全面开启废弃矿山环境综合治理与生态修复工程，先后实施了以文峰乡石排、柯树塘、涵水和七墩石4个片区为核心的废弃矿山环境修复工程，投入12亿元对废弃稀土矿山进行全面治理修复，创新践行"山上山下""地上地下""流域上下"的"三同治"生态治理修复模式，让满目疮痍的废弃矿山重现绿水青山，成功探索"生态+"的生态产品价值实现机制。

二、经验做法

（一）破解"三方面"难题

一是破解推进机制难题。项目建设坚持规划先行、统筹推进，打破原来山水林田湖草碎片化治理格局，消除水利、水保、环保、林业、矿管、交通等行业壁垒，统筹推进水域保护、矿山治理、土地整治、植被恢复四大类工程，实现治理区域内山、水、林、田、湖、草、路、景、村一体化推进。二是破解资金投入难题。在充分用好山水林田湖草专项资金 0.74 亿元、长江经济带绿色发展专项资金 0.93 亿元的基础上，寻乌县充分整合东江流域上下游横向生态补偿、废弃稀土矿山地质环境治理、低质低效林改造、国家生态功能区转移支付等项目资金 7.89 亿元，并积极引进企业投资 2.44 亿元参与项目共建，有效解决资金投入难题。三是破解考核标准难题。全面加强项目后期管护，确保项目区前期脆弱的生态修复可以得到专业养护，并对项目治理后的水质、水土流失、植被覆盖率、土壤理化性质等设立统一考核标准，具体为：总汇出水口考核断面水质氨氮浓度≤15mg/L，水质 pH 值在 6—9 范围内；水土流失有效控制，土壤侵蚀强度处于轻度侵蚀级别；治理区地表植被覆盖率大于 95% 以上；土壤 pH 值在 5.5—8.0 之间，容重介于 $1.00g/cm^3$—$1.25g/cm^3$。

（二）探索"三同治"修复

一是山上山下同治。在山上开展地形整治、边坡修复、沉沙排水、植被复绿等治理措施，在山下填筑沟壑、建生态挡墙、截排水沟，确保消除矿山崩岗、滑坡、泥石流等地质灾害隐患，控制水土流失。二是地上地下同治。地上通过客土、增施有机肥等措施改良土壤，平面用作光伏发电，或因地制宜种植猕猴桃、油茶、竹柏、百香果、油菜等经济作物，坡面采取穴播、条播、撒播、喷播等多种形式恢复植被。地下采用截水墙、水泥搅拌桩、高压旋喷桩等工艺，截流引流地下污染水体至地面生态水塘、人工湿地进行减污治理。三是流域上下同治。上游稳沙固土、恢复植被，控制水土流失，实现稀土尾沙、水质氨氮源头减量，实现"源头截污"。下游通过清淤疏浚、砌筑河沟格宾生态护岸、建设梯级人工湿地、完善水终端处理设施等水质综合治理系统，实现水质末端控制。上、下游治理目标系统一致，确保全流域稳定有效治理。

（三）推进"三同步"发展

一是综合修复治理同步。对区域内相互关联的生态问题进行深入分析，精准剖析各要素之间逻辑关联，统筹推进源头全要素、全方位同抓共治。二是产业融合发展同步。项目推进提出"生态+"的建设理念，努力把"环境痛点"转变为"生态亮点""产业焦点"和"美丽景点"，形成"一产利用生态、二产服从生态、三产保护生态"的融合发展模式。三是国土空间优化同步。结合流域上、中、下游区域特点，努力优化"三生"空间开发布局。上游重视绿水青山为主导的生态空间，全面提升区域内水源涵养、水土保持、生物多样性保护、河岸生态稳定的生态调节功能；中游建设以人为本的生活空间，全面推进农村人居环境整治和黑臭水体治理，改良提升农田山地建设，初步建成红绿相映的综合性美丽景区；下游拓展完善工业园区布局，提升园区绿色发展和循环利用水平，夯实工业发展基础。

三、取得成效

（一）废弃矿山重现绿水青山

通过推进综合治理和生态修复，项目区由原来满目疮痍的废弃矿山，重现绿水青山本来面目。一是水土流失得到有效控制。水土流失强度已由剧烈降为轻度，水土流失量降低了90%。二是植被质量大幅提升。植被覆盖率由10.2%提升至95%，植物品种由原来的少数几种草本植物增加至草灌乔植物百余种。三是矿区河流水质逐步改善。河流淤积减少，水流畅通，水体氨氮含量削减了90%以上，河流水质大为改善。四是土壤理化性状显著改良。原来废弃的稀土尾砂，土壤酸化，水肥不保，有机质含量几乎为零，是一片白茫茫的"南方沙漠"，几乎寸草不生。经过客土、增施有机肥和生石灰改良表土后，已经有百余种草灌乔植物适应生长，生物多样性的生态断链得到逐步修复。

（二）绿水青山就是金山银山

积极践行"绿水青山就是金山银山"理念，走出一条"生态+"的治理发展道路，将生态包袱转化为生态价值，推动生态产品价值实现，带来巨大的生态效益、经济效益和社会效益。一是"生态+工业"。治理石排、七墩石连片稀土工矿废弃地，开发建设工业园区用地7900亩，打造成寻乌县工业用地平台，目前入驻企业150多家，新增就业岗位万余个，直接收益6亿元以上，实现"变废为园"。二是"生态+光伏"。引进社会资本投入，在石排村、上甲村治理区引进企业投资建设爱康、诺通2个光伏发电站，装机容量达35兆瓦，年发电量约4200万千瓦时，年收入达4000多万元，实现"变荒为电"。三是"生态+农业"。综合治理开发矿区周边土地，建设高标准农田2000亩，利用矿区整治土地种植油茶、百香果、猕猴桃等经济作物5600多亩，既改善了生态环境，又促进了农民增收，实现了"变沙为果"。四是"生态+文旅"。项目以矿区生态修复成效为依托，同步推进生态旅游、红色文化、美丽乡村建设，做好做大"绿""红""游"整合发展文章，完成景区路网、自行车赛道、教学研基地、民宿旅游设施、矿山遗迹资源调查、红色驿道修缮、古建筑修复、特色农业采摘园等项目，将青龙岩旅游风景区、金龟谷康养休闲区、万木霜天景区串点成线连为一体，着力打造旅游观光、体育健身胜地，实现"变景为财"。

寻乌县牢固树立山水林田湖生命共同体理念，大力推进以废弃稀土矿山治理为主要内容的山水林田湖草综合治理与生态修复试点，经过治理和提升两个阶段的实施，取得显著成效。在实践中创新和应用废弃稀土矿山治理的"三同治"模式，坚持生态产业化、产业生态化，充分发挥市场在生态资源配置中的决定性作用，积极探索生态资源产品价值转换实现路径，成功地走出了一条"生态+园区""生态+光伏""生态+农业""生态+文旅"等产业化治理的绿色发展道路。

（赣州市寻乌县发展改革委刘志沂、范逸鹏执笔）

萍乡市莲花县：
以"六化"协同探索生态产品价值实现的八种模式

萍乡市莲花县坚持系统化治理、产业化经营、品牌化打造、数字化赋能、多元化参与、制度化建设"六化"协同，促进生态产品增质提效、增值变现，形成生态产品价值实现的八种模式。

一、基本背景

莲花县积极探索生态产品价值实现模式，通过"六化"协同路径，促进生态产品增质提效、增值变现，形成生态产品价值实现的八种模式，即，吉内得田园综合体多业态融合发展模式、胜龙牛业生态循环农业价值实现模式、莲花血鸭生态价值全产业链融合模式、秸秆产业化利用模式、莲江湿地公园生态综合治理与提升模式、中草药林下经济种植模式、废弃矿山生态修复与价值提升模式、甘祖昌干部学院红色培训全民共享模式。创建生态产品交易中心，搭建生态资源价值评估中心、资源收储中心、资产运营中心、金融服务中心和资产交易平台等"四中心一平台"，形成生态资源"集零为整"集约化和"积少成多"规模化经营，打通了生态产品市场转化通道。

二、主要做法

（一）系统化治理，实现生态产品价值保值

一是创新生态环境治理模式。推行"检察蓝+生态绿"环保合作模式，检察机关与地方政府签订合作协议，促进环境保护合作共建、联合共治、发展共促。持续开展"美丽乡村检察行"专项监督、水生态环境专项整治、古树名木保护专项监督等联合行动及现场办公，为保护青山绿水、促进绿色发展筑牢"检察屏障"。二是实施污染防治攻坚行动。打造智慧环保综合监管平台，通过"微观站+巡航车+高空瞭望"实时监测、远程指挥，精准守护莲花的碧水蓝天；深入推进餐饮油烟治理、工业废气治理、城镇生活污水处理等污染防治攻坚行动，采取源头禁限、过程减排、末端治理的全过程环境风险管控措施，生态环境质量保持全省前列。三是加强生态保护与修复。围绕增绿、管绿、护绿、用绿、活绿，全面铺开退化林修复、防护林建设、森林抚育补贴、低产低效林改造等项目，2022年以来，共完成造林绿化2.87万亩，低产低效林改造5.57万亩；创新实施矿山复绿工程，引入民间资本1.4亿余元，已完成68个（1158.35亩）图斑主体工程建设，入选全省国土空间生态修复试点县。

（二）产业化经营，实现生态产品价值增值

一是培育农业龙头企业。围绕优质水稻和现代种业、草食畜禽、高效蔬菜、休闲农业"1+4"重点产业，大力发展牛羊家禽养殖业、油茶种植业和硒锌功能农业，培育了一批以胜龙牛业、吉内得大米为首的国家级龙头企业。深入实施农产品精深加工提升行动，持续加强与高校、科研院所战略合作，与江西农大合作在胜龙牛业成立博士工作站，与江苏省农科院合作共建莲花血鸭产业研究院，与湖南农大合作培育"莲花1号"莲子品种，有力提升农业产业科研水平。二是延长农产品供应链。充分发挥莲花丰富的农业资源优势，大力推动一、二、三产融合发展，建设全市首个生态产品交易中心，土地流转9652.5亩，并与高校合作，打造绿色农业循环种养新模式，积极推广牧草种植，做大做强秸秆加工生产，推行秸秆回收饲料化，拓宽青贮饲料市场化运营，助力肉牛养殖业发展。以项目为载体，通过项目孵化，带动产业发展，逐步形成了"种植养殖+加工+仓储+物流+销售"全产业链发展模式。依托"莲小花"区域公用品牌产品供应链，利用电商、商超等平台，通过线上线下多渠道销售农产品，提高产品的市场占有率，进而提升其附加值。同时，围绕莲花各产业形态，通过乡村新产业新业态促进"流量+网红+产业"高效联动，拓宽电商产销对接新渠道。三是壮大生态工业产业。以发展生态工业为主线，聚焦新材料、电子信息细分领域、压缩机三大主导产业，量身定做产业规划，确保产业发展思路清、方向明。围绕新兴产业强链延链，明确制造业重点产业链现代化建设"6210"行动目标，出台加快推进企业上市若干措施，推进6家省重点上市后备企业上市步伐。加强企业管理考核与分级激励，创新构建"低碳论英雄"考核体系，全面完成省市下达能耗目标。2022年以来，全县生态工业产业营业收入达57.7亿元，压缩机产业基地被认定为省外贸转型升级基地。四是融合生态旅游产业。立足"红""绿""古"资源禀赋，以江西甘祖昌干部学院为载体，以农文旅融合为抓手，全力打造以生态观光、休闲康养、红色漫游等为主的旅游产品，推出"赏莲花、尝血鸭、踏青山、游莲江、仰红色"的生态旅游线路。编制莲江乡村振兴示范带、全域旅游和罗霄山脉旅游等规划，在林旅、农旅、花旅、茶旅、村旅、红旅等方面开展深度融合。创新推进"景村融合""美丽庭院"建设试点，推动微改造、精提升。大力实施"文旅+消费"行动，承办萍"湘"美食文化节，协办全省旅发大会，开展文化旅游节、油菜花节等文旅活动，获评全省首批"美丽活力乡村+民宿"联动建设先行县。

（三）品牌化打造，实现生态产品价值提质

一是完善生态产品标准、认证、标识体系。用好国家有机食品生产基地建设示范县、国家农产品质量安全县等"金字招牌"，立足环武功山富硒富锌带，大力发展绿色有机农业，积极申报国家地理标志保护产品、"赣鄱正品"品牌认证，吉内得大米、胜龙牛业等生态品牌持续打响。二是创优生态产品特色品牌。制定《莲花血鸭品牌创建与产业发展实施方案》，启动"莲花血鸭"国家非遗申报，推进莲花麻鸭等多个生态产品纳入国家名特优新农产品目录，开展"莲花血鸭"集体商标注册、行业标准制定、内涵文化挖掘、基地平台建设等系列工作，打造生态产品特色品牌，具体做法获省领导批示肯定。"莲小花"区域公用品牌运营中心投入运行品牌影响力不断扩大，农产品快递成本大幅降低，莲花莲子、麻辣萝卜干分别在拼多多、抖音商城列同类产品销量第一。三是推进生态产品循环发展。以保护大气环境、提升耕地质量、促进产业发展为落脚点，探索实施秸秆产业化综合利用新模式，将秸秆综合利用融入肉牛养殖产业，打通"水稻种植、收割、饲料加工、肉牛养殖、牛肉加工、有机肥生产、水稻种植"绿色循环经济链条，带动9000户农户年均增收3000余元。

（四）数字化赋能，实现生态产品价值增效

一是积极开发绿色信贷产品。建设全县生态产品价值实现机制+GEP精算数字化平台，探索"生态资产权益抵押+项目贷"模式，支持银行机构创新金融产品和服务，加大对生态产品经营开发主体中长期贷款支持力度，试点开展海潭垦殖场林权抵押贷款1.9亿元。创新绿色金融信贷产品，探索"古屋贷""洁养贷"和"湿地贷"，丰富"生态信贷通"产品。二是深入挖掘生态产品价值。搭建"一张网、一张图、一套实时动态数据"的国土空间基础信息平台，建立覆盖全县的各类生态环境监管业务，及时跟踪掌握生态产品信息变化情况，形成"时、势、相"三位一体的调查成果图。组建生态资源收储中心和资产运营中心，全方位盘活资源，深入挖掘生态产品市场价值。三是积极推广数字平台应用。上线"漫游莲花"小程序、莲花县文旅地图、"智理闪石"数字乡村平台等数字化旅游工具。推进"数字莲花"项目建设，打造"生态产品交易中心"，拓展生态产品交易渠道。建成吉内得智慧种田应用场景、神岭山生态农业机械化农事服务中心等农业物联网示范基地10个，成功打造"莲小花"农产品电商品牌，全力推进粮食安全生产大数据管理平台建设。

（五）多元化参与，实现生态产品价值共享

一是推进生态建设投融资多元化参与。积极拓宽生态建设投融资渠道，投资5亿元设立产业引导基金，促进生态产业做强做优；争取2亿元国际农发基金，推进现代农业高质量发展；联合发起莲创股权投资基金，引进节能环保、智能制造、新能源及新材料等优质项目。持续加大对有机农业、林下经营、流域综合治理等绿色信贷领域重大项目的支持力度，培育绿色发展新动能。二是推进生态产品价值共享示范区多元化建设。探索打造集水源地生态补偿、"红绿古金"文旅、特色民宿等于一体的综合示范区，致力建设湘赣边生态产品价值实现合作示范区。统筹实施生态环境系统整治和配套设施建设，推进相关资源权益集中流转经营，提升生态产品开发利用价值，丰富生态产品价值实现模式。

（六）制度化建设，实现生态产品价值保障

一是健全生态产品价值实现制度。出台生态产品价值实现机制实施方案和

"两山"转化运营中心实施方案，成立指挥部和工作专班，完善GEP核算统计制度，将经济发展增量的环境损害、生态效益、自然资源消耗成本等作为重点核算内容。二是建立绿色发展绩效评估制度。探索生态环保信用体系建设。制定《莲花县生态信用村评定管理办法（试行）》《莲花县企业生态信用评价管理办法（试行）》，构建覆盖企业、村集体的生态信用体系，在项目建设和绿色金融服务等方面予以政策倾斜。三是建立生态产品价值考核制度。探索GDP和GEP双考核机制，将生态产品价值核算结果作为领导干部自然资源资产离任审计的重要参考，将审计结果作为领导干部考核、任免、奖惩的重要依据。

三、取得成效

（一）生态环境质量持续优化

莲花县通过加强生态保护和综合治理，生态环境持续改善，全县生态系统的质量和稳定性不断提高，生态产品供给能力不断增强。严格管控年度任务完成比例达100%，重点建设用地安全利用率达100%，风险管控率达100%，生态环境质量连续多年保持全省前列。多次发现桃花水母、黄腹角雉、白颈长尾雉、灰鹤等一大批国家重点保护动植物。先后获评省级森林城市、省十大生态领跑县，入选中国县域全生态百优榜，创建国家森林乡村4个、江西省森林乡村10个、乡村森林公园10个、乡村旅游村6个、生态乡（镇）13个、水生态文明村镇20个；打造的两条精品旅游线路被农业农村部推介为中国美丽乡村休闲旅游行（夏季）精品景点线路；荷花博览园被确定为2023年全国夏季"村晚"示范展示点，为江西三个展示点之一。

（二）生态产品价值显著提升

莲花县依托优良生态环境和丰富的农产品资源，打造了"莲小花"农产品区域公用品牌，莲花血鸭、肉牛、大米、白鹅、麻鸭等特色产业稳步发展，产业链不断延伸，产业集聚度明显提升。成功创建国家有机食品生产基地建设示范县、全国绿色食品原料（水稻、油菜）标准化生产基地、国家农产品质量安全县、全国农民合作社质量提升整县推进试点县、全省富硒功能重点农业县等品牌，入选2023年部省共建江西绿色有机农产品基地试点省"县级先行标杆"

获评2024年农业农村部第一批农业生产全程机械化示范县（规模养殖类）。目前，全县富硒经营主体21家，累计认证富硒农产品35个。认证"两品一标"农产品30个，全县全国名特优新农产品增至14个，有机食品产业产值突破7亿元，占农业总产值比例超过1/3。全县已有国家级林下经济龙头企业1个、示范社1个、省级示范基地2个，林业经济年增长速度保持在26%以上，2022年林下经济产值4.28亿元，占全县林业总产值22%；大力推进生态产业循环发展，积极开展秸秆综合利用试点，获评第二批中央财政农作物秸秆综合利用—秸秆产业化模式县。莲花白鹅获国家地理标志证明商标，实现零的突破。莲花血鸭全产业链标准化示范区项目成功入选国家农业标准化示范区，并纳入首批全国预制菜登录宣展名录。胜龙牛业获评国家农业高质量发展标准化示范基地和最受欢迎的江西十大新锐消费品牌，吉内得获评国家稻田公园、全国科普基地和省级休闲农业示范点。

（三）"绿水青山就是金山银山"转化通道有效拓宽

莲花县通过农业产业转型升级、生态文旅融合发展，生态资源优势不断转化为产业发展优势。胜龙牛业成功融入粤港澳大湾区，在广州、深圳等地开设自营专卖店300余家，并与盒马鲜生、美团买菜等多家电商平台和大型超市建立了长期合作关系，成为华南地区生鲜牛肉专卖领先品牌，入选"粤港澳大湾区"菜篮子基地，支持建设36个村集体肉牛基地，帮助近4000户农户增收致富。"吉内得"富硒大米高质量服务国家粮食安全战略，通过流转土地、吸纳就业、采购农产品等方式，带动2755户农户年均增收3000余元。莲花血鸭品牌知名度与影响力快速提升，开展"莲花血鸭进长沙"等系列活动；依托萍"湘"美食文化节与赣味集团、深圳70年代等10家企业达成"莲花血鸭供应协议"，品牌全国化布局基础进一步夯实。成功打造"莲小花"区域公用品牌，整合18类134款农产品资源，畅通线上线下销售渠道。持续发挥生态品牌集聚效应，外引内扶打造吉内得国家稻田公园、国家4A级旅游景区荷花博览园、瑞和农场等现代农业示范园区，建成运营了农村电子商务运营服务中心和10家农业物联网示范基地。大力发展林下经济，培育常青种养林下经济专业合作社评定为全省10个"定制药园"之一，与江中集团签订长期战略合作协议，成为其原材料供应基地，带动农户增收致富。

"六化"协同路径是依托优良生态环境和丰富的农产品资源，完善生态产品标准、认证、标识体系，打造生态产品交易中心、"莲小花"区域公用品牌运营中心实现产品交易。通过推行"检察蓝+生态绿"环保合作模式、打造智慧环保综合监管平台等方式，加强生态保护和综合治理，生态环境持续改善，全县生态系统的质量和稳定性不断提高，生态产品供给能力不断增强。通过农业产业转型升级、生态文旅融合发展，生态资源优势不断转化为产业发展优势，绿水青山向金山银山转化通道不断拓宽。

（萍乡市莲花县发展改革委王梦星、陈泽华执笔）

赣州市上犹县：
探索"1+1+3"模式推动生态产品价值实现

赣州市上犹县牢固树立绿水青山就是金山银山的理念，聚焦生态资源变现难题，通过"1+1+3"模式推动生态产品价值实现，认真做好治山理水、显山露水文章，积极探索绿水青山转化为金山银山路径，加快将生态优势转化为经济优势，推动生态效益转化为经济效益。

一、基本背景

上犹县位于江西省赣州市西部，国土面积1543平方公里，人口33万，是一个典型的老区、山区、库区县，是赣粤湘三省交界处保存完好的生态功能区，属大湾区"2小时经济生活圈"，素有水电之乡、旅游之乡、茶叶之乡的美誉，先后获评国家生态文明建设示范区、江西省首批生态产品价值实现示范基地、国家级全域森林康养试点建设县。上犹县立足生态优势，通过筑牢一个基础、建立一套机制、拓展三个通道，探索"1+1+3"模式推动生态产品价值实现，实现了GDP与GEP的双增长、双提升。

二、经验做法

（一）筑牢一个基础，扩大优质生态供给，为生态产品价值实现提供"源头活水"

一是凝聚生态共识。县委十五届五次全会提出"生态优先、融湾发展、开放创新、担当实干"工作思路，一以贯之贯彻绿色发展理念，从制定发展战略规划、城乡总体规划到编制基础设施、产业发展专项规划，坚持把生态保护作为第一要素来考量，全县85%的国土面积划定为生态保护空间，49%的国土面积划定为生态红线，最大限度减少发展对生态环境的负面影响。二是提升生态质量。坚持用系统思维统筹推进山水林田湖草沙一体化治理，投入资金16亿元打好治山理水"组合拳"，构建起生态岸线修复、沿江沿河污水处理、农村面源污染治理、水源涵养林保护、和美生态文化塑造五道生态屏障。

（二）建立一套机制，破解核算应用难题，为生态产品价值实现提供"量化标准"

一是聚焦可度量。搭建GEP数字化管理平台，建立三大类17项49个细分指标的基础数据核算体系，实现生态产品价值核算标准化。2020年GEP核算总量为594.78亿元。二是聚焦可交易。开展生态产品全面普查，率先编制优质生态产品目录清单，确定首批一级生态产品10个、二级生态产品12个、三级生态产品4个，创建生态产品综合服务交易平台。三是聚焦可抵押。深化绿色金融改革创新，对各类自然生态空间开展统一确权登记，建立"上犹智慧金融"综合信息平台，推出"公益林收益权质押贷"等7款绿色金融产品，2023年绿色信贷余额增长55%。四是聚焦可变现。创新生态补偿链接机制，吸纳生态产品供给地农户通过土地流转、参与项目建设、农企合作等方式，实现持续稳定增收。紫阳乡采取村集体资产入股的方式打造富硒含锶山泉水，村集体每年可增收20万元，带动群众户均增收5000元。

（三）拓展三个通道，培育绿色生态产业，为生态产品价值实现拓宽"转化空间"

一是拓展以生态产品发展全域旅游的通道。以"森系"差异化定位的设计，建设"一核一带五区"全域旅游示范区，形成"春采茶赏花、夏嬉水漂流、秋赏枫露营、冬垂钓温泉"的四季旅游体系，推出登峰览胜趣野营等"森宿上犹"8条精品旅游路线，打造全国首个森系主题旅游度假目的地。在全市率先出台支持民宿经济、赛事经济、夜间经济发展的鼓励政策，形成政策洼地。在民宿经济发展方面，坚持"亲山不侵山、亲水不侵水"的理念，盘活各类资产和老旧民宅，推出六类民宿集群，为游客创造看美景、住民宿、"森呼吸"体验。举办全国民宿集群创新大会，签约13家民宿，民宿旺季入住率达90%以上、营收达5000万元，带动所在村集体年均增收近50万元。在赛事经济发展方面，利用赛事经济对生态冲击低、复购率高的优势，举办中国汽车漂移锦标赛、全国垂钓拉力赛等20多种品牌赛事，通过赛事立体呈现生态资源禀赋，产生经济收益过亿元，《"体育+旅游"融合发展做活赛事经济》在中央政研室《综合研究》82期刊载。全力推广匹克球运动，举办全国匹克球大赛，打造匹克球第一县。2023年接待游客破千万、旅游综合收入超百亿元。

二是拓展以生态优势赋能乡村振兴的通道。创新乡村发展和生态治理模式，依托环境提升、品牌提升促进产业升级、乡村振兴，该模式在全省乡村振兴工作会议上作推广。出台三年行动方案，按照壮大一个产业、设计一个IP、讲好一个故事、开发一系列文创产品、完善一套基层治理机制、展现一幅乡村致富图景的"六个一"模式编制规划，每年打造5个县级示范村，以农文旅深度融合推动乡村生态产品价值实现。如，以打造茶叶和小火车为IP的梅水园村，以茶旅融合为特色的油石笔架山，年辐射带动10万人增收致富，示范村人均年收入增加5000元。2023年举办"两山一区"乡村振兴科教联盟现场会，9位院士、25所高校专家及相关厅（局）领导共计150余人参会，启动试点推进"五个一"工程，即聚焦一批农业特色产业、建立一批院士科技小院、引进一批农业龙头企业、出台一套产业扶持政策、打造一个乡村振兴科技园区，为生态农产品价值实现拓宽了有效路径。

三是拓展以品牌提升促进供需对接的通道。上犹县48%的土地富硒，上犹县以大湾区市场需求为导向，以提升品牌价值为基础，大力发展生态米基础产业、有机茶优势产业、生态竹特色产业、农村电商新兴产业、数字农场未来产业，打造大湾区生态富硒产品供应基地，推进生态产品供需高效对接，大湾区优质农产品销售额占比超过45%。如有机茶优势产业，通过扩规模、提品质、促融合、强品牌，常态化组织企业参加国际春茶产业博览会等展会，开展对接招商、线上交易，在央视《好物节》推介上犹县茶叶等农产品，目前茶叶规模和产量占赣州市的52%，上犹绿茶品牌价值达6.4亿元，绿茶湾区销售额占比连年提升；生态竹产业年产值保持20%的增长，从香港引进投资5亿元的生态竹全产业链项目，带动1/3的村、1.2万户农户参与竹产业发展，目前正申报"以竹代塑"应用推广基地县。通过教育部、全国工商联等部委对口支援，助推优质农产品走向全国。

三、取得成效

（一）生态环境持续向好

通过不懈努力，上犹县自然生态系统的稳定性、可持续性不断提升，生态环境持续向好。主要生态环境质量指标稳居省市前列，地表水质综合指数常年保持在全省前列、全市第一，负氧离子是国际标准的7倍，森林覆盖率稳定在81.8%，为生态产品价值实现奠定生态基础。2023年，央视新闻直播间报道了上犹县提升湿地质量、推动长江经济带高质量发展的做法。

（二）生态农业蓬勃发展

立足生态优势和产业基础，坚持生产标准化、产品品牌化、基地景区化，抓好"三统四不"生产管理标准建设（即要求统一茶树品种、统一技术标准、统一肥药施用，在茶叶生产加工过程中要求一律不使用食品添加剂、不喷施除草剂、不施化学合成肥料、不使用高毒高残留农药），重点发展茶叶、油茶、花卉苗木"两茶一苗"以及蔬菜、生态鱼等农业产业。打造犹石嶂生态农业园、京富现代农业庄园、柏水寨生态农业、社溪沙墩桂花苗木基地等农旅结合示范点，建成15个乡村旅游特色家庭农场，新组建农业合作社33家。成规模建设一批茶叶基地、蔬菜基地，上犹绿茶、犹江鲜菇、有机蔬菜、生态大米等系列产品擦亮"富硒"品牌。农业首位产业快速发展，年均新增茶园面积2000亩，茶园可采面积达10.43万亩。"上犹绿茶"入选江西农产品"二十大区域公用品牌"榜单，荣获"全国茶叶生态建设十强县""全国茶叶百强县"等称号。

（三）生态旅游欣欣向荣

以"旅游+"促进旅游与文化、体育、农业共荣共生共兴，走出了"旅游+文化""旅游+康养""旅游+体育"深度融合的特色之路。"旅游+文化"方面，推进非遗进景区和赏石习俗发展，建设了非遗展示馆、赏石文化城等项目，奇石交易市场是方圆400公里范围内规格最高的奇石交易场所和赏石文化交流地。大力发展民宿经济，以阳明湖、南湖、五指峰、草山等为重点区域，引进国内一流品牌民宿，加快阳明宿集等项目签约落地，布局茶园民宿、稻田民宿、峡谷民宿、高山民宿等，致力建设森林康养民宿产业集聚区。"旅游+康养"方面，引进了众合康养、润达国际康养、四季春银龄公馆等医养结合型项目，并在与天津天同养老等企业构建社区养老等康养体系，为大上崇幸福产业园建设奠定了扎实基础。"旅游+体育"方面，引进了水上运动、SUP桨板运动、路亚垂钓、骑行等业态，成功打造了"中国路亚黄金联赛""全国职业俱乐部百万联盟杯钓鱼拉力赛"两大钓鱼赛事IP。2023年，接待游客、旅游综合收入分别突破1000万人次和100亿元大关，较2019年翻一番。

（赣州市上犹县发展改革委郑竹文、黄林执笔）

上饶市婺源县：
探索生态特色突出的乡村振兴新路

2023年10月11日，习近平总书记来到婺源县秋口镇王村石门自然村考察，深刻指出中国式现代化既要有城市的现代化，又要有农业农村现代化，并殷切嘱托要保护好自然生态，把传统村落风貌和现代元素结合起来，坚持中华民族的审美情趣，把乡村建设得更美丽，让日子越过越开心、越幸福，还赞誉石门自然村是一处弥足珍贵的地球之肾，一个乡村振兴的珍贵样本。

一、基本背景

石门自然村，位于江西省上饶市婺源县秋口镇王村，面积4平方公里，有村民115户、512人。石门植被多样、生态良好，是饶河源国家湿地公园的中心区，国际鸟类红皮书极危物种蓝冠噪鹛在此栖息，美好的生态成为世界上最濒危的雀形目鸟类天堂。石门自然村牢固树立和践行绿水青山就是金山银山的理念，持续推动蓝冠噪鹛保护主流化建设，实施最严格生态保护红线制度，建立健全自然保护地体系，设立"古树保护岗""护鸟护绿岗""环境卫生岗"等微岗位，精心呵护村里青山常在、绿水长流的美丽画卷。这座位于饶河之源的千年古村在中国式乡村现代化中始终"走在前、勇争先、善作为"，探索出"两山"转化的新通路，开辟了乡村振兴的美好愿景。

二、主要做法

（一）守牢生态底色，讲好传播"一个村"与"一只鸟"和谐共生的故事

历史上，婺源百姓就养成了"尊重自然、敬畏山水"的生态自觉，近些年，婺源更加注重在传承中与时俱进，不断激发广大群众保护生态环境的积极性。当地持续加大制度创新，着力保护好"一方青山"、呵护好"一江清水"，在全国首创"自然保护小区"制度，建成193个自然保护小区，总面积10.98万公顷，覆盖全县所有行政村。位于饶河之源的石门村，溪流环抱，古木参天，是国家重要湿地——饶河源国家湿地公园的核心区域，也是世界极度濒危鸟类蓝冠噪鹛自然保护小区。据悉，蓝冠噪鹛是世界上最濒危的雀形目鸟类之一，全球种群数量只有250余只，是仅存于婺源县自然保护区的独立群体。为了保护好石门村古树多、水质好的生态基底，婺源县委、县政府投资1000多万元对月亮湾约3000米的生态岸线和3公顷的裸露湿地进行修复，建设小微湿地7个，成立蓝冠噪鹛志愿护鸟队，打造蓝冠噪鹛科普馆、湿地公园研学基地、樱花休闲步道等一批生态景观，吸引了"鸟中大熊猫"蓝冠噪鹛在此栖息繁衍。

近年来，婺源县不仅全面推行了"林长制""河湖长制"，还在县、乡、村三级林长、河湖长的基础上，灵活设置了"护水护绿""野外防火""村庄保洁"等功能型党小组，仅在石门村，便有"古树保护岗""护鸟护绿岗"等特色岗位十来个，党员的岗位设在"每一条古街古巷、每一棵名木古树、每一段溪水河流"上，形成了党员带头履责、群众自发维护的良好生态保护氛围，用实际行动使青山常在、绿水长流，牢牢守住了发展的底色。正因如此，石门村成功创建省级生态文明教育实践基地。"一个村"与"一只鸟"和谐共生的故事，是婺源坚持"两山"理论指导，促进"两山"转化的缩影。

（二）打造乡村现代化IP，吃上"生态饭"，发了"山水财"

如何打造有特色、有吸引力的旅游IP，石门村有自己的办法。他们邀请中国美术学院的专家为村庄的"总设计师"兼"美容师"，围绕湿地生态、传统村落文化以及珍稀鸟类资源，在尊重、顺应、保护自然的前提下，微改造、

精提升。镇村投资围绕旅游业态布局，使原本平平无奇的小村庄渐渐有了景点的模样，民宿、农家乐、酿酒坊、茶舍、非遗馆多了起来。村里还将生态资源入股，与县文旅集团合资成立了竹筏公司，所得收益的一半以上都用于村民分红，仅此一项，每户村民每年便可增加收入1000元。不仅如此，村里还给在外务工的村民去信，动员村民回乡创业，越来越多的石门人选择回到村里开办民宿、农家乐项目，实现了在家门口守着风景致富，村庄既秀特色又做融合的发展思路越来越清晰。随着年复一年对绿水青山的呵护，石门人发现让"青山变现"、让"绿水流金"并非奢望，越来越多的城里人愿意来这个山清水秀的小村庄静静地看一看山水，听一听鸟鸣。石门不仅吃上了"生态饭"，还发起了"山水财"。

（三）让青山变现、绿水流金，构筑地球之肾的美丽经济

石门村不断将生态优势转化为经济优势的发展模式，谱写了乡村振兴新篇章。享受到生态环境保护带来的发展福祉的石门村民倍加珍护美丽家园，形成了"保护美丽生态环境—转化为'美丽经济'—促进村民保护环境"的人与自然和谐发展的良性循环。

望得见山、看得见水、记得住乡愁，乡村旅游的兴起和兴旺，吸引了海内外一批又一批的游客，石门村的民宿、餐饮等旅游相关产业蓬勃发展，为村民提供了大量的就业机会，增加了村民的收入来源。2023年，石门村接待游客50多万人次，实现旅游综合收入240余万元，人均旅游收入4600多元，村民人均年收入由2013年的4000元提升到如今的3万余元。此外，石门村还依托丰富的生态资源，发展了茶叶、酿酒等特色产业，形成了多元化的经济结构，进一步提升了村庄的经济实力和村民的幸福感、获得感、归属感。

三、取得成效

（一）生态环境保护成效显著

婺源193个自然生态型、珍稀动物型、水源涵养型自然保护小区，为蓝冠噪鹛等珍稀物种提供了良好的栖息环境。作为国际鸟类红皮书极危物种——蓝冠噪鹛的繁殖地之一，石门村的生态价值得到了高度认可。监测数据显

示,蓝冠噪鹛野生种群有200余只,均活跃在婺源县境内。全县森林覆盖率达83.67%,植被覆盖率达90%以上,空气优良率持续稳定在99.7%左右,断面和集中式饮用水水源地水质达标率保持100%,每立方厘米负氧离子含量达7万—13万个。

（二）带动乡村旅游发展

望得见山、看得见水、记得住乡愁,乡村旅游的兴起和兴旺,使石门村兑现了"让青山变现、绿水流金"的愿景。随着游客数量的不断增加,石门村的民宿、餐饮等旅游相关产业蓬勃发展,为村民提供了大量的就业机会,增加了村民的收入来源。石门村还依托丰富的生态资源,发展了茶叶、酿酒等特色产业,形成了多元化的经济结构,进一步提升了村庄的经济实力。

（三）社会效益显著提高

石门村在保护生态环境的同时,也注重传承和弘扬传统文化。通过建设蓝冠噪鹛科普馆、湿地公园研学基地等文化设施,不仅提高了村民的文化素养,也增强了社区的凝聚力和向心力。石门村作为蓝冠噪鹛的重要栖息地之一,吸引了国内外众多专家学者前来考察和交流,促进了国际环保交流与合作,扩大了石门的知名度。

（上饶市婺源县发展改革委朱春华、戴珺执笔）

赣州市崇义县：
以野果种质资源保护促进现代农业产业融合发展

赣州市崇义县以保护深山老林里常见又无人问津的野果——刺葡萄为起点，从简单的移栽收集到建立种质资源圃再到研发生产刺葡萄系列食品饮料，逐步建成一个集生态资源保护、现代生态农业、生态科普旅游于一体的现代农业产业融合发展示范园，演绎了生态产品价值实现的生动实践。

一、基本背景

崇义县君子谷野生水果世界创建于1995年，位于罗霄山脉东南段的崇义县麟潭乡君子谷山区，距县城32公里，面积6000多亩，核心区面积3800亩。君子谷主要由野果保护区、野果种质资源圃、野生刺葡萄选优品系生态种植园、野果酒庄、农民学校、森林公园等组成。崇义县积极开展生态环境和野生种质资源保护与整理，把绿色生态作为最大的财富、最大的优势、最大的品牌，不断释放良好生态蕴含的经济价值和社会价值。

二、经验做法

（一）以生物多样性保护为切入点，保护野果种质资源

始终把生态环境保护放在突出位置，针对因炼山造成的生态系统破坏和生物多样性丧失等问题，一方面，率先建立野果保护区，通过移栽植物、保护性收购、自我繁殖等方式，将林业生产炼山中要烧毁的野果和植物进行收集、保护和培植。另一方面，于2003年开始重点保护一些特色原生野果品种，建立"中国野生刺葡萄资源圃""野生水果种质资源圃""野生杨梅资源圃""野生木

通资源圃""野生金樱子资源圃"等专类野果资源圃,对保护区内的野果资源进行分类整理,系统保护野果种质资源和濒危植物。目前,君子谷收集和保护的野果种类达100多个大类上千个品种,其中仅刺葡萄野生植株就达1200多株,南方各种野果和《本草纲目》记载的南方药材在这里几乎都可以找到,形成了极其珍贵的种质资源库,最大限度保持了自然生态系统的原真性和完整性,成为生物多样性保护的生态屏障,在保护生物多样性、保存自然遗产、提高生态环境质量和维护生态安全方面发挥了重要作用。

(二)利用生态资源优势,发展壮大刺葡萄产业

在加强野果种质资源保护的同时,利用当地气候特点和刺葡萄资源优势,不断发展壮大刺葡萄产业。一是加强技术研发,强化科技赋能。建立深加工酿造实验室,成立汇集中国顶尖葡萄和葡萄酒专家的"君子谷刺葡萄研究中心",打造江西省农业科技园区,相关技术荣获"江西省科学技术成果""赣州市科技进步奖一等奖",技术水平国内领先。二是选优品系进行集约化栽培,大力发展生态农业。与中国农业大学、西北农林科技大学等科研机构开展合作,选育出抗病性强、营养物质含量高的优良品种,建设省级标准化刺葡萄基地近千亩,打造江西省刺葡萄标准化栽培示范区。三是深入探索果品深加工,延伸产业发展链条。当地建成年酿造生产能力1000吨的生态野果酒庄,拥有80多种野果酒实验产品和成熟的生产工艺,研发出的生态型刺葡萄酒在第五届、第六届、第七届亚洲葡萄酒质量大赛上连续荣获国际金奖。不仅实现了中国本土特有葡萄品种的葡萄酒在这项国际大赛上金奖零的突破,还提高了刺葡萄附加值,推动君子谷刺葡萄产业加快发展。

(三)延伸产业链条,推动全域旅游业发展

坚持产业生态化思路,依托生态资源优势,大力培育绿色生态产业。一是在保护生态环境的基础上,不断延伸野果深加工产业链,除野生刺葡萄酒外,还开发出无任何添加剂的生态起泡露酒、野果饮料、野果饼干、果酥等多种多样的生态食品,建立了"君子谷"和"野果世界"等区域品牌。二是紧扣崇义县全域旅游发展路径,以三产融合发展为主线,依托君子谷野果世界,大力发展生态旅游。建设以野果主题公园和特色产业村为主题的"君子谷小镇",建

成了精品旅游路线、葡萄沟旅游观光带等，通过延伸产业链条，实现了种植、加工、旅游三产融合发展，入选江西省工业旅游示范基地名单，成为远近闻名的观光游、科普游、体验游热点。

（四）依托多种模式经营，推动农民就业产业增收

积极探索乡村生态振兴模式，以"公司+基地+专业合作社+农户"的经营方式，免费向农民提供刺葡萄种苗。通过举办农业技术培训班以及农业科普活动等多种形式，向农民培训野果种植技术，指导农民开展刺葡萄生态种植，带动16个乡镇7000多户农户种植刺葡萄8000多亩，户均增收4000多元。这一经营方式有力助推了崇义县农业产业结构调整，对农民就业、产业增收起到了很大的推动作用，当地也被评为全国科普惠农兴村先进单位、江西省生态文明示范基地、江西省生态文明教育实践基地。

（五）加强生态文明宣传教育，引导公众共同参与

结合自身特色优势，积极加强生态文明宣传教育。一是开设农民培训学校、学术报告厅、科普活动室、农民科技书屋和科普惠农服务站，面向农民开展社会科学普及和宣传工作。二是通过产学研模式，提升院校学生对亚热带野生水果的热爱，引导其感受大自然的魅力。每年国内外专家学者在君子谷基地进行学术活动、科学讲座、人文和科普教学10余次，西北农林科技大学、赣南师范大学等高校学生来到君子谷进行学习实践，每年接待中小学夏令营学生1000人次左右。君子谷被评为国家环保科普基地、全国自然教育基地、江西省青少年科技教育基地、江西省优秀科普示范基地。

三、取得成效

（一）谱写绿色崛起新篇章

借力《崇义县加快科技创新平台高质量发展的十二条政策》《支持刺葡萄产业发展若干政策》等政策措施，积极推动校企合作，构建产学研战略合作关系。坚持生态保护与生态生产相结合、人与自然和谐共处的理念和文化，将君子谷与两杰村建设成为创新创业平台类型的特色小镇，变成"绿野仙踪"式的野果主题公园、农产品加工示范园；以良好生态和物种多样性为基础，将其建

设成为具有环境保护、农业种植示范、林业产业示范、科普教育、农林特产业加工示范、乡村旅游等功能为一体的产业小镇。

（二）产品研发实现新突破

作为刺葡萄产业的龙头企业，君子谷从1995年开始，先后创立了生物科技研究基地、野果深加工实验室、刺葡萄优良品系选培及有机种植示范基地等。与中国农业大学、西北农林科技大学等多所高校合作，成立了刺葡萄研究中心，研发了刺葡萄干红、饮料、鲜啤、饼干等系列食品。"刺葡萄栽培和深加工""刺葡萄栽培及其产品开发"等科研成果荣获赣州市科技进步奖一等奖。中国本土特有刺葡萄品种酿制的葡萄酒，在"亚洲葡萄酒质量大赛"中获得三金、三银的优异成绩，实现在该国际大赛上金奖零的突破。

（三）探索多业融合新路径

刺葡萄产业通过一产的生态种植、二产的生态工业、三产的生态旅游，构建了以两杰村特色小镇为中心、过埠至上堡梯田景区沿线为辅助的刺葡萄生态产业种植带，以君子谷野生水果世界的刺葡萄科普基地、刺葡萄深加工为主的工业观光旅游带，以上堡梯田田园风光、田园生活体验为主的生态观光旅游带，塑造"三产"融合发展样板。

（四）绘就生态富民新画卷

君子谷野生水果世界公司与农户共享产业收益。企业设立农民学校和科技服务公司，定期办理讲课，免费给农户提供刺葡萄种苗和科技服务。采取"四支持"（政府支持种植户种苗、棚架设施、龙头企业种苗繁殖中心和品牌建设）和"四统一分"（龙头企业统一供应种苗，统一技术培训指导，统一质量标准，统一市场或保护价收购，农户分户种植管理）等创新举措，推行"企业+基地+农户"运行模式，引导龙头企业与农户签订产销协议，发展订单生产，以市场价（保底价）对鲜果进行回购。按一棵刺葡萄树年产800到900斤鲜果、每斤平均10元的采摘价计算，两棵刺葡萄每年能带来1.6万到1.8万元的收入。按保底价2.5元每斤的价格、亩产4000到6000斤进行收购，每亩收入10000到15000元，刺葡萄成为群众的"摇钱树"。

（赣州市崇义县发展改革委刘小招、梁石阳执笔）

抚州市资溪县：
"以竹代塑"带动全域绿色低碳发展

抚州市资溪县立"竹"实际、做"竹"文章，依托 55 万亩毛竹资源优势，打造全省首个竹科技产业园，引进 20 余家户外板材、竹家居等上下游龙头企业入驻，配套建设原竹加工区，初步形成"1+1+N"的竹科技产业体系，构建从毛竹下山到初加工再到精深加工一条龙的全产业链条，有效推动"以竹代塑"生态产品价值实现高质量转换，促进生态财富转化为经济财富。

一、基本背景

在国家"双碳"目标引领下，禁塑与限塑的步伐持续加快，"以竹代塑"成为大势所趋。资溪县作为"中国特色竹乡"，充分利用竹子生长速度快，固碳能力强，可持续、可降解、可循环的特性，引入高科技、新技术，研发了 20 余种新型竹产品，在竹餐具、竹家居、竹建材等行业都有广泛应用，有效解决塑料污染，减少温室气体排放，着力构建现代竹产业发展体系，探索走出了一条可复制可推广的"以竹代塑"绿色发展资溪新路径。

二、经验做法

（一）强化顶层设计，谋划"以竹代塑"新格局

积极响应国家"以竹代塑"发展号召，成立资溪县毛竹产业发展领导小组，设立毛竹产业协会，制定印发《资溪县加快毛竹产业发展实施方案》《资溪县加快推进竹产业高质量发展实施方案》《资溪县竹木产业链链长制工作

方案》《资溪县金融支持"竹产业链"推进方案》《资溪县竹笋产业2023年—2025年高质量发展实施方案》等一系列政策文件，设立2亿元竹产业发展基金和2000万元毛竹收购周转资金，全面提升竹林经营水平、竹产品科技含量和竹产业综合实力，基本形成链条紧密、三产融合、科技创新、优质高效、生态安全的竹产业高质量发展新格局。

（二）强化产业发展，培育"以竹代塑"新动能

坚持竹产业一、二、三产融合发展导向，依托丰富的毛竹资源，积极抢抓全国林业改革发展综合试点机遇，全力推进一、二、三产融合发展。一产方面，践行"大食物观"，大力发展以笋竹两用林、灵芝、食用菌为特色的林下经济，完成笋竹两用林种植2.1万亩，套种灵芝、黄精、茯苓等林下药材共1.67万亩。二产方面，建成全省首个竹科技产业园、竹梦小镇、全国首个竹科博馆，高标准打造竹应用、竹体验、竹展示基地，全力发展竹建材、竹家居、竹结构、竹机械，以双枪科技、竺尚竹业、未家家居等为代表的一批竹行业龙头企业落户资溪，全县现有竹木规上企业20多家，其中单打冠军6家，多个竹木产品在行业领先，竹产业年产值达28亿余元。三产方面，围绕打造以"养眼养心、养神养气、养肺养胃、养肤养颜"八养为主的"纯净资溪·中国睡都"生态康养品牌，拓展"运动+康养""中医药+康养""竹文化+康养"等新业态，成功举办第六届全国森林康养产业发展大会和第十二届中国竹文化节，荣获全国森林康养标准化建设县称号。

（三）强化科技创新，探索"以竹代塑"新路径

加强与国际竹藤组织、中国林科院、南京林业大学、福建农林大学等科研院所开展全面战略合作，建成中国首家竹科技创新中心，建立江西资溪竹木制品实验检测中心，聘请中国林业科学研究院、浙江农林大学、福建农林大学、中国林产工业协会副会长等知名研究员、企业家组成专家委员会，推进"以竹代塑"科技研发、产品测试与成果转化，建立较完备的竹科技研究与产销经营发展体系。截至2023年，资溪拥有竹产业自主品牌10余项，专利发明和技术18项。

（四）强化宣传引导，建设"以竹代塑"新基地

充分发挥竹林生态优势，成功承办全国生态日等"零碳会议"，并以机关

单位、住宿餐饮、生活服务等三大领域为重点，全面宣传推广以竹代塑，树立绿色消费理念。大力实施竹制品"六进工程"（进景区、进民宿、进酒店、进馆所、进商超、进街区），鼓励公共机构积极采购相关"以竹代塑"产品。围绕"竹旅"融合发展理念，将竹林经营与乡村旅游、民宿发展等有机结合，着力打造竹文化研学、教育实践基地。同时，围绕"链接林区、发展园区、完善镇区、打造景区"推动"四区"联动、三产融合发展，为毛竹产业增面积提"颜值"，增蓄积提"绿值"，增效益提"价值"，助力乡村产业振兴。

（五）强化试点驱动，打造"以竹代塑"新样板

紧紧围绕生态产品价值实现机制，以省级林业碳汇试点县为契机，以竹林碳汇经营为抓手，创新推动竹产业发展全要素改革，为加速竹产业高质量发展和竹农增收致富赋能。一是深化集体林权制度改革。成立县"两山"林业发展有限公司作为收储和运营平台，大力收储零星、碎片化林地资源，推动毛竹林规模化、集约化、高效化经营，全县已流转毛竹林25万余亩。颁发全国首张林下经济收益权证，切实解决林下经济经营主体投入产出确权难、融资难等问题。二是深化林业数字化改革。与中国质量认证中心合作，开展林业产品碳汇研究，选取户外竹材、整竹砧板等特色生态竹产品，进行碳足迹及碳标签证书认证，获全国首个县域"城市温室气体排放核查"声明证书，资溪"整竹砧板""大庄户外竹材"获得全国首次颁发的吸碳产品足迹证书。三是深化竹林收益反哺。始终坚持"资源从农民手中来、效益回到农民手中去"，大力推行"两入股三收益"农民利益联结机制，鼓励农户将竹林资源资产量化入股，从而获取竹林流转租金、股份制竹专业合作社分红股金和经营竹林劳动薪金三大收益，真正实现"存入绿水青山，取出金山银山"。全县所有村级集体收入达10万元以上，其中有4个村超过100万元，竹产业发展助力实现共富目标。

三、取得成效

（一）资源得到有效保障

全县培育笋竹两用丰产林4000亩，改造低产毛竹林21万亩，建设高产高效竹林示范基地10万亩。毛竹待产从500万根提升到10000万根，预计2025

年达到 11000 万根。全县累计投入资金 4000 余万元，解决林区管护难、采伐运输难等问题，每年新改建林区公路 80 公里以上，全县 60% 以上毛竹林区通了公路。

（二）助力农民增收致富

"以竹代塑"战略实施有力推动着竹产业发展，进一步盘活闲置的竹林生态资源，竹林资源流转率显著提高，让群众得到更多生态效益实惠。生态资源本身实现增值，辖内毛竹林的流转价格由之前的每亩每年 12 元涨到 40—50 元，杉松木林由 600 元/亩涨到 1000 余元/亩，荒山由每 10 元/亩年提高到 20 元/亩。

（三）科技赋能产业发展

引进国内竹产业龙头企业双枪、大庄、庄驰等，打造全国户外高性能重组竹集成材基地，初步形成从毛竹下山到精深加工全产业链，全县"以竹代塑"产业从业人员已突破万人，人均年增收 10000 多元，全县所有村级集体年收入均超 15 万元，其中有 10 个竹产业村超过 100 万元，真正实现了绿色低碳共富发展的目标。

（四）助力民营企业发展

积极探索推动金融机构设立生态支行、绿色支行和绿色信贷金融事业部，实行绿色信贷"一行一品"，鼓励每家金融机构至少创新 1 种生态权益类融资信贷产品，依托当地竹木资源禀赋和产业链，创新开发了"资竹贷""林下经济收益权贷"等金融产品。"以竹代塑"绿色贷款 4.86 亿元。

为有效解决制约竹产业高质量发展问题，资溪县坚持生态立县、产业强县、科技引领、绿色发展战略，积极响应"以竹代塑"倡议，从减少资源消耗、保护生态环境的角度出发，将竹材应用于建筑、家具、包装和一次性使用产品等领域，推动产品科技开发，保障"代塑"市场占比，形成了竹产业振兴与减塑降碳的双赢局面，为全国竹资源富集地区探索生态产品价值实现和资源节约型可持续发展路径提供可复制、可推广的示范模式。

（抚州市资溪县发展改革委刘寅杰、王兴中执笔）

南昌市高新区：
统筹生态产品价值与高质量发展双提升

南昌高新区积极畅通绿水青山和金山银山的转换路径，着力在创新生态产品价值实现机制上先行先试，探索国家级开发区生态产品价值与高质量发展双提升实践路径。

一、基本背景

南昌高新区充分利用"一江相邻、四湖相间"的生态优势，积极探索由政府主导、企业和社会各界参与、市场化运作、可持续的生态产品价值实现路径，积极推动生态产品价值实现机制工作，推动绿水青山"好颜值"向金山银山"好价值"转变。在积极探索国家级开发区生态产品价值提升与高质量发展上总结出"生态+"的发展策略，推动环境、产业、科技、文化、生活融合发展。统筹高水平保护和高质量发展，实现地区生产总值千亿元以上，企业营业总收入超6800亿元，以占全市1/25的土地，创造出1/3的规模工业增加值、20%的规模工业利税和40%以上的出口，在全国国家级高新区综合排名中连续进位赶超、跃升至22位，先后获评国家低碳试点工业园区、国家循环化改造示范试点园区和国家级"绿色园区"。

二、经验做法

（一）始终坚持生态优先、绿色发展的主基调

高新区建区初期，总投资50亿元的造纸项目有意落户，但在对产业环境

影响进行详细论证后，毅然放弃该项目，将每年超百亿的营收拒之门外。2022年，锂电池模组生产企业计划投资200亿元建厂，考虑项目高能耗问题，最终放弃引进。正是靠这种敢于对高污染高能耗项目"亮红灯"的勇气，南昌高新区电子信息、航空制造、数字产业、医药健康、新材料等"2+1+2"高端产业集群逐步壮大，其中电子信息、新材料重点产业链营收突破千亿元。

（二）创新生态环境保护工作方法

南昌高新区立足完善工作机制，创新工作模式，有效提升了环境治理水平。一方面，创新"环保管家"帮扶指导模式。通过购买第三方服务，依托专业化管理团队"环保管家"加强环境问题排查整改。对区内112家企业开展体检式帮扶，发现排污口设置、固废贮存、危废台账记录等方面300多个问题，指导企业加以改进规范。另一方面，搭建智慧环保平台，科学布设监测点位，基本实现全区主要地表水及重点区域空气质量监控全覆盖。引入专家团队科学管控大气环境，全区空气质量优良率达92.1%。

（三）变废为宝打造城市名片

鱼尾洲曾是一片荒芜的废弃鱼塘，附近发电厂常将废料倾倒于此，形成了一片粉煤灰填埋场。2018年，启动鱼尾洲公园项目建设，采用"渗、滞、蓄、净、用、排"等理念，将生态修复与空间重塑贯穿公园建设始终，打造了一座集自然积存、自然渗透、自然净化功能于一体的"海绵公园"，从臭气熏天的环境死角成为远近闻名的"漂浮森林"。当地企业相关负责人表示，高新区有水有湖有花有鸟，彻底改变了对工业园区的传统印象，成为招商引资的加分项，有利于生态环境导向的开发（EOD）项目的推进，走出了以生态产品价值实现为导向的工业园区绿色转型之路。

（四）用心营造候鸟家园

鲤鱼洲位于南昌高新区东北端，东临鄱阳湖。几年前，鲤鱼洲一片藕塘引来许多白鹤觅食，随后便在南昌高新区建起五星白鹤保护区。周边一些稻田只种不收，留给候鸟，按市场价补偿农民，确保候鸟过冬食物充足。随着越来越多白鹤飞抵鲤鱼洲过冬，南昌高新区将藕塘从300亩扩大到1050亩，保留500亩不收割水稻等各类作物"为鸟留食"，建设电机井"为鸟留水"，深入科普宣传"为鸟留爱"。如今，鲤鱼洲吸引了3000余只白鹤"做客"，成为闻名中外的"白鹤小镇"，被誉为"全世界离白鹤最近的地方"。"鹤舞鄱湖观鸟之旅"已列入全国乡村旅游精品线路。利用这种独特的资源优势，积极策划"白鹤游""工业旅""最美乡村游""生态采摘""生态研学"等特色旅游线路，将现代工业与乡村旅游相结合，为游客提供全新的旅游体验。

（五）精心打造城市书房

在南昌高新区的建设中，坚持构建和完善全民阅读服务体系，实施"公园+书桌"计划，创新打造了以艾溪湖美书馆和高新区图书馆为典型代表的"小而美"精品城市书房，探索出一条"建筑利旧、社会运营、公益共享、全民共建"新路径。2022年4月，在北京召开的首届全民阅读大会上，艾溪湖美书馆荣获全国"年度最美书店"。目前，每天平均有3000人次在艾溪湖畔文化空间阅读。城市书房通过创新旧改模式，将旧有闲置售楼部改造成网红图书馆，既避免了新建建筑的大量资金投入，又节省了从规划到建设的时间周期，以最小投入、最短时间向市民交出了超出预期的文化答卷。

（六）谋划塑造生态网红打卡点

嘻街所在位置为艾溪湖西北堤，秉承潮艺术、潮运动、潮文化、潮生活的理念，将原有的市政公园环境提升为滨湖景观、高品质社交、文旅休闲的聚集地，成为潮流生态公园新地标。嘻街在地理位置上独享艾溪湖公园与鱼尾洲公园双公园空间，双重节点，坐拥百万级流量，致力打造为"都市湖滨微度假艺术公园"。嘻街的建筑模式为装配式，不仅可拆、可移、可扩展，同时具有建设周期短的优点，而且采用环保材料，降低了对环境的污染。

三、取得的主要成效

（一）生态环境美

南昌高新区发展的过程中，市委、市政府不仅考虑了经济发展的问题，更是把生态放在了重要位置。整个开发区北临赣江，东北紧邻鄱阳湖，西接青山湖，还有艾溪湖、瑶湖、鱼尾洲、南塘湖等多颗"明珠"镶嵌其中。全区湿地面积达84.72平方公里，彰显了"城在湖中、湖在城中、城湖相映"的生态魅力。建成"树有高度、林有厚度、绿有浓度"错落有致、景观优美的绿色廊道,全区绿地率超过42%,被称为"中国最美高新区"。

(二)产业质量优

南昌高新区单位GDP能耗仅为0.113吨标煤/万元,并形成了以电子信息、航空制造、数字产业、医药健康和新材料为主导的高端产业集群。2023年,全区电子信息产业营收1523.5亿元,产业链条完整度超90%,LED芯片产能跃居全球前三;航空制造产业营收114亿元,基本形成集整机研发制造、零部件配套、通航服务于一体的航空制造产业体系;数字经济企业数量突破4000家,规上软件和信息技术服务业营收突破65亿元,占全省超过30%;医药健康产业营业收入超145.8亿元,聚集了众多前10强全国医学检测机构。

(三)生活品质好

艾溪湖美书馆、高新区图书馆、"孺子书房"等一大批公共文化阅读空间成为网红打卡地,以"步行15分钟"为半径的医疗、教育便民服务圈初步构建,市民推窗可见绿、出门可见景、四季可见花,幸福感和获得感显著提升。宜居舒适的环境也吸引了大批高校毕业生和产业工人落户创业。2023年,全区常住人口增加近万人,连续10年保持增长,彰显了对人才的独特吸引力。

四、经验启示

(一)始终毫不动摇共抓大保护

在规划高新开发区布局中,始终把生态环境保护修复融入工作各领域全过程,创新了企业绿色发展帮扶指导模式,依托专业化管理团队"环保管家"加强环境问题排查整改,同时积极建设候鸟保护区,探索生态修复新路径。无论经济形势如何变化、发展任务多么繁重、领导班子怎么调整,都能以钉钉子精神狠抓生态环境质量提升,成为生态文明建设的典型标杆。推动生态产品价值实现机制的建立,生态保护是前提,价值实现是目标,必须把生态保护摆在第一位,保持战略定力,绵绵用力、久久为功,协同推进降碳、减污、扩绿、增长,使生态环境尽快实现从量变到质变的根本性转变。

（二）始终坚定高质量发展目标

南昌市制定出台了《关于深化开发区管理制度改革 推动开发区高质量发展的实施意见》等政策，推进开发区经济社会发展看GDP但不唯GDP，拒绝了一个个"烟囱式"企业的诱惑，顶住了一波波"两高一资"项目压力，以自有产业为基础，不断延伸电子信息、航空制造等上下游产业链，聚精会神打造高端产业集群，真正做到了"质量第一、效益优先"。推动绿色高质量发展，必须树立正确政绩观，彻底摒弃以牺牲生态环境为代价，换取一时一地经济增长的老路，加快形成绿色生产和生活方式，构建科技含量高、资源消耗低、环境污染少的产业结构，推动实现质的有效提升和量的合理增长。

（三）始终坚持绿水青山就是优化营商环境

环境就是民生，青山就是美丽，蓝天也是幸福。南昌高新区坚持把绿色发展作为营商环境的重要支撑，以宜居宜业的生态环境吸引企业落户创业，走出"环境带动产业、产业反哺环境"新路，证明了生态环境就是营商环境，绿色高质量发展就是优化营商环境。加快提升城市等产业聚集区生态功能，推动生态环境和营商环境相容共生，夯实生态产品价值实现和高质量发展基础。

（南昌市高新区经发局张宏涛、冯月洪、刘音书、罗进宝执笔）

鹰潭市龙虎山景区：
创新"生态+产业发展"模式

鹰潭市龙虎山景区聚焦生态产品"度量难、抵押难、交易难、变现难"的难题，突出"道宗绝圣、生态绝佳"主题，以生态产品产业链构建、生态产品品牌培育与保护、生态产品品质保障为抓手，唱响"龙虎天下绝"品牌。

一、基本背景

鹰潭市龙虎山景区下辖两镇一场（龙虎山镇、上清镇、上清林场）20个村（居）委会。生态环境优美，泸溪河景区河段水质常年优于Ⅲ类，森林覆盖率达76.2%，空气负氧离子含量超过正常值15倍，是优质的天然氧吧。旅游资源丰富，有52个景点、230余处自然和人文景观，集国家级风景名胜区、国家5A级旅游景区、世界地质公园、世界自然遗产等10余个国家及世界品牌称号于一身，2023年接待游客6102人次、同比增长122%，实现旅游收入618亿元。产业特色明显，龙虎山景区以特色农业与文化旅游产业融合发展为主线，发展板栗、茶叶、铁皮石斛、康养等10余个特色产业并建成系列特色产业示范基地；生态品牌创建成效显著，龙虎山板栗获批全国名特优新农产品，铁皮石斛、泉源大米等获有机产品论证，中药材良种繁育基地成为江西省第一批区域性良种繁育基地。龙虎山景区持续深化生态产品价值实现机制改革，建立生态产品价值实现工作的组织体系，打通"资源—资产—资本—资金"转化通道的"最后一公里"。

二、经验做法

(一) 探索生态资源"金融化",实现生态产品可抵押

紧紧围绕打通资源—资产—资本—资金转化路径,引导资金进入景区,实现抵押担保贷款服务直达村民,打通了服务村民的"最后一公里",有效解决了生态产品难抵押的问题。出台了《龙虎山风景名胜区集体建设用地储备管理暂行办法》《龙虎山景区集体经营性建设用地入市收益分配暂行办法》《龙虎山风景名胜区集体经营性建设用地异地调整入市暂行办法》《龙虎山风景名胜区农民住房财产权交易管理办法》《龙虎山风景名胜区农民住房财产权评估办法》等,实现20宗93.1亩土地入市交易,成交价款合计1606.28万元,18个行政村产权抵押授信覆盖率100%,通过"信易+"模式发放2020笔贷款,累计12277.06万元,最大限度释放农村集体经营性建设用地红利。

(二) 探索生态产业"多元化",畅通生态产品价值转化多路径

一是做强板栗产业。采取"公司+合作社+农户"合作模式,推动板栗种植和深加工扩大规模和提升品质;以龙虎村、西源村、城门村、上清林场为板栗主产区,建立稳定的板栗原料生产基地。其中龙福山板栗专业合作社生产的"龙福山"板栗于2019年荣获江西"生态鄱阳湖·绿色农产品"(广东)展销会参展金奖,2020年3月道都山板栗品种改良及丰产栽培技术在国家林草局成果库登记。二是发展茶叶产业。立足龙虎山"龙虎山道茶"知名度,以天门山为重点,建设泉源村、上清村、龙虎村、水北村、历山村、上清林场等一批茶叶专业村和茶旅融合基地以及泉源村茶博园。三是培育林下产业。建设以龙虎村、洪湖村为代表的龙虎山土鸡生产基地和以上清林场、口上村、泥湾村、西源村、通桥村等为重点区域的林下中药材、食用菌生产基地。四是厚植蔬菜产业。建设沙湾村、西源村、城门村、渐浦村、历山村、洪湖村、水北村等生态蔬菜基地,使其成为直接供应龙虎山旅游餐饮的有机蔬菜和地方特色菜生产基地。多元发展铁皮石斛、天师豆腐、水果、蜂蜜、竹笋、油茶等特色产业,以特色产业产品主产区辐射其他周边村庄种养。延长龙虎山板栗、柚子、葡萄等水果全产业链,推进果品分拣、包装、仓储、

运输和物流业发展，规范茶叶生产经营行为，整合做强茶叶加工企业，打响龙虎山道茶品牌。

（三）探索生态产品"市场化"，释放绿水青山生态红利

龙虎山景区已形成"一村一品"特色产业15个，确定茶叶、板栗、蜂蜜、铁皮石斛、红糖等重点打造的农产品品类。龙虎山"轩斛"铁皮石斛、龙虎山茶叶入选"赣鄱正品"，龙虎山铁皮石斛申报地理标志证明商标，完成"龙虎天下绝"域名注册和"道叟""丹霞踞"2个商标注册，形成"龙虎天下绝"农产品品牌，茶叶、板栗、蜂蜜、铁皮石斛、红糖等特色品牌产品已在龙虎山量贩超市、龙虎山乡村振兴农产品展销馆、各大民宿等相关旅游平台进行销售，交易近1亿元。

（四）探索培育企业和产品"品牌化"，强化地理标志产品品牌宣传与保护

加强以地理标志农产品区域公共品牌为核心的企业品牌和产品品牌保护。已培育"天师板栗""天师土板栗""龙虎山天师""道都山""道栗""栗福来"等10余种商标。推动身份标识化和全程数字化，建立健全质量标识和可追溯管理制度，完善地理标志农产品登记、监管、维权、服务等支持体系。利用现代信息技术，建立一套智慧生产、营销、监管、服务等信息化平台，强化标志管理和产品追溯。通过开展绿色食品和有机农产品生产认证，建立质量可追溯系统，加强质量安全体系建设。抓实地理标志产品标识管理，实行二维码授权使用，让消费者能追溯龙虎山板栗亮丽的出身。

（五）探索"农业+旅游"等绿色产品"体系化"，激励农业与文化旅游企业发展

目前龙虎山景区有文化企业16家，有规模以上农业经营主体211家，其中市级以上农业产业龙头企业18家、市级以上农民合作社示范社14家、市级以上示范家庭农场9家、种植专业大户170家。完成高标准农田建设4056亩，组织实施新增水产600亩、果业500亩，落实设施蔬菜1300亩。建立3个省级林下经济示范基地，参与铁皮石斛、油茶、林下石蛙养殖、森林旅游的农户达1500余户，林下经济产值达3亿元。

三、取得成效

（一）生态品牌培育保护规范化

"龙虎山板栗"于2021年获得全国名特优新农产品证书，龙虎山景区板栗产业不仅有江西天师农业股份有限公司等市级龙头企业、龙福山板栗专业合作社等市级示范合作社、龙虎山景区志华家庭农场等省级示范家庭农场，还涌现了不少种植大户（栽种100亩以上的有6户，10亩以上的300多户），为实施一、二、三产业融合发展提供了有利条件，具有良好的经济效益和社会效益。龙虎山景区创建了"龙虎天下绝"系列农产品品牌，已培育"轩斛"铁皮石斛、龙虎山道茶、西源莼菜、圣井山蜂蜜等系列优质农产品品牌，通过整合景区农业产业资源资产，深入挖掘景区农产品独特价值，围绕铁皮石斛、茶叶、板栗、蜂蜜等特色产业，统一包装、统一宣传、统一销售，打造"龙虎山乡村振兴"区域公用品牌，形成标准化生产、产业化经营、品牌化营销的现代农业发展新格局。

（二）生态产业发展实现规模化

依托龙虎山现代农业园建设，统筹布局生产、加工、物流、研发、示范、服务等功能，延长产业链价值链，拓展了铁皮石斛、上清板栗、油茶、茶叶、蔬菜等特色农产品变优质商品的转化渠道。实现第一产业种植/养殖、第二产业标准化精深加工、第三产业展销流通并向景区旅游/休闲观光延伸的"生态+"产业融合发展。积极打造悦溪谷、龙虎山生态农业康养旅游集群，壮大了生态旅游、生态研学、生态康养等产业。探索生态产品价值实现路径，推动生态资源资产价值高效转化。不断推进"江西绿色生态"品牌试点区建设，新增龙虎山道茶、龙虎山菊花茶2个"赣鄱正品"品牌。生态农业、生态旅游等产业链不断拉长做大，2023年龙虎山景区接待游客6102人次、实现旅游收入618亿元，有力推动绿色成为经济高质量发展的鲜明底色。

（三）生态产业示范基地特色化

龙虎山景区围绕自然与文化旅游核心产业，构建了以龙虎山七大主景区及其周边文旅产业消费基地、田园康养示范基地、民宿产业基地、文创写生基地建设。推进了泉源石蛙及茶叶产业基地、泥湾中草药种植基地、沙湾村无公害果蔬生产基地、龙虎村板栗产业基地、西源村莼菜特色水生蔬菜基地、口上村中药材基地等创建特色农产品优势区。构建景区乡村、景观茶园、文旅乡村等农文旅融合产业基地。因地制宜建立食用菌、水果、油茶、中药材、花卉、渔产品等适度发展区，逐步构建种养加、产供销、贸工农、农工商、农科教一体化生产经营体系，不断延伸产业链。

合理利用优美生态环境资源与自然人文旅游资源和"龙虎天下绝"品牌，全面发展以生态与文化旅游产业为龙头，特色种植、养殖产业与康养服务产业为两翼的生态产品产业，培育保护特色的生态产品品牌，形成以景点带动景区、景区带动社区、社区带动区域的生态产品产业发展机制，为景区生态产品价值实现机制提供了可借鉴的模式与示范。

（鹰潭市龙虎山景区经贸局黄丽敏执笔）

抚州市广昌县：
以地方"土特产"大发展推动生态价值实现

抚州市广昌县发挥地方土特产品白莲种业科技创新优势，大力发展绿色白莲产业，深入挖掘"土特产"产品生态价值，以"保资源，创新品，提品质，树品牌，促发展"模式做好白莲"土特产"大文章，探索出"资源—品种—品质—品牌—产业"铰链式发展模式，开拓了地方土特产生态价值的实现路径。

一、基本背景

广昌县是著名的"中国白莲之乡"。广昌白莲具有色白、粒大、味甘、清香等特点。种业是农业产业发展的基础和命脉。为持续做大做强白莲传统特色产业，做优"土特产"文章，广昌在白莲种业方面持续发力，成功选育了太空莲系列良种，以优良品种助推产业增效、农民增收。"太空莲"系列品种具有生育期长、花多、蓬大、粒大、结实率高、产量高、品质好等特点，亩产较传统品种实现了翻番，成为全国子莲产区主栽品种，助推广昌成为全国最大的"太空莲"种苗供应县，年销售种苗8000万株左右，带动莲农增收1亿元以上。另外，广昌还通过一、二、三产业融合，带动全产业链联动发展，探索出了"资源—品种—品质—品牌—产业"铰链式发展模式，综合产值达到36亿元，成为地方土特产生态价值实现的样板。

二、核心机制

（一）资源保护机制

广昌长期坚持开展种质资源收集保护和鉴定利用工作，建立了区域内规模最大的莲种质资源圃——江西省莲种质资源圃，收集、保存了国内外各类莲种质资源500余份，其中野生种质资源有80余份，地方良种有50余份，生产用种400余份，被认定为第一批省级农作物种质资源保护单位。利用航天辐射构建了22份莲核心种质资源，形成了12位二进制"分子身份"，完成了太空莲36号和太空莲3号两个种质资源第三代基因组测序工作，构建了目前世界上最优最精细最高质的莲基因组图谱。

（二）人才支撑机制

强化与大院大所合作，先后与武汉大学、武汉市蔬菜研究所、湖北省植保土肥所、南昌大学、江西农业大学等国内著名院校、科研院所合作，引进高层次人才和团队。强化科研队伍建设，积极落实各项人才政策，提供良好的平台和条件，构建服务广昌白莲产业高质量发展的高素质人才队伍。

（三）创新引领机制

广昌白莲产业坚持以科技创新为引领，先后利用航天诱变育种、离子注入育种、杂交育种等多种技术开展白莲种质资源创制利用，取得了以"太空莲"为代表的一大批原创性成果，太空莲系列品种成为我国莲育种的骨干亲本，推动全国传统白莲产业绿色转型升级。

（四）利益共享机制

广昌是全省第一批区域性良种繁育基地县，采取"公司＋农户"或"合作社＋农户"的方式共建广昌白莲良种繁育基地和标准化生产基地，为当地产业和周边地区提供优质种苗，助推当地荣获全国首个绿色食品原料（广昌白莲）标准化生产基地县。

二、主要做法

（一）精准定位，规划引领绿色白莲产业发展

广昌是适宜发展绿色白莲产业的"风水宝地"，一直以来便有白莲种植传统，最早可追溯至唐仪凤年间，广昌白莲品质优良，被列入全国产品保护名录。广昌将发展绿色白莲产业作为生态立县、绿色发展、绿色崛起的重大战略部署，制定《广昌白莲优特产业发展规划（2024—2026年）》，出台《关于做强"广昌白莲"区域公用品牌 推动广昌白莲产业高质量发展实施方案》，明确白莲产业绿色发展的总体思路、目标与任务、重点项目以及保障措施等。

（二）加强投入，全面夯实生态价值产品发展基础

积极申报国家、省、市科技计划、农业产业化项目。近几年实施了江西省莲种质资源圃、广昌白莲"太空莲36号"遗传变异及提纯复壮技术研究与示范、广昌白莲省级区域性良种繁育基地建设、广昌县绿色有机白莲标准化高产示范基地等项目，投入资金总额1000余万元，对广昌白莲种质资源保存、繁育、利用等相关设施进行全面升级改造，助力广昌白莲种质资源创新与利用。

（三）加大科研，开发多种生态价值的品种

依托国家特色蔬菜产业技术体系广昌综合试验站、广昌白莲专家工作站、广昌白莲科技小院等平台，开展了子莲基因精准定位、分子辅助育种、航天诱变育种、子莲杂交育种等研究，特别是6次航天诱变育种，成功选育了"太空莲"系列良种，单产较传统品种实现了翻番。"太空莲"系列良种成为我国子莲产区的主栽品种，累计推广约2000万亩，占全国子莲种植面积的80%以上。太空莲系列品种作为全国引用最多的子莲骨干亲本，选育出鄂子莲1号、建选17号、建选31号、金芙蓉1号等一批子莲新品种，提高我国子莲育种水平。

（四）加强服务，全面提升生态价值产品的品质

在盱江镇下湖村、小港村建设有良种繁育及绿色防控基地1200余亩，示范推广莲子新品种5个，绿色防控技术实现全覆盖。2023年举办白莲栽培技术培训班12期，培训莲农1500余人次，覆盖全县11个乡镇，发放培训资料和技术资料10000余册。通过微信等网络平台或现场接待莲农技术咨询，进一步提高了当地白莲种植的标准化、规范化水平，全面提升产品品质。

（五）加强宣传，全面提升生态价值产品的品牌

从2006年起，广昌县委、县政府连续举办18届"广昌莲花旅游文化节"。2012年省委、省政府出台关于贯彻《国务院关于支持赣南等原中央苏区振兴发展的若干意见》的实施意见，将"广昌莲花旅游文化节"作为省委、省政府支持办好的全省四大节庆活动之一，极大地提升了广昌白莲的知名度和影响力。同时积极推动广昌白莲区域公用品牌在央视播放广告、参加江西省农产品"1+N"品牌宣传活动，大力宣传广昌白莲，提高品牌知名度。

四、主要成效

（一）产业规模稳步增长

2023年广昌白莲综合产值达36亿元。其中，通芯白莲年总产约9000吨，外销种藕约8000万支，白莲种植业产值8.3亿元左右；全县白莲系列产品深加工企业20余家。其中，省市级农业产业化龙头企业11家，白莲生产合作社130余个，产品涵盖食品、保健品、药品等多个种类，白莲系列产品加工业年产值达13亿元；依托莲花生态优势，建设以赏花、品果、娱乐、餐饮等为载体的乡村旅游产品体系，打造了驿前莲花古镇、姚西莲花第一村、甘竹雯峰书院等莲景观旅游线，2023年吸引游客245万人次，文旅业收入达14.7亿元。

（二）带动能力不断增强

广昌白莲产业从业人员约10万人，全县农民人均可增收2600元左右，广昌白莲已成为农民收入的主要来源之一。特别是近几年该县建档立卡贫困户（脱贫户）种植面积每年都在1.5万亩左右，涉及贫困户（脱贫户）约2700户1万余人，广昌县白莲种植扶贫模式案例荣获"全球最佳减贫案例"。白莲产业为广昌县脱贫摘帽和巩固脱贫成果作出了重要贡献，同时辐射带动周边原赣南中央苏区如石城、宁都、于都等地白莲产业发展，辐射区域种植面积达50余万亩，形成全国最大的通芯白莲产区，成为白莲产区乡村振兴的主导产业。

（三）品牌影响力持续提升

随着"太空莲"享誉全国和品质的提升，广昌白莲品牌影响力持续提升。

广昌白莲入选第三批全国名特优新农产品，被列入中国第二批中欧地理标志产品名单，实现与欧盟地理标志农产品互认。另外，广昌白莲还入选2023年全国农业品牌精品培育计划、第二批全国地理标志助力乡村振兴典型案例、2023年全国"土特产"推介名录和"农遗良品优选计划"十佳品牌，连续多年被评为江西农产品"二十大区域公用品牌"，品牌价值达21.04亿元，再创历史新高。

做大、做强、做活、做优土特产文章，是生态产品价值实现的重要抓手，是全面实现乡村振兴的重要引擎。立足本地特色农业资源，依靠种业科技创新，通过"保资源，创新品，提品质，树品牌，促发展"模式做好"土特产"大文章，深入挖掘土特产产品生态价值实现路径，不仅可以增强地方特色优势产业的市场韧性和竞争力，让农民获得更多的利益，为"土特产"助力乡村产业振兴提供借鉴。

（江西省农业农村厅张昆、贺国良、郑兴汶执笔）

二

生态资源市场化运营

江西省市场监管局：
打造"江西绿色生态"区域公用品牌

江西省市场监管局按照"大市场、高质量、优标准、强品牌"的发展思路，在打通绿水青山与金山银山之间的转化通道，提升生态产品品牌价值等方面，进行了一系列创新和实践。近年来，重点打造"江西绿色生态"省级区域公用品牌，形成"生态资源—生态产品—生态品牌—生态效益"的良性循环，推动形成更多品质优、品相好、品牌响的产品。

一、基本情况

省委《关于建立健全生态产品价值实现机制的实施方案》明确，要把"江西绿色生态"品牌打造成为全国有影响力的生态公用品牌。"江西绿色生态"标准化建设写入了《江西省标准化条例》。省市场监管局坚持以体制机制改革创新为核心，以产业化利用、价值化补偿、市场化交易为重点，成功探索用标准重新定义生态品牌价值的工作实践。成立江西绿色生态品牌建设促进会（秘书处单位设在省质量和标准化研究院），推动"江西绿色生态"品牌建设工作，面向全省农业、工业、服务业、社会事业等各领域，参照国际通行的合格评定方式，按照"企业申请+第三方认证+政府监管+社会认同"的思路，运用"标准+认证"的品牌建设模式，做到"统一标准""统一评价""统一标识""统一宣传""统一监管"，为生态产品价值实现提供有力支撑。

二、经验做法

（一）体系标准化：助推生态产品价值实现"路径畅通"

省市场监管局依托国家技术标准创新基地（江西绿色生态），建立"江西绿色生态"标准体系，提出了以"资源节约、环境保护、生态协同和质量引领"四个维度作为生态公用品牌评价的一级指标，建立由《"江西绿色生态"品牌评价通用要求》（DB36/T 1138-2019）基础标准（A标准）+"江西绿色生态"品牌认证技术标准（B标准）构成的标准体系，为生态产品品牌价值的实现，规划设计好"对标达标"技术路径。研究制定《"江西绿色生态"标志管理办法》等10多项制度性文件，确保"江西绿色生态"品牌认证科学、严谨、规范运行。选择江西境内优势特色产业的龙头企业先行开展认证，抓好"江西绿色生态"品牌县（区）试点示范工作，并逐步推广到其他领域，形成"江西绿色生态"品牌优势特色产业体系。

（二）管理信息化：确保生态产品品牌培育"无缝对接"

省市场监管局规划建设了江西绿色生态品牌推广服务中心实体化功能场馆，围绕生态产品品牌孵化、品牌培育、品牌感知、品牌价值、品牌运营和品牌传播六大功能，为企业品牌建设提供全生命周期的综合式服务。应用"互联网+信息化"技术打通产品、过程、管理体系和人员全生命周期，建立全过程可追溯和全链条可监管的质量管控体系。开通建设"江西绿色生态"抖音直播平台，做好品牌孵化、建设、宣传、推广等全生命周期的技术服务工作。立足企业的需求分析，主动对接企业关于品牌培育的痛点难点问题，推动在江西省质量基础设施"一站式"服务平台（NQI赣质通）上，开通江西绿色生态品牌建设线上服务功能，实现企业"标准制定申请、品牌认证申请、品牌证书查询和品牌产品展示"等诸多服务事项的"无缝对接"。

（三）认证规范化：传递生态产品品牌内涵"市场信任"

省市场监管局指导建立"江西绿色生态"认证联盟，搭建认证机构相互交流和服务品牌建设的平台，用认证手段助推江西高质量发展，为全面打造、提升、培育"江西绿色生态"品牌提供支撑。联盟成员严把认证标准，严守认证程序，提升认证公正性和有效性，确保"江西绿色生态"产品和服务经得起市场考验、消费者考验，使"江西绿色生态"认证证书成为传递江西绿水青山、市场信任的"通行证"、市场经济"信用证"、国际贸易"通行证"。截至2024年6月底，共发放"江西绿色生态"认证证书231张，获证组织175家。

（四）产品品牌化：打造生态产品价值实现"江西样板"

为突出绿色生态产业优势，省市场监管局搭建了江西省生态文明标准体系框架图、江西省生态文明标准体系。大力实施"江西绿色生态"品牌企业培育工程，在靖安、上犹、资溪等17个县（市、区）开展"江西绿色生态"品牌试点建设，助力绿色生态资源优势转化为经济优势，提升江西绿色生态产业的整体竞争力和知名度。制定发布《生态系统生产总值核算技术规范》（DB36/T 1402-2021）和《"两山银行"运行管理规范》（DB36/T 1403-2021）等多项省级地方标准，助力完善绿水青山转化为金山银山的多元实现路径和政策制度体系，努力闯出一条新时代绿色发展的有效路径。主导制定的《"江西绿色生态"品牌评价通用要求》（DB36/T 1138-2019）获江西省首届标准创新贡献奖，对标培育了一批高水平的生态产品公用品牌企业。

（五）服务人性化：做到生态产品品牌服务"刚柔并济"

为确保获证产品的权威性和公信力，推动形成从"生态资源到生态产品到生态品牌到生态效益"的良性循环，让赣鄱大地涌现出更多品质优、品相好、品牌响的产品。一方面，省市场监管局大力推动将江西绿色生态品牌建设纳入地方政府食品安全、高质量发展等工作考核，将主导"江西绿色生态"标准制定纳入省级、地方政府采购或财政奖励范围，推动20多个县市区积极开展江西绿色生态品牌试点县建设等政策举措，明确标准制定和产品认证的资金奖励，激发绿色生态产品与服务消费需求；另一方面，省市场监管局严格按照"企业申请+第三方评价+政府监管+社会认同"的思路，给品牌创建企业创造"便利化、综合式、一站式"的服务,在江西省政府采购电子卖场开设了绿色生态馆,通过"互联网+绿色采购",来助力品牌企业宣传和市场销路拓展。同时,在生态产品标准制定和产品认证过程中,给予专业指导和严格监管,依法处理"江西绿色生态"认证的产品或服务存在盗用或冒用"江西绿色生态"标志的行为,维护良好市场秩序。

三、取得成效

(一)生态产品公用品牌建设机制初步形成

充分发挥国家技术标准创新基地的技术标准孵化器作用和产业链协同发展推进器作用,开展绿色生态创新成果转化专项工程,研究制定科技成果转化为技术标准评价方案、建立科技成果转化为技术标准线上评价系统和科技成果转化路径指引表,实现《水生态文明村建设模式与评价标准研究》《水土保持措施调控鄱阳湖径流泥沙技术研究》等20多项成果转化为技术标准。重塑绿色生态产业边界,创新绿色生态品牌共创模式,引导鼓励企业、社会团体和教育、科研机构等按照资源节约、环境保护、生态协同、质量引领四大评价要求,推动重大科学技术成果转化为100余项绿色生态标准,依据国际通行的自愿申请和第三方评价等方式,认证200多个江西绿色生态产品,打造全国具有影响力的生态产品公用品牌。孵化的生态农产品标准化溯源平台,成功列入全省数字经济优秀案例并推广应用,为食品安全、科技监管、数字经济发展提供完整的数据链。

(二)生态产品公用品牌创建环境持续优化

省市场监管局推动新修订《江西省标准化条例》,规定县级以上人民政府及其有关部门应当依法采取政府采购、落实税收优惠政策、提供融资帮助等方式支持"江西绿色生态"标准。依托江西绿色生态品牌建设促进会,严格把好"江西绿色生态"品牌认证技术标准的质量关,累计制定发布了赣南脐橙、广昌白莲等95项高水平技术标准;对标培育品牌企业142家,认证品牌产品198个,将"江西绿色生态"认证证书打造成为传递江西绿水青山、市场信任的"通行证"、市场经济的"信用证"。推动省财政厅和省市场监管局联合建设

"江西绿色生态"品牌馆,"江西绿色生态"获证产品可以免费入驻江西省政府采购电子卖场"江西绿色生态馆",享受"互联网+绿色采购"带来的品牌宣传和市场销路的政策福利,助力企业销售交易额约2054万元。

(三)生态产品公用品牌全国影响力加速扩大

省市场监管局成立江西绿色生态品牌建设促进会,专门推行"江西绿色生态"标志制度,助力实现生态"高颜值"与经济发展"高素质"的有机统一。江西绿色生态品牌公益广告片、"绿色生态画万卷,品立天下赣为先"广告语、江西绿色生态微信公众号、视频号和抖音号等品牌宣传推广媒介获得社会广泛关注,多次被国家级、省级官媒宣传报道。江西绿色生态品牌建设工作入选2022年度江西省生态文明建设"十件大事"。

(江西省市场监管局周学礼、毛炜翔执笔)

江西省农业气象中心：
气候品质评价助力生态产品价值实现

江西省农业气象中心践行绿水青山就是金山银山的理念，积极探索"好气候出好农产品"的效益转化机制和载体，大力推广农产品气候品质评价服务。通过给优质的绿色生态农产品贴上"气候品质优标"，增加了特色农产品知名度，提升了特色优质农产品的市场竞争力和产品附加值，为合理开发利用农业气候资源、加强气候资源价值实现提供依据。

一、基本背景

农产品气候品质评价，是从气象学角度对农产品品质进行评价分析，评定天气气候条件对农产品品质影响的优劣等级。天气气候条件随着立地环境不同、时段不同，存在明显差异，而农产品品质与当地独特的气候条件有密切关系。农产品气候品质评价，就是围绕绿色生态农业产业发展，在充分开发利用农业气候资源优势的基础上，通过系统分析研究气候生态环境与水稻、茶叶、油茶、蜜橘、葡萄等优质特色农产品品质之间的关系，建立特色农产品气候品质评价指标和标准，进而开展特色农产品气候品质评价服务，为名特优农产品贴上"优"或"特优"等级的气候评价标志，以增强农产品市场竞争力。

近年来，立足生态气候资源优势，充分挖掘气候生产潜力，大力发展特色生态农业产业并已初具规模。但不少特色农产品仍存在着知名度不高、附加值小、市场占有率低等问题。江西省气象局自2017年以来，探索开展特色农产品气候品质评价服务，通过科学构建算法模型、精准开展气象监测、客观判定品质等级、规范管理授标服务等一系列流程，建立完善了特色农产品气候品质评价服务工作机制，打造气象新质生产力，提升特色农产品生态溢价，将气象资源转化为生态产业稳健快速发展的助推器。当前已累计完成170余项农产品的气候品质评价，产品种类覆盖茶叶、稻米、脐橙等20余种类型，取得良好的经济效益、社会效益和生态效益，有效助推名特优农业品牌的创建和推广。相关工作受到各级政府、行业部门的高度认可，出台《江西省气候资源利用和保护条例》《江西省人民代表大会关于全力打造国家生态文明建设高地的决定》《深入开展江西省有机产品认证示范区创建活动》《江西省推动油茶产业高质量发展三年行动计划（2023—2035年）》等文件，在全省大力推进。

二、经验做法

（一）精准开展气象监测、科学构建算法模型

农产品气候品质评价首先要确定产品所在地的气候条件和当年的天气气候情况对其品质有利。为此，气象部门需在农产品的关键生长期对农产品进行跟踪调查，确保品质。同时，利用气象站、农气站等数据等开展特定产品的气候品质评价分析，以确保产品生长期符合相应的标准，只有达到标准的相应产品，才会发放相应的标志。

在开展农产品气候品质评价服务过程中，业务技术员不仅追踪分析了产地小气候状况，同时应用卫星遥感、无人机遥感等新技术，全面调查了产地及其周边的生态环境，并对可能影响农产品品质的田间管理措施进行记录和分析。基于农产品独特的生物学特性，通过收集整理、分析统计农产品品质与农田小气候、主要气象灾害、土壤环境等数据资料，使用B/S架构，结合WEB、GIS、RFID等多种技术，收集整理茶叶气候品质评价服务数据，并将相关数据融入评价服务平台，建立农产品气候品质等级评价模型。相关模型通过专家论证与评审后，形成相关标准或业务指标投入使用。

（二）客观判定品质等级、规范管理授标服务

农产品气候品质评价标志，区别于"地理区域标志"，是对特定生产区域、特定天气气候条件下的精细化评价。标志上的二维码，一方面是用科学、翔实

的气象数据，实实在在地阐明"为什么这里的农产品品质就是好"，另一方面是用实地、实时的气象数据，真真切切地反映"这个好产品就是产自于此地"。实践表明，农产品气候品质评价标志，是拉近消费者与生产者距离的纽带。消费者通过农产品气候品质评价标志，不仅可以了解气象评估专家对该农产品品质的评价等级，还可以查看详细的气象数据、生产过程、产地环境、企业信息、评价依据等报告内容。

为了形成客观、合理、规范的服务机制，江西省气象局制定实施了《江西省农产品气候品质评价规范（试行）》。试行后，根据实践应用和调查反馈情况，不断完善各个流程与服务细节，保证服务科学合理且具有公信力。

（三）积极融入产业发展、促进农业产业发展

农产品气候品质评价，不仅能够有效增加特色农产品知名度，提高特色优质农产品的市场竞争力和产品附加值，同时还为进一步掌握影响特色优质农产品气候条件的时空分布特征，合理开发利用农业气候资源，提升农产品质量提供了气象保障。《江西省气候资源利用和保护条例》第二十七条指出，县级以上人民政府在组织农业产业布局中，应当支持气象主管机构依据当地气候资源参与精细化农业气候区域，推广农产品气候品质评价。《关于深入开展江西省有机产品示范区创建活动的通知》中，把农产品气候品质评价工作纳入省有机产品示范区申报、评审和创建中的加分指标项目。《关于加快推进由绿水青山向金山银山迈进的实施意见》中，将"增加绿色优质农产品供给，开展农产品气候品质评价试点"写进了重点任务中。《江西加快农产品标准化及可追溯体系建设实施方案》中也指出"探索农产品追溯纳入现有的质量管理体系、食品安全管理体系……国家有机产品评价示范区、农产品气候品质评价等工作挂钩的机制"。《江西省推动油茶产业高质量发展三年行动计划（2023—2035 年）》指出"建立完善江西油茶气候品质评价指标与方法"，助力推动油茶产业高质量发展。目前，江西省气象部门按照有关文件要求，为高安优质稻、修水宁红茶、赣南脐橙、油茶等多个特色农产品生产布局和优化提供了气象依据。

三、取得成效

（一）提升农产品附加值、促进农业生产布局向科学合理化发展

由于农产品气候品质评价建立在综合研判气候资源、农产品品质、气象灾害等多种信息基础上，评价工作针对性强、精细化程度高，直接帮助农企建立主动灾害预防机制，达到了节约与降低生产成本、减少气象灾害损失的目的，有助于提升农产品附加值、促进农业生产布局向科学合理化发展。截至2023年底，全省完成了茶叶、稻米、脐橙、蜜橘、井冈蜜柚、油茶、早熟梨、西瓜、辣椒、清江枳壳、大豆、白莲、葡萄等20余种农产品的气候品质评价服务，编制评估报告177份，为多个农产品品牌打造产生了较明显的经济效益。其中，修水宁红茶在开展气候品质评价后，品牌效益提升，入选区域品牌100强，销量增加13%；2023年获评价标志的井冈蜜柚比同款未获评价标志的井冈蜜柚每箱（10斤装）可增加20元收益；瑞昌市碧盛农业专业合作社联合社贴标的优质大米贴标后可提高5%左右的价格，自2021年以来生产、加工大米近800万斤，约产生40万元的增值收益。

（二）促进加强对农产品质量的监控

该工作通过监测、评判、追溯影响农产品质量的产地气候环境状况，有助于消费者更加全面地了解农产品的产地信息和生产过程，促进加强对农产品质量的监控，有效提升农产品的品质。

（三）提高充分利用气候资源趋利避害的能力

通过产品质量信息系统对气象信息的分析与反馈，帮助评价企业根据气候资源合理布局和开展茶园管理，引导农民合理利用气候资源，科学用肥、用药、用料，有利于减轻或避免农业面源污染，提高利用气候资源趋利避害的能力，保护生态环境，同时有利于保障农产品质量和食品安全，实现可持续农业生产循环链条。

农产品气候品质评价，是针对优质农产品产区选择"痛点"、避开气象灾害危害"难点"，疏通农户追求优质品质"堵点"后，利用农田小气候状况和精细化天气预报等多源数据资料，结合农产品品质形成对气象条件的需求"对症下药"，点对点地开展精准气象为农服务新方式。通过农产品气候品质评价的一份证书、一份评价报告和一个标志，可以让消费者更便捷地了解该农产品生产过程中田间小气候特点、生产管理措施等详细信息，方便农产品产地信息和生产过程气象信息的交流，推动了农产品的预售预订和质量安全追溯，为增加特色农产品知名度，提升特色优质农产品的市场竞争力和产品附加值，为合理开发利用农业气候资源、加强气候资源价值实现提供依据。

（江西省农业气象中心张瑛、郭瑞鸽、杨爱萍执笔）

江西省机关事务管理局：
创新推进公共机构碳普惠制

江西省机关事务管理局创新开展公共机构碳普惠制，建立绿宝碳汇平台，将公共机构及干部职工办公、生活中的绿色低碳行为进行捕集量化，转化为生态价值，实行激励机制，有力推动干部职工自觉践行绿色低碳的生产方式和生活方式，促进公共机构绿色低碳转型。

一、基本背景

公共机构是节能降碳的重要领域，是践行绿色低碳生产生活的示范窗口，在全社会绿色低碳发展中发挥着示范引领作用。为推动公共机构落实绿色发展理念，践行绿色低碳生活，解决公共机构节能减碳行为所产生的生态产品价值难以量化和实现的问题，促进公共机构碳达峰碳中和目标实现，省机关事务管理局从公共机构和干部职工工作和生活中的绿色低碳场景着手，创新推进公共机构碳普惠机制建设，建立"绿宝碳汇"平台，探索建立公共机构绿色低碳发展的生态产品价值实现路径。"绿宝碳汇"平台以传播绿色低碳理念、引领绿色低碳工作和生活、助推绿色低碳发展为目标，坚持"政府引导、市场运作、社会参与、示范引领"，将公共机构绿色采购、绿色办公、节能改造、新能源利用和干部职工绿色工作、绿色出行、绿色消费、垃圾分类、光盘行动等绿色低碳行为量化为碳积分，干部职工可利用碳积分参加助农产品销售、话费充值、新能源汽车充电等项目活动，为节能减碳行为提供生态附加值，进一步拓宽了公共机构绿色发展的生态产品价值实现路径，引领推动公共机构及干部职工带头践行绿色办公、示范开展垃圾分类、坚决制止餐饮浪费、大力推进绿色出行。"绿宝碳汇"平台自2021年起在省直机关、南昌市、抚州市公共机构试点开展以来，目前已推广至全省公共机构。截至2024年4月，注册人数182万余人，累计碳积分9亿个，实现碳减排18.6万吨。

二、经验做法

（一）构建公共机构碳普惠体系

组织开展项目调研。将推进公共机构碳普惠制作为年度重点工作，经过前期调研、项目论证、意见征求等，制定印发了《关于江西省公共机构低碳积分制试点工作实施方案》的通知，正式启动了"绿宝碳汇"平台建设工作。搭建"绿宝碳汇"平台。按照"政府引导、市场运作、标准统一、广泛惠民、方便好用、群众接受"原则，在抚州碳普惠制试点的基础上，经过充分调研和论证，结合公共机构及干部职工绿色办公和绿色生活实际，组织开展软件开发，确定平台功能、使用方法等，并在2021年全省节能宣传周上正式对外发布。明确碳积分规则。根据不同绿色低碳行为的碳减排数量和实施难易程度制定碳积分规则。将碳积分分为绿币和蓝币，绿币是个人参与节能降碳的体现，蓝币则是单位开展节能降碳的成果展示。如个人每步行2000步可获得1个绿币，每实施一次垃圾分类投放可获得1个绿币，每参加一次节能环保志愿活动可获得5个绿币，平台按照积分规则自动计算所获积分。单位每建设一个新能源项目可得50个蓝币，每召开一次零碳会议可得10个蓝币。平台还设置了场景每日积分最高限制，如步行场景每日最高累计5个积分。探索建设相关标准。着手对公共机构碳普惠减排边界和核算进行研究，组织草拟《江西省公共机构碳普惠减排评估方法学（绿色办公）》标准。

（二）拓展各类低碳生产生活场景

坚持"成熟一个、纳入一个"模式，率先打通与个人日常生活联系较紧密的步行、地铁、新能源充电、垃圾分类等场景，并逐步将光盘行动、志愿服务、零碳会议等低碳场景纳入"绿宝碳汇"平台，低碳场景不断丰富。截至目前，干部职工可通过步行、乘地铁、使用电动汽车充电桩、打卡光盘行动、参加绿色低碳志愿活动、参加零碳会议、阅读低碳知识等15种方式获得绿币积分。单位可通过举办绿色低碳公益活动、开展绿色回收、举办零碳会议、安装新能源充电桩、实施节能降碳改造项目、购买新能源汽车、实施光伏发电项目等8种方式获取蓝币积分。据统计，平台用户累计参与光盘行动2654余万次、在线阅读2900余万次、参与低碳知识竞答1093余万次，丰富便捷的低碳场景极大提升了干部职工参与节能降碳的热情。

（三）建立生态产品价值转换机制

为鼓励单位和个人积极践行低碳理念，进一步拓宽生态产品价值实现路径，省机关事务管理局着力构建了公共机构碳普惠制激励机制，通过碳积分优惠购买扶贫产品、优惠享受文旅服务等方式鼓励干部职工践行低碳行为，形成"谁减碳，谁受益"的良好氛围。一是强化与江西省碳交易中心合作，鼓励参与大型活动、会议碳中和，绿宝碳汇平台用户参加大型活动、会议，可计算个人碳排放数据，并选择交易平台上流通的林业碳汇项目进行碳中和，有力助力"碳交易"事业发展。二是强化与省供销合作社合作，将个人累计的碳积分按一定比例兑换"供销江南"网上商城代金券，推动低碳行为和绿色消费有机结合。三是强化与绿色出行企业合作，连续三年省市联动举办"绿色出行低碳达人季"活动，个人累计的碳积分可用于兑换新能源充电企业代金券、绿色出行代金券等绿色生态产品，鼓励广大干部职工积极践行绿色出行。四是强化与江西移动合作，鼓励广大干部职工在线办理各类生活缴费业务，减少纸张打印，同时，个人累计的碳积分可兑换话费充值优惠券、赠送流量券、视听会员等丰富礼品，激励引导干部职工践行绿色低碳行为。

三、取得成效

（一）生态效益：绿色转型，助力美丽中国"江西样板"建设

公共机构碳普惠制（绿宝碳汇）平台是公共机构践行绿色低碳行动的重要方式，是公共机构绿色低碳发展成效的重要体现。平台运行后，各级公共机构高度重视、争先创优、你追我赶，带头落实绿色低碳发展要求，积极组织开展绿色回收、大力推进节能改造、带头购买新能源汽车和推广光伏发电等新能源

项目，积极推广大型活动碳中和、举办零碳会议。全省干部职工参与零碳会议235万余次；2023年公共机构新建太阳能光热集热面积15.8万平方米，新建太阳能光伏面积25.8万平方米；推广合同能源管理、合同节水管理等项目100余个；实施既有建筑围护结构改造面积60.5万平方米，实施空调系统节能改造面积57.52万平方米，有效提升了公共机构绿色低碳发展水平，助力了全省绿色低碳转型发展。

（二）经济效益：数字赋能，助力绿色低碳经济发展

公共机构碳普惠制（绿宝碳汇）平台通过不断拓展低碳场景，坚持"谁降碳、谁受益"的原则，建立生态产品价值实现激励机制，生态产品价值的实现路径从林业碳汇延伸到与干部职工日常生活相关的绿色消费场景，极大地调动了公共机构和广大干部职工参与节能降碳的积极性，也为相关企业带来了巨大的低碳经济流量。以合作企业供销江南为例，通过接入"绿宝碳汇"平台绿色消费板块，平台存量用户数从3万增长至14万，增幅达367%，日线上订单数从约400单增长至2000余单，增幅近400%。

（三）社会效益：示范引领，助推乡村振兴战略实施

公共机构作为我国重要的团体组织，具有规模大、示范性强等显著特点。平台推广运用以来，广大干部职工对碳普惠制（绿宝碳汇）工作热情高涨、兴趣浓厚，绿色消费、垃圾分类、光盘行动等绿色工作和生活的自觉性和积极性显著提高，出行乘公共交通、步行、无纸化办公成为机关单位新风尚。一方面，进一步扩大了公共机构节能示范影响，增加了干部职工对节能降碳工作的认识和了解，简约适度、绿色低碳的工作和生活方式蔚然成风。另一方面，通过平台进行绿色消费，有力地带动了扶农生态产品的销量，拓展了生态产品价值的实现路径，助推了乡村振兴战略事业的蓬勃发展。

（江西省机关事务管理局江东曙、胡向群、徐振亚民执笔）

抚州市：
全域系统推进生态产品价值实现

2019年9月，国家推动长江经济带发展领导小组办公室正式批复抚州为国家生态产品价值实现机制试点市。2024年5月，国家发展改革委又继续将抚州列入国家生态产品价值实现机制试点市。抚州市以国家生态产品价值实现机制试点为契机，建立健全生态产品实现体制机制，创新生态资产权益交易模式，促进生态赋能产业发展，实现生态成果共建共享，探索绿水青山和金山银山转化新路径。

一、基本背景

抚州市生态产品价值实现机制试点，主要体现在"建立健全两大体系、总结推广一个中心"。一是探索建立健全生态产品价值确权、核算、评估、交易体系。二是探索建立健全改革创新绿色金融产品与服务体系。三是总结推广"两山"转化中心。

二、经验做法

（一）坚持"问题导向"与"发展导向"并举，推动生态资源转化为生态资产

探索建立健全生态产品价值确权、核算、评估、交易体制机制，着力解决生态资产"权证怎么办、价值怎么算、价格怎么定、资产怎么交易"等问题。一是解决"权证怎么办"。在全国范围内率先颁发农地、林业经济、湿地、畜

禽养殖、河道、采砂权等10余种生态经营收益权证，为全国推广自然资源确权登记提供了实践经验。同时，抚州市作为全国第一批16个清理规范林权确权登记历史遗留问题试点城市，创造的"落大宗发小证"等五个首次经验做法得到自然资源部在全国推广，化解率从2022年的14.10%提高到2023年的64.58%。二是解决"价值怎么算"。按照"一个基础、四项支撑、九大应用"总体思路构建生态产品核算与应用体系，连续开展了2015—2023年GEP试算工作，制定《抚州市生态产品价值核算结果应用实施办法（试行）》并开展九个方面（生态规划、市场交易、生态项目评估、生态补偿、湿地占补平衡、生态环境损害赔偿、生态考核、领导干部自然资源资产离任（任中）审计、古村落活化利用）的应用工作。三是解决"价格怎么定"。制定和推广农村承包土地经营权抵押贷款价值和林权评估基准价评估体系，按照江西省生态资产价值评估管理办法指引，与全省6家有资质的评估机构合作开展生态资产评估工作。四是解决"资产怎么交易"。率先制定全国首个市域生态资产交易管理办法，完善生态资产权益交易系统；开设了277个市县乡三级账号，并接入"赣服通"和江西省公共资源交易网；市、县两级设置了生态资产权属交易大厅，乡镇依托便民服务中心，引导各方参与交易。在此基础上，推广资溪"两山银行"标准化运营模式，积极打造全国区域性"两山"转化智能化综合性服务平台。2021—2023年，全市生态资产权益类交易突破190亿元。开展农业水价改革试点，完成全国首例工业用水户水权交易和全省首例水资源取水权交易，全市水权交易总量达328.9万方。开展"湿地银行"交易试点，收储面积达7621.62亩，完成湿地"占补平衡"交易15起，交易金额1796万元。

（二）坚持"金融创新"与"风险防范"并重，推动生态资产转化为生态资本

充分挖掘生态资产蕴含的金融属性，实现绿色金融体系服务实体经济良性循环。一是创新金融机构。成立了45家生态金融事业部、生态支行、绿色支行和绿色保险产品创新实验室，开通生态产品贷款审批"绿色通道"，简化业务办理流程和审批程序，提高信贷服务效率；先后梳理五批绿色项目库、收集项目948个，融资需求1923亿元，并通过组织金融服务团、召开政银企融资

对接会等形式，解决企业融资难、融资贵问题。二是创新信贷产品。推出古屋贷、畜禽智能洁养贷、公益林收益权质押贷、砂石贷、"信用+"多种经营权贷、林下经济收益权贷、生态信贷通（集政府+银行+担保+保险四位一体，具有纯生态信用贷、贷款利率低、期限长、额度高的特点。目前，全市已发放323笔，共计5.84亿元）等30余种专属信贷产品。2023年，全市生态产品类贷款余额达513.5亿元，同比增长12.4%。三是创新风险缓释机制。通过建立风险补偿金制度、政府与银行按1:8比例配置风险补偿金，共同分担风险。扩大农业商业性补充保险全覆盖，2022年以来，为30余万农户提供了300余亿元的风险保障。成立全市域林业收储中心，收储林地90余万亩，有效提升金融机构助推生态产品贷款信心和抵御市场风险能力。

（三）坚持"生态优先"与"绿色发展"并行，推动生态优势转化为发展动能

加快构建市场导向的绿色产业转型升级"驱动器"，推动好山好水转化为绿色发展的"聚宝盆"。一是用工业化思维发展生态农业。2023年，抚州市粮食食品加工产业综合产值达133.7亿元，蔬菜（食用菌）产业综合产值达100.29亿元，生猪产业综合产值达85.65亿元。通过重点培育资溪竹产业园，全市形成了从上游竹拉丝至中游竹板、下游竹家居生活用品，以及利用竹下脚料生产活性炭等完整的产业链条。同时，重点打造乐安竹笋加工产业园，2023年，该县出口笋制品6000余吨，产品远销20多个国家和地区，竹笋产业总产值突破25亿元，带动2万多户竹农户均增收超过1.2万元。此外，南丰县围绕龟鳖良种培育、品质提升、品牌打造持续发力，新建中国南丰龟鳖种源保护基地、龟鳖医院，成为全国最大的优质龟鳖种苗种蛋生产供应基地。2023年龟鳖产业总产值31.5亿元。二是培育绿色品牌。全市培育"两品一标"706个，居全省前列。实施农产品区域公共品牌和优质生态产品销售平台双品牌战略，制定7项种植（养殖）江西省团体地方标准，开展了生态产品质量认证结果采信试点，探索解决生态产品标准杂、销售难、价钱低等问题。近三年"赣抚农品"销售累计达77.3亿元，助推农产品溢价15%以上。同时，举办生态产品展示大会，展示展销了全市512种生态系列产品。三是促进"生态+融合"发

展。唱响"文化抚州、梦想之舟"品牌，着力做好"文化+生态+产业"的融合文章。全市拥有省级森林康养基地24家，实现了省级森林康养基地县（区）全覆盖。目前，出台了《抚州市生态康养名城建设行动方案》，全市正在每个县（区）重点打造一个特色生态康养小镇项目。2023年，全市共接待旅游人次7101.71万人次，实现旅游综合收入593.5亿元，同比增长分别为47.07%和49.86%。

（四）坚持"制度保障"与"共享发展"并进，推动绿色理念转化为自觉行为

健全生态产品价值实现保障机制，通过生态产品价值考核、生态补偿、生态司法等手段，建立政府、企业、社会组织和个人等多元主体参与生态产品价值实现的激励约束机制，形成协同推进的整体合力。一是建立GDP和GEP双考核机制。探索将GEP核算结果作为生态文明建设实绩考核的重要内容，纳入市、县经济社会高质量发展综合评价中，并逐步提升生态产品价值实现分值权重占比。二是建立生态补偿机制。率先在全省开展全市域的封山育林，出台了水资源、湿地等生态保护补偿实施办法，其中，以水质保护为核心，将全市主要河流出入境断面水质作为考核对象，根据水质变化实行补偿。2017—2023年共筹措近2亿元进行考核补偿。三是建立生态司法保障机制。出台了《抚州市文明行为促进条例》《抚州市生态文明建设促进办法》。组建了生态公安、生态公诉、生态法庭、生态律师服务团队，在全省首创抚河流域环境资源法庭，整合司法资源，统一裁判标准；2020年以来，全市共办结生态环境资源案件1339件，以法治力量守牢生态和发展两条底线。四是积极推广碳普惠制。在全国首创绿色低碳生活"绿宝"碳普惠制，凡步行、自行车和公交车出行、网上办公、参与公益活动等低碳行为，都给予"碳币"奖励，引导市民绿色出行、低碳生活。打造公共机构节能碳普惠平台，建设公共出行低碳场景。制定碳普惠交易管理办法、将碳普惠核证减排量纳入全市生态资产交易平台交易，为实现碳达峰碳中和探索了新的实施路径。截至2023年，全省10个地市（除新余）绿宝碳普惠平台累计实名认证会员达170万人，累计实现碳普惠核证减排量17余万吨（二氧化碳当量）。

三、取得成效

试点工作开展以来，抚州市有多项成果在全国推广，古村落确权抵押利用、"信用+"多种经营权贷款、畜禽智能洁养贷款、"碳普惠"制度入选国家生态文明试验区改革举措及经验做法第一批推广清单，实体化运作"两山银行"和创新"畜禽智能洁养贷"金融产品入选国家长江经济带绿色发展第一批经验做法清单，"碳普惠"制度入选第三批国家新型城镇化综合试点等地区经验推广名单，法治护航生态产品价值实现的创新与实践入选全国法治政府建设示范项目，解决林地历史遗留问题"五个首次"经验做法得到自然资源部全国推广，宜黄县获批水利部第一批深化农业水价综合改革推进现代化灌区建设试点县。50余项改革经验和制度成果加快落地实施，13项地方标准先后出台，抚州市林长制工作获国务院激励表彰。承办第二届国家生态产品价值实现机制试点经验交流现场会和全国农业水价综合改革交流会，成功举办第六届中国森林康养产业发展大会和2023首届中国·抚州生态康养产业发展大会。抚州"绿宝"碳普惠制经验在中央电视台专题片《零碳之路》上推广，中央电视台《新闻联播》《朝闻天下》等栏目也多次报道抚州探索开展试点工作的成效。

四、经验启示

习近平总书记指出，绿水青山既是自然财富、生态财富又是社会财富、经济财富。抚州开展生态产品价值实现机制试点，就是按照习近平总书记指明的方向，从实际出发，走出一条生态产品价值有形可及、保护增值、各方欢迎、长久管用的转化实现机制、路子。

（一）手段综合化，充分运用政府与市场"两只手"

生态产品丰富的地区多是重点生态功能区，也往往是经济欠发达地区，面临生态保护和经济发展的双重压力，需要综合政府与市场的作用，"有形之手"与"无形之手"各就各位、各显其能。政府路径主要作用于生态建设资金安排、转移支付和生态补偿。增强财政资金对生态功能区的扶持力度，加大资金统筹使用力度，提高资金使用效率。探索通过政府赎买、置换等方式，使"靠山吃山"的农民利益损失得到补偿。市场路径主要是充分发挥市场在环境资源配置中的决定性作用,通过培育生态产品市场,创新绿色金融工具,不断提升生态产品的价值和质量,活跃生态产品的市场交易和生态资源的产业化经营,大力发展绿色生态经济,推进生态产品价值实现。

(二)运作金融化,盘活生态资源资产

积极发展绿色金融,创新绿色金融服务体系,盘活生态资源资产。探索和完善其他类别的生态产品产权抵押贷款,重点解决抵押评估、担保和变现问题,培育专业评估机构和从业人员,承担信用评估服务。加强与金融部门合作,创新金融产品服务模式,丰富绿色金融产品,如抚州"两山"转化中心模式充分挖掘生态资产蕴含的金融属性,推动生态权益确权、评估、颁证、流转、处置,将金融产品与服务、国家补贴政策推送、生态资产收储运营功能和信用体系一并打通,破解"银行不敢贷不愿贷、资产难评估难处置"难题。

(三)生态产业化,培育绿色发展新动能

推动一、二、三产业深度融合发展,构建多业态、多功能的生态产业体系。一要立足不同地区的生态资源特点,以提高生态资源的保护和利用水平、优化生态产业结构为出发点,以基地建设为载体,整合优势资源,紧紧围绕主导产业和优势特色产业,加快发展生态产业。顺应"互联网+"新趋势,大力发展新技术产业、新业态、新模式,通过创新驱动和产业转型升级,不断培育绿色发展新动能。二要切实转变生态产品发展方式,深入实施创新驱动,大力培育行业龙头企业,加强新技术、新工艺、新方法的运用,加快新兴产品研发,深挖精深加工潜力、积极研发生态资源衍生产品,优化产品结构,提高附加值。三要积极探索和发展林下经济、以竹代塑、循环农业等高效生产模式。促进生态产业的集约经营,提高产出率,资源利用率和劳动生产率,提高综合经营效益,促进农民持续、普遍、较快地增收致富。四要坚持走特色化差异化发展道路,大力发展具有比较优势的森林康养、旅游休闲康养、中医药养生康养、食品康养等产业,进一步完善生态康养产业体系,拓宽市场化路径。

(四)保障制度化,为生态产品价值实现保驾护航

推动生态产品价值实现,既需要从政府和市场两个层面双向发力,丰富生

态产品价值实现路径，也需要完善相关配套政策制度，为价值实现提供必要的支撑和保障。一要完善政策法规体系。出台更加完善的生态产品价值实现相关政策法规，明确生态产品的产权归属、交易规则、补偿机制等。二要制定生态产品价值核算技术规范。明确核算指标体系、数据来源和统计口径，确保核算结果的准确性和可比性。三要强化制度保障。建立健全自然资源资产产权登记制度，明确自然资源资产产权主体，划清所有权与使用权边界。推进自然资源统一确权登记，探索将生态产品价值核算基础数据纳入国民经济核算体系，推动核算结果在生态保护补偿、生态环境损害赔偿等方面的应用。

（抚州市生态文明建设服务中心李建光、张巍、彭向琳执笔）

宜春市铜鼓县：
"有为政府+有效市场"协同生态产品价值共创

宜春市铜鼓县深入学习贯彻习近平总书记关于着力提高森林质量、发挥森林"四库"功能等重要指示精神，聚焦"林地碎片化、大山荒芜化、主体分散化、市场沉寂化"的"四个难题"，以小班经营机制为核心，有效政府和有效市场联手唤醒大山里"沉睡"的财富，探索"政府+龙头企业+村集体+小班+农户"的生态产品价值共创新路。

一、基本背景

面对林地碎片化、大山荒芜化、主体分散化、市场沉寂化的"四个难题"，铜鼓县科学识变、主动谋变、理性促变，以"搞活新业态"为生态振兴的关键重点，从小处着手破局，在温泉镇和花山林场找准小突破口，通过"有为政府+有效市场"进行生态产品价值共创。有为政府"整合资源、集零为整、小山变大山"，有效市场"盘活资源、化整为零、大山化小班"，形成"一改两化"（一项综合改革、集零为整、化整为零）顶层谋划，促成"林场+村集体+公司+基地+小班+农户"的产业化经营新机制落地生根，形成紧密的"林场+村集体+公司+基地+农户"经营关系。小班经营机制打通了生态美和百姓富之间的堵点卡点，有效破解了"绿"与"利"之间的矛盾，探索出"政府+龙头企业+村集体+小班+农户"的生态产品价值共创新路，形成"生态共治、价值共创、收益共享"的利益共同体，展开了一幅新时代人与大山双向奔赴、人与自然和谐共生的铜鼓版"富春山居图"。

二、经验做法

（一）整合碎片资源，打造规模化资产包

一是聚合好碎片化林地资源。针对"如何整合碎片化林地资源"的难题，铜鼓县将多主体（林场、村集体、农户和公司）的林地资源进行归整，促进"小山变大山"，进行集中连片开发，"集零为整"达到适度规模经济效益。根据市场主体的资源禀赋和发展需要，按照"多方参与、多元一体"的战略思路，政府引导多主体放活林地经营权，进行林地流转。二是整合好村集体闲置资源。对于闲置和闲散的村集体资产，政府引导村集体进行提升改造，建设加工车间和产品仓储厂房，租赁给市场主体，由龙头公司统一经营，实施"接二连三"战略，延长林业全产业链，促进"林场+村集体+公司+基地+小班+农户"产业化经营机制落地实施。

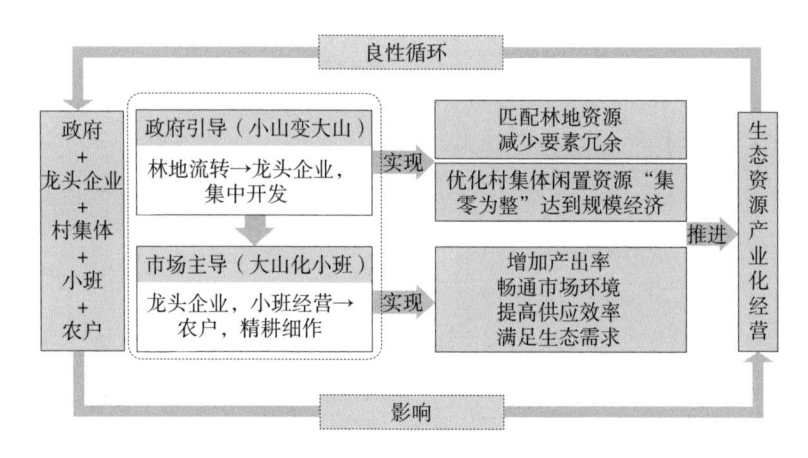

铜鼓县生态资源产业化经营机制图

（二）深化机制改革，推动市场化大发展

一是完善政府职能和组织体系。先后成立了县生态文明办、生态环境保护委员会等综合性治理组织。县法院成为全省首批环境资源司法实践基地，探索生态司法保护新模式，建立了"司法惩戒"与"生态修复"并重，"矛盾调解"与"司法裁决"择优，"打击防范"与"教育督导"并行的司法模式。二是建立产权综合交易中心和"两山"交易中心。2015年，依托乡镇农技综合站，在县、乡、村三级建立了农村产权综合交易中心、农村土地流转服务中心，在全省第一批开展非国有商品林赎买试点。2022年，成立了县级生态资源资产经营管理平台"两山"交易中心，在全省率先探索建立县域"1+3"GEP核算制度体系，首次对"一镇一村一业"优质生态资源进行系统核算。开展全域林业资源盘查工作，对辖域内预计符合国家自愿核证减排量开发标准的4.4万亩新造林进行碳资产开发。三是打造区域生态品牌。立足"质量兴农、绿色兴农、品牌强农"要求，强化绿色导向、标准引领和质量安全技术支撑，统筹推进两个"三品一标"。着力在强龙头、补链条、兴业态、树品牌等方面持续发力，深入推进乡村振兴，构建以富硒绿色有机为特色，铜鼓茶叶、黄精、竹笋为支撑，多种业态融合发展的"1+3+N"现代农业产业体系，推进全县农业产业高质量发展。先后创建"国家生态文明建设示范县"、国家"绿水青山就是金山银山"实践创新基地，成功承办"中国黄精产业发展研讨会""江西省林下经济高质量发展现场推进会"等重要会议。"铜鼓黄精"和"铜鼓宁红"获得国家农产品地理标志登记保护，获评中国黄精之乡、中国茶业百强县、全国林下经济示范基地、江西省森林康养基地、江西省新型工业化竹产业示范基地，着力打造百亿黄精产业链，努力打造"铜鼓黄精"全国知名品牌。

（三）引进企业主体，创新激发多方活力

一是市场主体创建示范基地。上四坊海拔最高点为1006.3米，最低点为503米，平均海拔750米，处于亚热带季风湿润性气候，森林覆盖率95%，年均温18℃左右，空气负离子含量高达8万个/立方厘米，这种独特的生态环境最适合黄精、羊肚菌等环境敏感性林产品的种植，宜采用"小班经营法"的精耕细作模式。二是市场主体有效作为。代表性市场主体（江西省与杉同寿实业发展有限公司）集生态农产品、生态健康品、生态茶品、生态药材的培育种植、加工、销售和开发于一体，是国内发展大健康产业的领军企业，重点发展黄精、青钱柳、食用菌、铁皮石斛、竹笋和畜牧业等产业。立足铜鼓独特的生态条件（富硒土壤）和资源禀赋（青钱柳古树）实际，投资8000余万元建设林地基础设施和林业资源改造抚育，建设青钱柳基地、青钱柳茶加工标准车间品牌展示中心，投资 6000 余万元建立高标准羊肚菌培育示范基地，逐步形成基地种植、产品加工、仓储物流和康养的大健康全产业链。

（四）统筹分合经营，探索最佳实现路径

小班经营机制是由公司负责实施，采取"大山化小班"的方法，究其本质是"宜统则统，宜分则分，统分结合"的双层经营体制，做法是对"宜统则统"的部分由公司统一进行林业集中连片开发，并对具体的细分产业（如黄精、青钱柳茶、食用菌和铁皮石斛等）进行一站式社会化服务和产品统销统购，对"宜分则分"的部分是对小班实施包干到户，采用小班经营法，由农户负责精耕细作。

一是在分的层面，统一规划林地，合理划分小班，即"合理分班"。代表性市场主体根据不同地块的林地资源禀赋，宜林则林，宜农则农，宜牧则牧，宜游则游，所有生产技术和经营模式都是针对小班单独设计，形成"林下＋食用菌""林下＋中药材""林下＋养蜂"和"林下＋康养"等自然共生的复合业态。在黄精和青钱柳这两个主导产业的经营实践中，根据小班地块特质、农户生产种植水平和经营能力的实际情况，将小班（相当于生产车间）分期转包给不同的农户，甚至同一个小班在不同季节可以转包给不同的农户，既调动农户的积极性，也提高了精耕细作的劳动生产效率。以工业化理念谋划农业发展的思路，把不同资源禀赋的林地划分为不同车间，再把车间承包到户。

二是在统的层面，统一服务和品牌，精准落实"龙头企业＋小班农户"的生产车间模式。代表性市场主体为农户提供"统一供应种苗、统一种养标准、统一技术服务、统一品牌、统一销售"等"五统一"的一站式生产性服务。同时，还进行示范种养，做给农民看，带着农民干，有钱一起赚，不仅打消了农民"不敢种的市场风险"和"不会种的技术风险"的顾虑，也解决了"种什么样的地"和"和谁一起种地"的群体问题。公司转包给农民种的林地就是向农户提供已经可以"拎包入住"的"农业标准地"，基础设施完善，种养品种、技术规程和市场销路十分统一，而且也可以以种植合作社的形式引导农户承包林地，农民就是"自己的班长"，为自己创业。

三、取得成效

（一）筑牢绿色低碳高质量发展的生态底色

全县森林覆盖率高达88.04%，居全国3000多个县（区）第二、江西省第一。森林是一个潜力巨大的"碳库"，林木蓄积量每增长1立方米，平均吸收1.83吨二氧化碳，铜鼓的空气负氧离子含量每立方厘米多达7万个。出境断面水质常年保持在Ⅰ级标准。汤里文化旅游度假区于2023年4月成功入选国家级森林康养试点建设基地，另有省级森林养生（体验）基地3个，市级森林养生（体验）基地9个，近三年创建省、市级乡村森林公园共10个。

（二）提升绿色低碳高质量发展的经济成色

通过"公司+小班+农户"的小班经营模式促进产业规模化的精耕细作，也实现了"农民单家独户"抱团发展的规模效应。全县林下经济种植面积达12万亩，发展品种20余个，其中黄精6万余亩，草珊瑚、青钱柳、覆盆子、铁皮石斛等其他药材6万余亩。全县参与森林药材种植的专业合作社共有近90个，惠及当地农户1400多户，形成了黄精种植、采收与加工全链条经济，开发出黄精果脯、黄精酒等九大系列产品，价值从原材料到产品增加了5—7倍。

（三）增强绿色低碳高质量发展的社会亮色

林下产业已经成为乡村振兴"新引擎"。2023年，全县林下经济年总产值达15.6亿元，带动人均增收3000余元。通过小班经营机制，实现"大山化小班"，提高了劳动效率，充分提高了农户的生产积极性，促进农民增收，在当地用工约350人，每人每天收入80元至450元不等，每年支付的劳务费用在900万元左右。上四坊青钱柳茶、上四坊食用菌、上四坊灵芝系列产品陆续上市，"上四坊""与杉同寿""与山同寿"商标市值已达1.2亿—1.8亿。

小班经营机制是在政府引导下，发挥有效市场的可持续性、企业的能动性和农户的积极性，市场主体（龙头公司）是小班经营模式的实施主体，农户是小班（相当于生产车间）的主人，搞活了林地经营权，形成了森林生态资源可持续经营机制。一方面，针对"林地碎片化"和"规模经济效益不高"的两大关键问题，通过实施"有为政府+有效市场"的价值战略，发挥"有为政府"

引导作用，整合资源，搭建平台，把分属不同主体的林地资源整合起来，集零为整，把小山变大山。另一方面，针对"精耕细作"和"劳动生产率"的效率问题，发挥"有效市场"的主导作用，公司进行科学管理，提高不同的小班"生产车间"劳动积极性，化整为零，包干到户，由农户自己承包林地（小班）并实施精耕细作，公司统一做好林业社会化市场化服务和统销统购工作。

铜鼓实践证明，在"顶层谋划+底层行为"的视野中，通过有为政府和有效市场的共同努力，以小班经营机制为核心的生态产品价值实现机制，形成了"股权共有、经营共管、资本共赢、收益共享"的"四共一体"合作模式，有效实现了国有林场新局面、林产新业态和村集体新路子的多赢目标，更好彰显森林资源"四库"重要功能。

（宜春市铜鼓县发展改革委黄德业执笔）

抚州市南丰县：
创新湿地资源运营机制

抚州市南丰县立足资源禀赋，探索建立集湿地资源收储、修复、评估、交易和科普宣传于一体的一站式服务机构和运营机制，增强湿地生态产品价值变现能力。

一、基本情况

国务院办公厅印发《湿地保护修复制度方案》，部署湿地面积总量管控，要求"先补后占、占补平衡"。按照国家部署，全省多措并举做好湿地面积总量管控工作，一方面强化湿地资源监管，收紧湿地占用政策，大力压缩湿地占用量；另一方面强力推行湿地占补平衡机制，将落实湿地补充地并完成补充地生态修复作为审核湿地占用申请的先决条件，防止占而不补。但是传统的湿地占补平衡存在时间成本高、落实补充地困难、生态产品价值难实现等短板。

为妥善解决传统湿地占补平衡做法存在的问题，南丰县以开展湿地资源运营试点为契机，聚焦完善湿地总量管控机制、建立湿地占补平衡指标形成机制、健全湿地生态产品价值实现机制等方面开展湿地资源运营机制创新试点工作，大力促进湿地生态产品价值实现。

二、经验做法

（一）摸清湿地资源家底，筑牢机制创新根基

明确职能机构。成立了以县政府主要领导为组长，有关部门为成员单位的

南丰县湿地资源运营试点专班工作领导小组，建立完善相关工作细则。挂牌成立南丰县湿地资源运营中心，明确南丰县吉森林业科技开发有限公司为县湿地资源运营中心的管理服务机构，具体负责湿地资源的运营与管理，为试点建设提供坚实的组织保障。

确定湿地面积。采取图斑比对、无人机航拍、实地核实等方式，全面摸清县域湿地资源数量、质量、结构和空间分布等情况，形成湿地资源分布图并挂图作业。组织开展湿地生态综合监测，建立以国土三调数据为底版的湿地资源数据库，同时严格压实湿地总量管控责任，把湿地总量作为独立考核指标纳入了全县相关考核评价指标体系。全县现有湿地面积84671.55亩，拥有国家湿地公园2处，省级湿地公园3处。

开展后备资源摸排。将未被纳入湿地资源数据库，且具备补水条件、经修复后能够形成稳定的湿地生态系统的土地作为湿地后备资源。完成全县12个乡镇5亩以上国土三调数据未纳入湿地的草地、果园、部分沟、塘、渠、堰的外业调查，对其坐落位置、范围界线、权属、利用现状、面积、属性等进行全面调查分析，建立湿地后备资源数据库，实行信息化管理。目前，已纳入湿地后备资源的土地共925块，总面积达13665亩，其中收储湿地后备资源土地约2200亩。

积极开展湿地价值评估。开展湿地资源试点建设与运营管理课题研究，对全县湿地资源生态与后备湿地资源进行识别、分类及分级，探索制定人工湿地占补平衡指标的合理定价、制度规范和核算规范，明确湿地面积和质量等级，促进湿地资源商品化、产业化。

（二）探索湿地修复模式，依法开展地类转换

因地制宜开展湿地修复。目前，南丰县已申请第一期3800万专项债用于湿地修复，按照四种模式，在4个乡镇高标准打造6处人工湿地示范点。污水尾水处理模式：在洽湾古镇、太和司前，针对农村生活污水、甲鱼养殖尾水，通过人工湿地示范点打造生活污水和甲鱼养殖尾水的净化处理模式。湿地文旅融合模式：结合三溪石邮和池丰秀美乡村建设，将人工湿地建设与南丰傩文化、原有的自然生态进行有机融合，打造成新的旅游景点。蜜橘面源污染净化

模式:在白舍枫江,通过人工湿地建设,净化蜜橘面源污染和集镇污水。废弃矿山修复模式:对火车站旁废弃矿山,进行恢复植被等湿地修复示范点打造。

加强湿地收储改造政策宣传。建成南丰县人工湿地宣教馆等宣教设施,面向全社会开展湿地资源运营概念的普及和政策宣讲,深入解读相关制度的内涵和意义;深入乡村大力宣传收储改造湿地政策和湿地打造规划,为百姓答疑解惑,营造全社会共同支持湿地资源运营建设的良好氛围。

加强部门协作形成工作合力。积极与县自然资源部门进行工作对接,适时开展地类变更工作,将符合条件并完成修复的湿地后备资源尽快完成地类变更,并在地类变更后将其纳入湿地资源数据库。

(三)建立健全市场机制,推动湿地价值转换

探索湿地占补平衡指标交易。及时将完成修复的湿地后备资源转化为湿地占补平衡指标,并在省湿地资源运营管理服务平台上挂牌展示,按照"谁占用、谁补偿"原则,引导湿地占用主体购买与所占湿地面积和质量等级相当的湿地占补平衡指标,将湿地占补平衡指标市场化、流动化,推动湿地生态产品实现价值变现。目前,南丰湿地运营中心已完成128.27亩湿地占补平衡指标交易,交易金额1169.1万元;与南昌昌北机场、赣州城投达成551亩湿地占补平衡指标交易意向,总金额达5510万元。

建章立制落实权益保障。为保障湿地生态权益者的合法利益,推动湿地资源运营和湿地生态产业的高质量发展,出台了《南丰县湿地生态权益权登记管理办法》,从登记类型及适用范围、登记程序、登记管理等方面进行规范性管理,并规定经营主体在本县行政区域内可凭湿地生态权益权证办理抵押、项目申报、示范评审等事项。2023年9月,南丰县人民政府向吉森林业科技开发有限公司颁发了全国首份湿地生态权益证,目前已办证24份。

创新研发湿地金融产品。按照"政府+银行贷款+社会资本"模式,引导和鼓励县内金融机构开发林业生态资源类信贷产品,2022年6月,南丰建行与县运营中心达成贷款额度1亿元的战略合作协议,用于湿地资源收储、湿地生态修复等工作。目前,已成功发放全国首笔"湿地收储及修复项目贷款"6000万元。

引导社会力量自主参与。在政府主导湿地修复的基础上，探索社会力量协同参与途径，加快湿地资源产业化进程。通过湿地资源运营南丰模式的研究，展示了社会力量在推动湿地可持续性开发利用中的重要角色。目前，已有21家村办公司正在积极谋划开展湿地修复，面积合计1180亩，可为村集体经济带来约3000万元的收入。

（四）促进生态产品开发，做活"湿地+产业"文章

在保障湿地环境效益优先的前提下，依托石邮村、池丰村、司前村、枫江村、国礼园、洽湾古镇等具有南丰地方特色产业和自然风光的特色村庄、生态农庄，重点探索四类模式，做活"湿地+产业"文章。一是"湿地+南丰蜜橘"。在琴城镇国礼园，结合面积78.5亩的百年南丰蜜橘古树保护，通过构建小微湿地，清理沟塘淤泥改善橘园土壤，打造集自然科普、湿地保育等多种功能于一体的湿地农业保护示范点。二是"湿地+甲鱼"。在太和丹阳村，结合甲鱼养殖产业建立了47.7亩的湿地生态甲鱼养殖示范基地；在太和司前村，在原有园地上构建31.5亩近自然湿地示范点，净化处理甲鱼养殖尾水，助力甲鱼产业发展。三是"湿地+文旅"。依托琴城、洽湾、白舍、三溪等自然风景优美特色乡村，把原有480亩非湿地转化为湿地，开发湿地观光旅游。四是"湿地+经济作物"。在琴城镇水北村、市山镇湖坑村，扶持和引导湿地产权主体种植菱角、茭白、莲藕等湿地经济作物，开展湿地绿色有机产品认证，搭建产品销售渠道。

三、取得成效

（一）保护利用并重，凸显综合效益

注重湿地资源的保护和开发利用，通过废弃矿山整治、生态修复、景观提升工程和小微湿地改造等项目，唤醒沉睡资源、"变废为宝"，有效改善当地生态，为当地居民提供休闲健身的好去处；注重实际功效，积极听取群众意见，做到生态效益、社会效益、经济效益并重多赢，有效促进生态系统健康稳定与可持续利用。

（二）打通转换渠道，增强变现能力

以推进湿地资源运营改革试点为契机，积极探索推广绿水青山向金山银山转化的路径，通过湿地占补平衡指标交易、湿地生态产业化经营、湿地生态品牌创建、发展湿地生态农业、发展湿地生态旅游业等多种途径，促进湿地生态产品价值实现，走出一条生态保护与经济发展协调共进、相得益彰的新路。

（三）服务乡村振兴，提升民生福祉

立足本地生态禀赋，以湿地保护治理和开发利用推动水生态持续改善，带动乡村振兴，创建生态优美、百姓和美，人与自然和谐共生的现代化农村，通过资金奖补等措施，积极引导村集体利用闲置的低洼地和各类沟、塘、渠、堰开展小微湿地保护与合理利用示范点建设，使零散且用途各异的集体土地形成资源集聚效应，构建景观美、生态优，同时兼具一定生产功能的小微湿地群落，切实改善乡村人居环境，拓宽农村居民收入渠道。

湿地资源运营机制创新工作，旨在解决传统的湿地占补平衡时间成本大、落实补充地困难、生态产品价值转换通道不畅等问题，吸引更多社会资本参与湿地生态治理，有效扩大湿地生态修复融资渠道，将湿地修复由政府主导的以修复退化湿地为主的"保存量模式"转变为各类社会主体自主实施的以增加湿地面积为主的"扩增量模式"，以此缓解湿地占补平衡压力，最终实现湿地保护的生态效益、经济效益、社会效益同步提升，为打通湿地生态产品价值实现通道，推动湿地生态修复市场化运作提供更多、更好的南丰经验。

（抚州市南丰县林业局李金平、曾淑艳执笔）

赣州市大余县：
生态产品价值实现促进共同富裕的"丫山模式"

赣州市大余县聚焦"生态佳"转化为"生态+"的重点难点，采取"1234"工作法，形成生态优势向业态优势转换"丫山模式"，将丫山打造成为绿色发展的鲜活典范、乡村振兴的江西样板。

一、基本背景

丫山，地处赣粤湘三省交会地，境内秀水含烟，青山若黛，森林覆盖率高达92.6%，空气、水土、环境质量均达到国家一级标准，气息宜人。大余县采取"1234"工作法，即搭建"一个平台"，变资源为资产；创新"两项机制"，变雇员为股东；强化"三大营销"，变品类为品牌；促进"四大融合"，变生态为生机，积极探索生态产品价值实现促进共同富裕的"丫山模式"，促进了景区、村集体、村民的共同富裕，获得了国家部委和省领导的肯定。"丫山模式"成功收进《世界旅游联盟旅游减贫案例2018》，入选清华大学中国公共管理乡村振兴案例、乡村振兴赋能计划典型案例。丫山国家级旅游度假区获评"绿水青山就是金山银山"省级实践创新基地。

二、经验做法

（一）搭建"一个平台"，形成转换载体

大余县以丫山国家级旅游度假区为核心对黄龙镇大龙村（景区）的物质产品、调节服务和文化服务的价值进行核算，建成大龙村（丫山）"GEP核算"

小平台。以丫山国家级旅游度假区为核心，在黄龙镇大龙村建立以市场需求和价值增值为导向，村民、社会投资商、金融保险机构及村集体（村委会）等多方利益参与的立体、多维数字化生态产品交易平台，实现集生态资源和生态产品信息管理、交易、监管、评估的多功能综合管理。同时规范交易制度，建立分级分类的价值链管理体系，为景区优质生态产品评估、抵押、交易、变现提供平台。又与江西省公共资源交易中心开展合作，将好山好水好空气转换为实物价值，特别在文化服务（利用良好生态发展运动休闲旅游业）有交易，让"死资源"变"活资产"，探索政府主导、企业和社会各界参与、市场化运作、可持续的生态产品价值实现路径，为长江经济带绿色发展提供可示范、可推广的创新模式。

（二）创新"两项机制"，畅通转换渠道

在大余县委、县政府的支持下，民营资本与国有平台公司强强联合。丫山旅游度假区的投资主体为大余章源生态旅游有限公司，同时县旅游投资公司入股、引进社会资本注资度假区开发，解决了旅游开发投资大、周期长、回报慢难题。在度假区经营上，由大余章源生态旅游有限公司自主经营，避免了多头决策，难以持续经营。又鼓励员工自主创业参与丫山经营，做到人尽其才。

创新景区投入机制。组建县旅游投资公司，引进浙江人文园林公司、杭州赛石集团等公司投资丫山旅游度假区，撬动社会资金参与度假区建设。鼓励黄龙镇大龙村以集体山林、村民以土地、房屋、资金等入股景区发展生态旅游。

创新运营管理机制。以章源生态旅游有限公司为景区经营管理主体，实施市场化运作。章源公司打破传统乡村旅游"乡、野、土"的低端格局，通过形象包装、文化融入、时尚创意等方式，持续打造旅游项目，吸引游客的眼球，塑造了"高、大、上"的乡村旅游新形象，开创了独特的"乡村旅游+"创意模式。同时，鼓励员工自主创业参与丫山经营，做到人尽其才。章源旅游公司采取"模块化经营、物业化管理"的运营模式，在统一物业管理服务下，将度假区各项细分产业分包出去。一方面减轻投资方运营压力；另一方面，分包经营的主体主要是当地村民和创客，为当地创造更多的就业岗位。

（三）强化"三大营销"，提升转换质效

丫山旅游度假区在营销上推行扎根本土、深耕湾区、布局全国、放眼世界战略，开创性推出全员营销、渠道营销和媒体营销，以活动促营销，以赛事带宣传。

强化全员营销。全年开展九大品牌节庆活动，举行健行节、马拉松等月度主题活动，常态化举办团建、企业年会等精品活动，人人是营销员，处处是品牌窗，不断汇聚人气财气。

强化渠道营销。在广州、南昌、上海、香港等地设立营销中心，全力融入大湾区，深耕全国市场，致力于树立赣州文旅的"桥头堡"，打造粤港澳大湾区的康养度假乐园及生态"米袋子""菜篮子""果盘子"直供基地。

强化媒体营销。以国家广电总局对口支援大余为契机，丫山常年举办各种高光活动，吸引了央视《朝闻天下》等栏目和《中国旅游报》、凤凰网、人民网、新华网等全国媒体的密切关注并展开了频繁合作，由此丫山特色小镇典型经验向全国推广。2019 年 3 月，中国美丽乡村丫山旅游广告首度在纳斯达克广场 LED 屏滚动播出，中国最美乡村——大余丫山再次聚焦了全球的目光。通过全员入驻抖音，引导客人打卡发朋友圈，激活了新媒体营销。搭建丫山旅游"O2O"电商综合服务平台，建设线上全网营销，让游客全景感受、在线体验丫山风光、人文特色以及完成个性化、定制化服务。

（四）提升"四大生态产品价值"，促进转换增值

丫山国家级旅游度假区因势利导，加强与营动中国、中红培（北京）文化发展公司合作，开发了党建红培、农事研学、山地团建及生态拓展等自然教育课程，将丫山旅游度假区打造成了集乡村游乐、运动休闲、康养度假、红培研学、团建拓展于一体的综合型度假区。近年来，成功举办或承办了越野 e 族森林英雄会、江西省群众登山健身大会、国际山地马拉松大赛等 31 类 300 余次运动赛事，参与人数超 400 万人次。丫山也是全国首批运动休闲特色小镇、森林养生国家重点建设基地、"首批江西自然教育学校（基地）""中国井冈山干部学院社会实践点"。

森林旅游 + 休闲（度假）。丫山旅游度假区自规划建设以来，划出 600 亩

区域发展生态休闲农业。高山茶田、百果园、林下田园、山泉池塘是广大游客争相体验林下观光、亲子采摘、野外垂钓、DIY 自煮农家餐等活动的休闲旺地。三大 A 哆园区先后打造了的啦吊桥、果必行蔬果长廊、四季花海、玻璃栈道、天空之镜、哆淇乐休闲吧、乡村酒吧等特色休闲打卡点。丫山国家级旅游度假区已形成森林度假生活典范。从山脚到山顶呈阶梯式分布的八大特色山居酒店：有观日出，越野度假的云野驿；有看云海，文化养生的九成山舍、道源书院；有竹海康养度假的大龙山生态酒店、春秋舍；还有农商街、枫夜里民宿街、花海客栈、茶田民宿群各种林农民宿及房车露营等。成熟配套景观餐饮基地、仙境会务场地、运动休闲及特色娱乐、购物等完善设施。

森林旅游 + 运动。丫山旅游度假区依托森林原始山形地貌与山地文化资源，逐步打造丫山森林运动的完整体系。创意打造了三大山乡主题特色生态乐园——A 哆森林、A 哆乡村、A 哆水寨，内含乡土运动、水上运动、探险运动、球类运动及 BMX 自行车竞技运动等近百样特色运动休闲项目，可同时容纳万名游客入园体验；还引进大众赛车文化品牌，开发了新动力场地越野基地，进一步丰富、完善了森林越野度假内涵。

森林旅游 + 康养。丫山旅游度假区致力于打造世界顶级的森林康养平台，自建全域"防未病，疗已病，养病后"的绿色疗愈体系为全民健康保驾护航。以天人合一的天然疗愈环境为背景，引进国际先进的大健康管理理念，陆续打造丫山健康疗养中心、丫山运动康复中心、丫山水疗中心、竹林药泉谷等高端的康养服务平台。还有传统理疗及茶道、花道、香道、康养食疗等近 50 项康体休闲项目与生态度假有机结合，开创了身心灵自然康养的度假生活新方式。

森林旅游 + 文化（研学）。充分挖掘大余深厚的历史文化元素，精心打造六大文化旅游基地。依托国家广电总局对口支援，邀请海霞、陈亮、张悦等央视主播授课，在丫山建立播音主持实践锻炼基地；依据山清水秀的地理环境，广邀名师大家布馆授业，打造书画音乐艺术基地；复建千年国学圣殿——道源书院，体悟程周理学、阳明心学的真谛，打造理学心学基地；以"灵岩古刹、灵秀丫山"为主题，完善寺庙建筑、竹林庭院、素食餐饮等项目，展现"寺院禅""自然禅"与"生活禅"的悠远意境，打造禅宗文化基地。丫山旅游度假区以森林为师，让生态启智，不断整合森林旅游的优势特色资源，全力创建全民受益的自然教育平台。依托梅岭三章纪念馆、南方红军三年游击战争纪念馆等本县及赣粤湘三省更广泛的红色资源，开发了丰富的党建团建、红色研培等特色产品及游线，打造红色研培基地。依托丫山六大农业基地，自建专业教学服务团队，创意开发了森林研学、山地探趣、生态团建、自然科普等爆款研学课题，全力打造农事研学基地。

三、取得成效

（一）实现了绿色全产业的深度融合发展

丫山国家级旅游度假区利用乡村资源，通过多维融合，创意发展生态旅游，实现一、二、三产业的深度融合发展。一草一木，一花一石都是"点绿成金"的可持续发展产业。利用1200余亩坡耕地开辟六大生态林农采摘基地，利用土法自耕自种自养的农产品，建立了茶、果、米、肉、糖、油等农副产品加工厂，利用森林防火带打造山地越野线路，利用山顶露台做成露营基地，利用原有瀑布群打造卧龙峡谷，还打造了草木惠花艺体验项目等特色旅游产品。

（二）促进了生态产品的增值溢价

丫山国家级旅游度假区树立全新的发展观、产品观和营销观，从度假品牌、度假产品、度假设施、度假服务等方面，加快提档升级，通过土地、人才、资金优化配置，以生态休闲度假为主题，以运动、康养为引擎，以乡村振兴为宗旨，十五年磨一剑，将一个贫困落后的小山村打造成国家级旅游度假区，实现生态优势向业态优势转变。探索生态产品价值转换的"丫山密码"得到全国人大环资委领导高度赞誉，大余县在第五届国家生态文明试验区建设（江西）论坛、丫山运动休闲特色小镇分别在2022年体育旅游示范工程发展研讨会作经验交流发言。《"三变三金"的丫山故事》通过省人民政府官网、《中国文化报》向全省全国推广。度假区被评为国家级旅游度假区、"绿水青山就是金山银山"省级实践创新基地、国家级文明旅游示范单位、荣列全国乡村文化产业创新影响力典型案例之一。被授予全国森林康养培训实践基地，被井冈山干部学院选为社会实践点等等。

（三）实现了景区、村集体、村民的共同富裕

丫山国家级旅游度假区自开发建设起，就坚持与当地百姓共建、共赢、共享生态产品成果，走共同富裕之路。黄龙镇大龙村采取市场化思维，整合破碎化生态资源，以"风景"折价入股丫山旅游度假区搞旅游增收，村集体经营性收入从23.6万元增加到150万元，个人分红从每年100元增加到1000元。丫山以独有的"三变三金"（三变是身份的变化：村民变员工、员工变股东、股东变老板；三金是收入的提升：进景区务工拿薪金、资源入股领股金、房地租赁收租金）模式，"五子登科"（改变乡村的样子、美化农家的房子、增加村民的票子、培养山区的孩子、吸纳远方的才子）乡村振兴成果受到各大媒体及社会各界的广泛关注，实现了生态价值的可持续发展。

（赣州市大余县发展改革委叶际江、陈政执笔）

吉安市万安县：
创新"两山"公司实体化运营机制

吉安市万安县聚焦生态资源"变现难"，以绿水青山和金山银山双向转化突破攻坚战为抓手，建立实体化运营的"两山"公司，对碎片化生态资源进行规模化收储、专业化整合、市场化运作，打通了"资源—资产—资本—资金"转化通道的"最后一公里"，探索了生态资源富集地区生态产品价值实现的"万安路径"。

一、基本背景

"两山"公司是聚焦整合生态资源的平台，统筹开展生态产品策划、招商、融资及全过程风险管控，通过市场化运作，将生态资源转化为兼具经济价值和社会效益的生态产品。万安县建立"两山"资源控股有限公司（以下称"两山"公司）及配套机制。"两山"公司根据"结构追随战略"的实体化运营工作需要，以"打造三个平台，创新三种模式，完善三项机制"为抓手，建立生态产品价值实现工作的组织体系，实现了"生态佳"向"生态+"的生动演绎。搭建生态价值转化实体运作、生态资源云端数据、生态产品线上交易等三大业务平台，促进了生态产品供给方与需求方、资源方与投资方高效对接；创新零散资源集中收储、低效资源专业运营、确权资源融资变现等三种模式，开拓绿水青山和金山银山的双向转化通道；完善高位推动、要素保障、考核评价机制三项机制，有效提升转化效率，依托"两山"公司，在摸清自然资源底数和掌握生态产品价值变现底层逻辑的基础上，以特定地域水资源为先行重点，借鉴"分散式输入、集中式输出"方式，以"万安鱼头"为突破口，以顶层谋划生态有机渔业全产业链战略为抓手，找准生态产品价值转化路径，对碎片化生态资源进行规模化收储、专业化整合、市场化运作，打通"资源—资产—资本—资金"转化通道的"最后一公里"，探索政府主导、多元参与、市场运作的生态产品价值实现路径，实现生态产业化和产业生态化的有机融合。

二、经验做法

（一）打造三个平台，搭建转化载体

一是搭建生态价值转化实体运作平台。创新"1+1+4"工作机制（建立一个资源库，建设一个智慧管理平台，强化智库、人才、资金、市场四大要素保障），重点围绕农业、林业、文旅、数字经济、基础设施等六大板块，形成新质生产力对万安乡村振兴全面赋能的新局面。二是搭建生态资源云端数据平台。针对现有自然资源、人文资源、生态产品，调查登记数量、坐落位置、质量等级、功能特点、权益归属、保护开发利用情况等信息，建立覆盖县域内53大类192项细分指标的生态资源数据共享开放平台。三是搭建生态产品线上交易平台。与科技公司合作研发万安"两山"资源智慧管理平台和"两山优选"电商平台，屏对屏提供在线展示、在线交易、竞拍等功能，推进生态产品供给方与需求方、资源方与投资方高效对接。

（二）创新三种模式，打开转化通道

零散资源集中收储核算模式。对有集中开发经营价值的耕地、林地、山塘水库等分散、零碎、闲置的资源资产进行摸底、确权、评估，分类制定收储标准，由"两山"公司以租赁、入股等形式集中收储。参照地方技术规范，通过实际填报、遥感监视监测和统计调查、实地核实等手段，建立了包括物质供给、调节服务、文化服务三大类13个指标的VEP核算指标体系，编制《江西省两山渔业特定地域单元生态产品价值（VEP）核算报告》，量化和评估生态产业对经济发展和生态环境的贡献，为生态价值转化为经济价值提供决策服务。

低效资源专业运营模式。对收储的长期闲置、沉睡的低效生态资源，根据其所在区位、资源特色、开发强度等，以"两山"公司自营或对接社会资本招

商、联营的方式，对生态资源进行分类包装、精心策划、专业运营，最大限度提升闲置低效资源的利用价值。例如，在生态渔业示范领跑的基础上，选准三个重点"跟跑产业"，形成"一个领跑、三个跟跑"的战略新格局。一是做精生态鱼产业。充分利用万安湖、心安湖及104个中小型水库等优质水面资源，以"两山"公司为平台，探索生态鱼大水面养殖模式，全力打造生态鱼提纯繁育、分类养殖、增殖回捕、精深加工、产品销售、鱼旅融合等生态鱼全产业链条。全县可养殖水面面积达23.3万亩，累计投放"四大家鱼"等鱼种320万余尾，提纯复壮万安玻璃红鲤鱼优质苗种60万余尾，目前增殖渔业资源利用方案已通过省级专家论证，省农业农村厅已核准万安湖和心安湖增殖渔业起捕事项，建成万安鱼头旗舰店、示范店6家，渔业总产值达5.84亿元。二是做大富硒产业。积极融入"井冈山"区域公用品牌建设，大力发展硒稻、硒橙、硒茶等富硒产业，建立万安县富硒产业研究院，荣获全国科协创立"富硒井冈蜜柚科技小院"称号，新增富硒产品认证41个、"中国富硒好产品"7个，广州、井冈山、赣州等5家富硒旗舰店正式运营，2023年实现富硒产业产值突破50亿元。三是做优毛竹产业。用好全县36.5万亩毛竹林资源，充分利用国家林草局挂点帮扶优势，高标准打造竹科技产业园，引进天睿竹业等"以竹代塑"企业落地建设，成立全市首个竹能源与碳材料科创中心，成功举办首届竹产业经验交流会，努力将小竹子做成大产业，打造万安竹产业全产业链。四是做特文旅产业。紧扣"文旅旺县"战略，打造了万安湖、高岭宿集（三期）、红色罗塘、百嘉老街等一批亲近自然、唤醒乡愁、体味诗意、独具风格的旅游景点，红豆杉养生谷成功创建国家4A级旅游景区，成功举办了"万安湖杯"筏钓大赛、"心安湖杯"龙舟大赛等一批国家级、省级赛事，活动热度和影响力评价县级排名全省前列。

确权资源融资变现模式。对土地经营权、林权、宅基地使用权等已确定的产权，开展抵质押贷款业务，推出地押贷、林权贷、公益林补偿收益权质押贷等10余种"生态贷"系列产品，着力破解农户、新型农业经营主体、农业企业贷款授信难、贷款难的问题。一是夯实绿色金融基础。动态更新农业有机绿色项目认证库（收录24家企业）、富硒农产品认证企业名录（收录29家企业、45 个产品）、名特优新农产品名录库（收录经营主体 4 家、产品 1 个），同时在 2024 年一季度政银企对接会上，收集企业融资需求 18 户，融资金额 2.23 亿元。二是创新绿色金融产品。创新推出"富硒贷"，赋能富硒产业发展和乡村振兴，实现"富硒贷"总户数达 1474 户，贷款金额达 5.75 亿元；探索推广"VEP+项目贷"，首次选定万安县"两山"集团实施的万安县龙溪生态鱼育种场项目进行特定地域单元生态产品价值（VEP）核算，建立包括物质供给、调节服务、文化服务等三大类 13 个指标的 VEP 核算指标体系，成功发放全市首笔"VEP+生态鱼项目贷"700 万元。三是做大绿色金融总量。2023 年绿色金融贷款总量为 42.3 亿元，同比增长 35.93%，2024 年有望突破 50 亿元。

（三）完善三项机制，提升转化效能

一是高位推动机制。由多名县政府领导领衔，抽调 70 名专业人才组建"两山"转化突破攻坚指挥部及工作专班，并联动县发展改革委、县财政局、县自然资源局、县生态环境局等 15 个专业部门，统筹推进生态产品价值实现。二是要素保障机制。用好国家林草局、三峡集团等中央、省市对口帮扶资源，积极争取国家和省市生态补偿资金，建立国土空间绿化、中小河流系统治理、水环境综合治理等试点建设项目库，对于生态产品价值实现开发项目建设用地，优先纳入用地计划保障范围。三是考核评价机制。充分发挥考核指挥棒作用，将转化工作纳入县直单位和乡镇高质量发展综合考核评价和干部业绩晾晒重点内容。同时，探索推动将生态产品价值核算结果作为领导干部自然资源资产离任审计的重要参考，对任期内造成生态产品总值严重下降的，依规依纪依法追究有关领导干部责任。

三、取得成效

（一）生态资源运营实现专业化

通过"两山"公司引领的一系列改革，推动运营主体专业化，优化充实农业、林业、水利、文旅、交通、数字经济等六大产业板块，设立赣州、深圳分公司。被评为省级服务业龙头企业，旗下 4 家企业入规。实现专业运营的同时，专业力量、工作专班全面建立。专业智库、"两山"学院，为生态产品价值实现提供有力支撑。

（二）生态产业发展实现规模化

通过"两山"公司引领的一系列发展，推动找准重点领域、重点产业，全力打造生态鱼、富硒农产品、生态旅游特色品牌，申请注册"心安万安""万安优品"等商标20余个，以品牌化建设推动生态产品价值转换。生态渔业、富硒农业、生态旅游等产业链不断拉长做大，营业收入突破1.7亿元，推动绿色成为高质量发展的底色。

（三）生态价值转化实现共享化

坚持生态开发人人参与，转化成果个个受益。通过"两山"公司引领的一系列联动，促进探索新型生态富民利益联结机制，完善"企业+集体+合作社+村民"利益链接模式，确保人民群众在生态产品价值转化中得到真金白银的实惠。引导3000余户农户加入"两山"公司产业链条，联企带农实现收益7090余万元。其中，农业板块助农销售农产品700余吨，销售额1500余万元；林业版块提供就业岗位80个，解决就业1500余人；水利版块助推乡镇生态鱼养殖扩面1500余亩；文旅版块为全县果农累计销售硒果150万余斤；数字版块开展助农直播200余场，带动销售2000余万元。

万安县通过组建实体化"两山"公司将生态资源进行分散式输入、集中式输出，试图实现生态资源规模化收储、专业化整合、市场化运作，并在实践中扩大适用到各类资源和资产权益；是推进生态产品价值实现的载体，让山水林田湖草沙等生态资源在开发利用、环境保护等过程中实现应有价值。这种实体化运行，既解决了农村沉睡资源有效利用的难题，降低了农民个体的生产经营风险，保障了农民的主体地位，顾及农民素质能力的现实条件，又发挥了"两山"公司更好地承担专业化、职业化的管理和服务功能，为助力乡村全面振兴、更好实现共同富裕提供了转化路径和示范样板。

（吉安市万安县发展改革委邱德章、周军执笔）

抚州市乐安县：
做强竹笋产业推动"竹山"变"金山"

抚州市乐安县立足实际，全面提升竹笋产业经营水平，着力破解低产低效、开发利用不足等难题，因地制宜做大做强"乐安竹笋"区域公用品牌，充分挖掘竹笋产业应有的价值，盘活当地竹资源，推动竹笋产业的绿色转型升级，打通"竹山"变成"金山"转换路径。

一、基本背景

乐安县是江西省重点林业县之一，全县林地面积276.55万亩，森林覆盖率达70.43%。乐安竹林资源丰富，适宜的气候环境孕育出高品质的竹笋。全县竹林面积40余万亩，立竹株数9000余万株，年产鲜笋26万吨，毛竹林面积、立竹量和鲜笋产量均居全省前列。

长期以来，受困于传统农业模式的束缚，乐安竹笋产业一直处于小、散、乱的状态，加工企业以作坊式加工为主，没有形成品牌效应，农民收益不高，产业发展缓慢，良好的生态资源优势未能有效转化为经济发展优势。为破解这一难题，以2011年"乐安竹笋"被批准为国家地理标志产品为新起点，乐安县政府提出了"生态+产业"的发展思路和"企业+农户"的发展模式，通过培优竹林资源、优化产业结构、强化品牌建设、加大市场开拓等措施，打造竹笋产业集群。以生态优先、绿色发展为导向，构建"培优资源—科技赋能—品牌建设—产业集群—市场开拓"的全链条生态价值实现模式。通过政府引导和市场机制的双重作用，促进竹林资源的可持续利用，提高竹笋产品的生态附加值,打造"乐安竹笋"的品牌影响力,实现竹产业转型升级。

二、经验做法

(一)做好基地建设,培优产业本底

通过财政奖补、金融扶持等政策措施,引导竹农和企业成立竹笋专业合作社,推动竹林资源的集约化、规模化经营;引进先进的竹林管理技术,使用有机肥、生物防治病虫害等绿色生态培育技术,确保竹笋的品质和安全。在重点毛竹乡镇以租赁、合作等方式收储碎片化竹林地进行示范基地建设。

(二)注重科技赋能,促进提质增效

加强与高校和科研机构的合作,组建省级竹产业科技特派团,成立竹笋品鉴中心和南昌大学乐安竹笋研发中心,大力开发绿色生产技术,实现变废为宝、循环利用,如登仙桥食品有限公司充分挖掘每年约750吨废弃笋壳资源,经合理收集并掩埋发酵制成有机肥,为竹林提供营养成分,既解决了废弃物对环境的污染问题,又解决了有机肥来源问题,降低了成本。

(三)强化品牌建设,提升品牌影响

实施"乐安竹笋大品牌+企业小品牌"战略,实现大品牌带动小品牌,小品牌丰裕大品牌,涌现出一批具有一定影响力的笋竹企业品牌,如"广雅"被评为"中国驰名商标"和"江西省著名商标",入选2023年中国竹业品牌"十强"企业;"登仙桥"被评为"江西省著名商标",荣获"中国老字号"和"江西老字号"称号,"手剥笋"产品荣获2023年国际竹业品牌博览会"金奖"。

(四)构筑多元平台,积极开拓市场

积极推动森林食品产业园建设,引导竹笋加工企业入驻园区。持续举办"中国(乐安)竹笋产业高质量发展经验交流会",搭建起与全国乃至世界的技术交流、商业合作平台;大力培育以竹笋资源、竹笋文化、农家文化为载体的乡村旅游,通过举办乐安竹笋民俗文化节、笋王争霸赛、网红竹笋宴和竹笋短视频网络大赛等系列活动,提高"乐安竹笋"的知名度和美誉度;积极拓展销售渠道,建立农产品电商运营中心,引进京东物流集团,打造乐安全国竹笋交易服务平台项目。

（五）组建"竹笋产业化联合体"，形成利益共同体

企业与竹农签订生产服务和产品收购合同，建立"六统一"经营模式，明确龙头企业按照高于市场价 5% 左右的价格收购合作社、家庭农场和种植大户种植的竹笋，并从总利润中支出 2% 左右用于毛竹林基地建设、技术培训与服务及引进优良品种等。

三、取得成效

（一）产业规模不断扩大

全县竹林面积达 40 余万亩，年产鲜笋 26 万吨，创建全国绿色食品原料（竹笋）标准化生产基地 24.3 万亩，有较大竹笋加工企业 16 家，其中规模以上企业有 10 家，年加工能力达到 28 万吨，竹笋总产值达 17 亿元；有 12 家竹笋专业合作社和 20 多家家庭农场从事竹笋种植和加工，带动数千人员就业和 2.7 万余农户增收致富，户均增收 1.5 万元，竹笋产业成为支柱产业之一。

（二）经济效益显著提高

2023 年高标准打造水肥一体化笋竹两用林基地 1000 亩，实施水肥一体改造后立竹胸径可达 10 厘米以上，竹材年亩产可达 1000 公斤以上，竹笋产量从改造前的 200 公斤左右提高到 1000 公斤以上。截至 2023 年底，全县竹笋产业总产值达到 17 亿元。竹笋产业的发展带动物流、包装、销售等行业，创造了大量就业岗位。从事竹笋销售的电商公司达 200 余家、电商类企业 10 多家、个体工商户 100 余家，竹笋产品年网络销售额达到 3 亿多元。在毛竹主产乡镇，竹笋收益占当地农民总收入的 60% 以上，竹农走上了家门口的致富之路。竹笋原料收购范围辐射至福建、浙江、湖南、云南等周边省份，产品远销 20 多个国家和地区，初步形成"买全国、卖全球"的产业格局。

（三）品牌影响力持续提升

继"乐安竹笋"获得国家农产品地理标志认定后，又被列为全国首批 100 个"中欧互认"的地标产品之一，2023 年"乐安竹笋"品牌价值达到 13.71 亿元，跻身全国农产品区域公用品牌 100 强和江西省农产品 50 强品牌。此外，"乐安竹笋"产品先后荣获"中国林业产业创新奖""中国罐头工业创新大

奖""中国绿色食品博览会金奖""最具活力老字号奖"和中部四省（鄂晋皖赣）地理标志品牌培育创新大赛银奖等一系列荣誉称号，乐安县被中国竹产业协会授予"中国特色竹笋产业基地"。

（四）生态效益明显增强

竹林资源的可持续利用和生态种植模式的推广，有效保护了生态环境，促进了生态与经济的协调发展。通过示范基地建设，原有碎片化竹林山地由县国有公司收储经营，带动全县竹农科学培育竹林资源。

乐安县推进绿色转型实现"竹山"变"金山"，是高位推动、科学创新、品牌推广、集约经营推进乐安竹产业一、二、三产融合发展的结果。县委县政府为企业和高校搭建合作开发平台，为林农、合作社、国有企业构建合作机制，让企业和高校、林农结成利益共同体，既激活了乐安丰富的竹林资源，提升了企业产品开发、科技创新的能力，促进林农、企业增收，又提高了竹林林分质量，改善了生态环境，实现了绿水青山与金山银山的双向转化。

（抚州市乐安县林业局黄国星、袁新平执笔）

南昌湾里：
打造人与自然和谐共生的城市中央公园

南昌市湾里管理局牢固树立和践行绿水青山就是金山银山的理念，坚定不移走生态优先、绿色发展之路，锚定"城市中央公园"战略定位，构建了基于人文生态之承续、城市经济生态之健康、社会生态之和谐及政治生态之清明基础上的"三区"（高颜值生态旅游区、高质量生态经济区、高标准生态居住区）"三美"（风景美、经济美、生活美）城绿融合发展的生态价值实现新范本。

一、基本背景

近年来，湾里积极融入强省会战略，坚持"加快梅岭揽山入城步伐，打造城市中央公园"战略思路，聚焦聚力打造高颜值的生态旅游区、高质量的生态经济区、高标准的生态居住区，在生态产品价值实现中积极推进"产业化经营"模式，坚持"城区大公园，农村大景区"理念，充分彰显生态价值、人文价值、文化价值和经济价值。把生态环境保护、产业协同发展与城乡融合发展分别作为各地建设重点任务，以推进机制与保障机制为支撑，创立了"山居不离城"的城市品牌和"湾里人家"的民宿品牌，将湾里打造成风景美、经济美、生活美"三美"融合、城绿耦合的城市中央公园，创新了好风景走向好经济、迈向好生活的生态产品价值实现新模式，为更高标准打造美丽中国"江西样板"贡献湾里经验。

二、经验做法

（一）扮靓绿水青山，打造高颜值的生态旅游区

青山保生态。坚持治山、治水、治城一体推进，以生态修复治理、资源保护为重点，湾里管理局严格落实"林长制"，全面完成3600亩造林绿化、森林"四化"建设、森林抚育、封山育林等任务。强化队伍建设，大力推进全区森林消防队伍正规化建设，积极完善森林防火"三员"调度平台建设，提升森林防火扑救能力。

绿水护生态。一山青，更要一水绿。良好水质是最普惠的民生福祉。湾里南铁采石场"华丽转身"，通过清理危险岩石，在岩石上覆盖泥土、种植草皮，疏通山体水系等一系列的矿山复绿行动，建立起了叠瀑、湖面及溪流的生态水系。为强化水生态安全建设，湾里管理局投入专项资金用于建设污水处理设施等，实现城乡污水处理全覆盖，同时加强污水管网排查整治，做到雨污彻底分流，污水应收尽收，城乡生活污水无害化处理率稳定在100%，3个"千吨万人"集中供水式供水工程饮用水源地水质合格达标率达到100%。

（二）转化绿水青山，打造高质量的生态经济区

创新"生态+旅游"模式。围绕生态价值向经济价值转换，新建半山壹号体育运动中心、梅岭时光亲子乐园、保利水上乐园等20余个旅游项目，打造华润江中药谷工业旅游示范基地和中医药科创城康养项目，高品质建设生态公园，开放15个露营基地，提供近3000顶帐篷，方便游客享受旅游时光，有效带动当地乡村旅游经济，为乡村振兴赋能；另辟蹊径，着力推动"旅游+文体"模式，先后举办梅岭国际越野挑战赛、全国象棋甲级联赛、户外运动节滑翔伞邀请赛、"村BA"等体育赛事，让体育带来的"流量"转化为文旅消费的"留量"。

创新"生态+林业"模式。深入挖掘林业产业发展潜能，盘活树下林间资源，引导和促进林业产业从一产向二、三产延伸。比如红星村青钱柳种植基地依靠"村集体投资+村民土地入股+集体经营"的模式，在山地、茶园套种青钱柳实现产业发展助农增收，并发展森林旅游、森林康养等第三产业，形成

了特色的"云端"生态品牌。

创新"生态+农业"模式。以加快农业供给侧结构性改革为主线，结合现代农业发展实际，湾里管理局出台奖补政策扶持特色生态农业产业发展，对茶、果、药、蔬等农业基地设施建设进行奖补，鼓励引导传统农业向特色生态农业转型，延伸旅游农业内涵。

（三）共享绿水青山，打造高标准的生态居住区

始终坚持生态利民。湾里管理局深入推进农村人居环境整治，持续改善农村交通运输条件，深入推进"两整治一提升"行动，高标准建设生态公园20余个，实现了美丽乡村颜值大提升。

大力推动生态富民。借助得天独厚的自然美景和旅游资源，湾里管理局大力推动国家旅游度假区创建，最大限度把生态"青山"转换成发展"金山"，全力打好民宿产业发展的经济牌。民宿以"生态价"的方式，将清新的空气、优美的环境等生态要素纳入民宿定价范围。

三、取得成效

（一）绿色底色更加厚重

在城市建设过程中，持续注重生态根基的巩固，城市功能品质和生态环境颜值焕然一新。岭秀湖广场、磨盘山森林公园、月亮湾山体公园、九龙溪生态休闲公园等20余个城市公园和街头游园高标准建成，完成植树造林400亩，人均公园绿地面积达17.67平方米，建成区绿地率达43.28%。2023年度环境空气质量优良率为94.4%，持续领跑全市第一方阵。完成森林"四化"建设、森林抚育、封山育林任务、人工造林5000余亩，低产低效林改造4000余亩。

（二）绿色经济更加强劲

在产业发展过程中，湾里管理局突出生态引领的作用，探索生态与三产融合发展，促进绿美资源变现，以"绿起来"带动"富起来"。2023年新增农民专业合作社54家，新增绿色食品认证企业1家、绿色产品3个，持续推进3

个市级现代农业产业园和1个市级农业产业强镇项目建设，高山葡萄、铁皮石斛、"云端"茶、油、大米等特色农业品牌持续唱响。同时，依托良好的生态优势，新引进生态总部企业936家，纳税额达3000万元；新经济产业园实现主营业务收入22亿元，创税1.43亿元，同比增长76.5%。

（三）绿色文化更加繁荣

在打造文旅融合过程中，依托良好的生态优势，打造生态山水游、文化风情游、慢享生活游等精品线路，培育休闲露营、溯溪、非遗体验等新业态。中国梅岭国际越野挑战赛、太平啤酒节等生态特色旅游节庆活动成功举办，首届南昌梅岭伶伦音乐节吸引超5万人进场，外省观众占比44.38%。成功打造60余家精品民宿，其中岭溪谷获评国家甲级旅游民宿，半朵悠莲民宿入选全省四星级休闲乡村民宿。梅岭镇立新村、太平镇楠树坪民宿村获评南昌市"十佳"乡村振兴旅游地，太平镇成功获评全省首届"风景独好"旅游名镇。2023年，湾里管理局接待游客2022.12万人次，同比增长7.98%，实现旅游综合收入64.66亿元，同比增长5.65%。先后获得全省首批旅游强县（区）、省级旅游度假区、省级全域旅游示范区、全省旅游产业发展先进县（区）、国家级旅游度假区等一大批重量级荣誉。

（四）绿色生活更加普及

不断补齐城市短板、完善城市功能、改善人居环境。市场化、多元化生态补偿机制更加完善，"景城一体、山城融合"的绿色发展政策机制更加健全，全社会共同呵护生态环境的内生动力更加强劲。打造了招贤镇聂城村等8个共同富裕样板村和梅岭镇东昌村等2个乡村振兴示范村。城镇、农村居民人均可支配收入分别实现48409元、19646元，同比增长3.6%、6.3%。

南昌市湾里管理局围绕"加快梅岭揽山入城步伐，打造城市中央公园"定位，以"高颜值的生态旅游区、高质量的生态经济区、高标准的生态居住区"三区建设为抓手，创新城中建园、园中建城、城园相融、人城相依新路。致力做好护绿、兴绿、用绿三篇大文章，坚持人与自然作为生命共同体的和谐、可持续发展，高度重视生态系统的协调稳定发展，增强优质生态产品的供给能力，使自然生态系统能够满足湾里居民对生态资源的多元需求。致力于打造城市中央公园，推动生产生活生态空间相宜、自然经济社会人文相融，形成"人、城、境、业"高度和谐统一的现代化城市形态，实现"三美"（风景美、经济美、生活美）融合、城绿耦合的生态产品价值实现新模式，为全国同类地区发展提供借鉴，助力打造美丽中国"江西样板"。

（南昌市湾里管理局熊永超、王国兵执笔）

三

生态领域多元化保障

江西省：
构建全流域生态保护补偿机制

生态保护补偿是生态文明建设基本制度之一，以保护和可持续利用生态系统服务为目的，以经济手段为主调节相关者利益关系，促进补偿活动、调动生态保护积极性的各种规则、激励和协调的制度安排，对于构建生态安全屏障及协调区域发展具有重要意义。党的十八大以来，反映市场供求和资源稀缺程度、体现生态价值和代际补偿的资源有偿使用制度和生态保护补偿制度逐步建立。

一、基本背景

为保护好鄱阳湖"一湖清水"，江西从生态系统整体性和流域系统性着眼，通过全面总结生态补偿机制试点和重点要素补偿办法经验，不断完善健全符合省情的全流域生态补偿机制，2015年出台《江西省流域生态补偿办法（试行）》（以下简称《补偿办法》）；2016年印发《江西省流域生态补偿配套考核办法》（包含水环境质量考核办法、森林生态质量考核办法、水资源管理与水环境综合治理考核办法等三个子办法,以下简称《配套考核办法》),在全国率先实行了全流域的生态补偿。2018年进一步修订完善《补偿办法》及《配套考核办法》,增加了贫困县补偿系数等内容。2022年因机构改革部门职能调整再次修订《配套评估办法》。全流域生态补偿实施八年来,全省共筹集分配补偿资金295.48亿元。

二、经验做法

(一)试点先行,全域推进

一是开展试点。2008年出台《关于加强"五河一湖"及东江源头环境保护的若干意见》,探索建立江西河湖源头区生态补偿机制,补偿范围主要包括省内五大流域源头以及东江源地区,共涉及40个乡镇。2012年至2014年,在袁河流域的萍乡、宜春、新余市开展省内跨市水资源生态补偿试点,实施三年补偿资金共计1500万元。二是推进省域内流域生态补偿全覆盖。出台的《补偿办法》适用范围包括鄱阳湖和赣江、抚河、信江、饶河、修河等五大河流以及九江长江段、湘江流域(萍乡水)、东江流域等,覆盖全省各县(市、区)。

(二)分工协作,规范透明

一是省级部门分工协作,发展改革部门负责统筹指导和协调全省流域生态补偿工作,会同财政部门依法对资金使用情况进行监督检查或审计检查;财政部门负责流域生态补偿资金的筹集、结算工作;生态环境部门负责制定水环境质量考核评分办法,牵头负责水环境质量年度考核评分;林业部门负责制定森林生态质量考核评分办法,牵头森林生态质量年度考核评分;水利部门负责制定水资源管理和水环境综合治理考核评分办法,牵头水资源管理和水环境综合治理工作年度考核评分。二是考核评分及资金分配过程规范透明,按照建立生态补偿长效机制的要求,用标准化方式筹措、因素法公式分配流域生态补偿资金,明确资金筹集标准、分配方法、使用范围、管理职责分工等,实现流域生态补偿资金筹措与分配的规范化、透明化和公平公正。

(三)水质优先,多方兼顾

一是流域生态补偿资金分配将水质作为主要因素,水环境质量占40%权重，重点考核交界断面、流域干支流、饮用水源水质和生态红线保护区划分和保护情况，对水质提升好、生态保护贡献大、节约用水多的县（市、区）加大补偿，进一步调动各县（市、区）保护生态环境的积极性。二是水资源管理和水环境综合治理占 40% 权重，其中水资源管理重点考核各县（市、区）用水总量控制成效，水环境综合治理重点考核各县（市、区）水环境综合治理、"河长制"推进执行、美丽中国"江西样板"打造等政策及任务执行和完成情况。三是兼顾森林生态质量因素占 20% 权重，重点考核各县（市、区）森林覆盖率和森林蓄积量等森林生态建设与保护成效。

（四）政府主导，多方筹资

一是坚持政府主导，探索多渠道的流域生态补偿方式，把流域生态补偿与江西省绿色崛起、国家生态试验区建设、赣南原中央苏区振兴发展等战略有机结合。二是采取中央财政争取一块、省财政支持一块、整合各方面资金一块、设区市与县（市、区）财政筹集一块、社会与市场上募集一块等"五个一块"办法筹措流域生态补偿资金。三是逐年增加补偿资金，2016 年首期筹集补偿资金就达 20.91 亿元，2023 年补偿资金达 37.06 亿元，资金总量居全国前列。

（五）责任共担，区域协调

一是全省所有县（市、区）对促进全流域可持续发展和水环境质量的提升承担共同责任。二是补偿资金向重点生态区域倾斜，设置"五河一湖"、东江源头保护区及主体功能区补偿系数，在资金分配上向"五河一湖"等重点生态功能区倾斜，充分体现"谁保护、谁受益"的原则。三是设置贫困县补偿系数，2018 年修订《补偿办法》，增设贫困县补偿系数，将全省 25 个贫困县的补偿系数设为 1.5，增加贫困县补偿资金，强化区域协调发展功能。

（六）注重绩效，强化监管

一是建立绩效评估机制，根据补偿办法，省发展改革委联合省财政厅每年对补偿资金使用情况进行绩效评估，建立跟踪问效机制。二是强化资金监管机制，《补偿办法》指出补偿资金可由各县（市、区）政府统筹安排，但强调应用于生态保护、水环境治理、森林质量提升、水资源节约保护和生态文明建设相关的民生工程等。三是建立奖罚机制，要求各部门强化对生态环境各项指标的监控，对发生重大（含）以上级别环境污染事故或生态破坏事件的县（市、区），扣除当年补偿资金的 30%~50%，所扣资金纳入次年全省流域生态补偿资金总额。

三、取得成效

（一）全省环境质量明显提升

实行全流域生态补偿以来，全省生态环境优势进一步巩固。一是江西境内"五河一湖"流域水质持续改善。2016 年，全省地表水Ⅰ—Ⅲ类水质断面比例为 81.4%，主要河流断面达标率为 88.6%，全省主要河流地表水全部优良。2023 年，全省地表水水质优良比例（Ⅰ～Ⅲ类水质比例）为 95.1%。主要河流水质优良比例 100%，水质为优或良好。长江干流 10 个断面连续 6 年、赣江干流 33 个断面连续 3 年保持Ⅱ类水质。二是空气质量稳步提高。2016 年，全省设区城市优良（达标）天数比例均值为 86.4%。2023 年，全省设区城市优良（达标）天数比例均值为 96.8%，较 2016 年上升了 10.3 个百分点。三是全省生态环境质量稳步提升。2023 年全省生态质量指数 EQI 值为 75.18，生态质量为优的县（市、区）由 2016 年的 63 个增加到 66 个，占全省面积比例由 70.1% 提升至 81.3%。

（二）居民收入稳步提高

一是流域源头居民通过参与生态保护修复工程获得工资性收入。流域上游政府获得生态补偿资金，用于生态保护、水环境治理、森林质量提升、水资源节约保护与生态文明建设等相关的民生工程，居民通过参与生态保护修复工程提高收入。2020 年，全省 25 个贫困县全部顺利脱贫摘帽。二是夯实绿色发展的底色，强化经济增长动力，吸收居民就业。各地充分发挥生态优势，因地制宜发展"生态+旅游业""生态+大健康"等产业，通过产业带动就业，通过就业提高收入。2016 年至 2023 年，流域居民人均可支配收入由 20110 元提升至 34242 元。

（江西省生态文明研究院刘梅影、杨志平、秦佳军、任璇执笔）

赣州市寻乌县：
流域生态补偿促进上下游共同保护和协同发展

东江发源于寻乌县桠髻钵山，是港澳同胞的重要饮用水源地。为护好东江源头，寻乌积极推进东江流域上下游横向生态补偿机制建设，深入实施生态环境治理与修复系列工程，全面整治流域污染，打造"水清、岸绿、景美、民富"的生态家园，实现流域上下游共同保护和协同发展新图景。

一、基本背景

东江是珠江的重要支流，发源于江西省赣州市寻乌县桠髻钵山，是珠江三角洲和香港同胞的重要饮用水源地。作为江西境内流域面积最大、流入水量最多的东江源区县，寻乌境内东江源流域面积达 2045 平方公里，占江西省东江流域面积的 58.5%，每年流入东江的水资源总量有 18.3 亿立方米。为保护好东江源头，自 2016 年 10 月以来，江西、广东两省先后签订了三轮东江流域上下游横向生态补偿协议，将东江赣粤交界断面下泄水量和下泄流量纳入了考核范围。寻乌县以"四个坚持"为着力点，以生态补偿机制创新探索为抓手，统筹推进区域生态环境、生态经济保护与发展。坚持目标引导，立足本地实际，找准工作目标，有序引导推进生态补偿试点，确保政策落实方向精准无偏差；坚持综合施策，坚持整体布局、全面系统、综合治理思路，统筹推进流域生态的治理与保护；坚持区域联动，加强跨省协作，寻乌县与下游广东境内县（市）建立了区域联动机制，实现了流域上下游共商共治共享；坚持机制探索，着力探索创新多元投入、市场运行、群众参与等机制，实现东江流域上下游水环境治理保护可持续、常态化，源区生态环境质量不断优化提升，打造了"水清、岸绿、景美、民富"的生态家园，圆满完成了第一轮、第二轮生态补偿协议约定目标，东江源区出境断面水质持续稳定在Ⅲ类以上并持续提升，为广东人民、香港同胞送去奔腾不息的一江清水，实现流域上下游共同保护和协同发展的目的，探索出一条生态保护、互利共赢之路。

二、经验做法

（一）坚持目标引导，确保流域治理方向精准

寻乌县坚持问题导向，立足本地实际，找准工作目标，有序引导推进生态补偿试点，确保政策落实方向精准、无偏差。一是突出规划引领。聘请中国环境科学研究院、生态环境部华南环境科学研究所等专业团队，在全面调查的基础上，先后编制《寻乌县污染源分析报告》《寻乌县流域生态综合治理实施方案》《东江流域生态环境保护和治理实施方案》等，做到工作有规可循。二是优化项目管理。优化流域生态治理项目指标设置，聚焦水质达标、水土流失控制、植被覆盖率等关键指标，制定流域生态治理项目建设考核办法，明确施工单位项目资金拨付与考核指标相挂钩，治理未达标扣减项目工程款，考核时间设定为4年（含）以上。三是落实目标考核。发挥目标考核"指挥棒"作用，印发《寻乌县主要河流跨界断面水质监测考核方案》，将东江流域上下游横向生态补偿相关工作纳入县生态文明建设考核，列为年度目标考核内容，对考核不达标的乡（镇）和单位，实行"黄牌警告"，取消评先评优资格。

（二）坚持综合施策，实现流域治理系统推进

坚持整体布局、全面系统、综合治理思路，统筹推进流域生态的治理与保护。一是构建县乡村共治体系。成立由县委主要领导任组长的东江流域水环境保护和生态补偿机制建设工作领导小组，对各乡镇及工业园区流域水环境进行统一调度、统一管理，整合林业、水利、环保、自然资源等多方执法力量，构建了"县统筹、乡村及工业园区负责、部门联合执法"的治理体系。二是建成水陆空共治格局。着力打好生态环境建设"立体战"，在河道水域有序推进工业污水处理、农业面源污染治理等工作，在岸上陆域大力实施畜禽养殖污染防

治、废弃稀土矿山治理等工作,在大气环境稳步实施扬尘整治、废气治理等工作,实现了水陆空全方位、立体化流域治理。三是打造上下游共治模式。打造"源头移民保护—流域内治理—出境断面监测"全流域治理模式,扎实推进水源保护区"两个半村"及太湖村整体搬迁工作,共易地移民搬迁765户3363人;在流域内综合治水、治沙、治污、治气、治企等,强化问题整治;在交界断面设置监测点,实时监测水质变化,做好预警预测。

(三)坚持区域联动,凝聚流域治理各方合力

加强跨省协作,寻乌县与下游广东境内县(市)建立了区域联动机制,实现了流域上下游共商共治共享。一是联合会商。注重与广东龙川、罗浮等县市会商合作,通过召开交流会、电话沟通、现场勘探等方式加强协调联络,共同发力促进流域治理。二是联合监测。与广东龙川县建立了联合监测和预警机制,明确采样断面与时间、监测指标与方法等,定期开展联合监测。三是联合预警。在特殊敏感时段,联合加强对重点污染源、水环境的质量监控,及时掌握气象、水文变化等情况,进行区域信息互通共享,根据变化情况及时发出预警。四是联合演练。赣粤两省积极开展联合应急演练,进一步健全东江流域赣粤跨省界寻乌—龙川段突发环境事件应急处置机制,切实提升跨省界突发环境事件应对能力和水平。五是联合执法。针对跨界环境违法行为开展联合执法,重点加强对非法开采稀土、畜禽养殖、矿山开发、破坏森林资源等领域的执法监管。六是联合宣传。在珠三角地区大力开展东江流域环境保护宣传,上下游环保志愿者组织开展了"上游下游手拉手,绿化东江水源头——饮水思源"等活动,把握深圳支援合作寻乌的契机,联合腾讯集团发起了"益"路同行护东江微信捐步活动,流域上下数千万人参与其中,营造了全民参与的良好氛围。

(四)坚持机制探索,致力流域治理常态长效

为从根本上解决投资不足、群众参与不广、治理效益转化较难等问题,寻乌县着力探索创新多元投入、市场运行、群众参与等机制,实现东江流域上下游水环境治理保护可持续、常态化。一是探索多元投入机制。除中央财政专项资金、江西和广东两省补偿资金外,寻乌县还通过"向上争一点、财政出一点、贷款筹一点"等方式多元筹集资金。目前累计投入生态建设资金超过17

亿元，确保"有钱办事"。二是探索市场运行机制。在项目评估上实行第三方权威机构评估验收，确保项目建设经得起检验；在卫生保洁上探索实施了城乡环卫一体化模式，由具有资质的市场主体一体负责城区、乡村以及河道环境。三是探索群众参与机制。明确生活污水、垃圾处理费收取范围，将收费制度普及到户，按一定标准每户收取卫生保洁费，让群众从"旁观者"转为"参与者"。四是探索后续转化机制。依托多年来的治理成效，大力推进擦亮东江源品牌行动，实现东江源品牌对寻乌绿色发展的深度赋能，推动生态优势转化为发展胜势。

三、取得成效

（一）水更清

寻乌水环境质量得到极大提高，河湖基本生态用水得到有效保障。东江干流寻乌水出境断面水质从 2016 年以前的 V 类提升并稳定在 II 类及以上，每年流入东江的水资源总量达 18.3 亿立方米，保障了粤港地区的饮用水源安全。

（二）地更绿

寻乌县森林覆盖率稳定在 82.37%，源头区桠髻钵山达 95% 以上。现有维管植物 510 种，发现了国家一级保护动物小灵猫和国家二级保护动物藏酋猴等国家珍稀动植物 28 种，省级重点保护野生动植物 72 种，建立了东江源平胸龟国家级水产种质资源保护区。

（三）景更美

寻乌县文峰石排、柯树塘、涵水和七垴石片区等项目区由原来满目疮痍的废弃矿山，重现出绿水青山本来面貌，水土流失强度由剧烈降为轻度，水土流失量降低了 90%。治理经验入选《美丽中国在行动 2022》报告、2023 年全国山水工程首批优秀典型案例，成为中国向全球推介生态与发展共赢的"中国方案"之一。寻乌县获得了"国家生态文明建设示范县""全省美丽宜居示范县""江西省省级生态县""江西省绿色低碳示范县""绿水青山就是金山银山"省级实践创新基地等称号。周田村、高排村被认定为省级水生态文明村。

（四）民更富

积极践行"生态+"理念，治理石排、七墩石连片稀土工矿废弃地，开发建设工业园区用地 7900 亩，打造成寻乌县工业用地平台，目前入驻企业 110 多家，新增就业岗位万余个，直接收益 6 亿元以上。综合治理开发矿区周边土地，建设高标准农田 2000 亩，利用矿区整治土地种植油茶、百香果、猕猴桃等经济作物 5600 多亩，既改善生态环境，又促进农民增收。

东江不仅是赣粤港重要的饮用水源，更是肩负特殊使命的政治水、经济水、生命水和生态水。作为千里东江源头第一县，寻乌坚持以保护和提升东江源水生态环境为目标，2016 年以来，开展非国有商品林赎买试点，通过对东江源区灾毁撂荒果园进行林地赎买并造林绿化，沿河两侧林相明显好转、水土保持状况良好、农业面源与生活污染得到根本性控制，并以东江流域横向生态补偿机制为抓手，强化导向引领、创新综合治理机制、建立跨省协作长效机制、探索运行管理机制，统筹推进流域生态的治理与保护，不仅还了东江源区一泓清水，也促进了源区生态保护和经济社会的可持续发展。

（赣州市寻乌生态环境局钟炜明、凌宏亮执笔）

上饶市余干县：
生态补偿助推"候鸟经济"高质量发展

上饶市余干县以"候鸟经济"为抓手，创新生态保护补偿机制，在绿水青山间走出一条生态保护与生态旅游"双赢"的路子。

一、基本背景

余干县康山垦殖场插旗洲分场，地处江西省鄱阳湖南岸康山大堤之内，毗邻大明湖西岸，该地阳光充足，人烟稀少，生态环境优良，一直以来是候鸟适宜的栖息地。从2013年开始陆续发现有鹤类栖息，2016年白鹤栖息数量已达到1000余只。2020年，插旗洲分场稻田栖息白鹤高峰期数量达到了2000只以上，灰鹤、白枕鹤、白头鹤均有大量分布，各类候鸟总计10000只以上。依托天然的食物、水、隐蔽物条件，该地已经成为鄱阳湖不可或缺的鹤类人工栖息地。

白鹤是国家一级保护动物、全球极危物种，被誉为鸟类中的"活化石"。白鹤是江西生态环境优美的代名词。根据《江西省候鸟保护条例》第4章第28条相关白鹤保护的规定，鄱阳湖区域的县级人民政府根据需要对周边水库、稻田、鱼塘、藕田等白鹤临时觅食地实行分区管控，可以通过政府购买等方式为白鹤补充食物。2020年夏秋之交，鄱阳湖水位持续升高，候鸟的主食苦草大幅减少，吃不饱的候鸟便飞到湖区周边的稻田、湿地和藕塘里觅食。为解决人鸟争食的矛盾，使省鸟白鹤能够吃得好、留得住，余干县制定了一系列补偿机制，开展生态补偿。从2020年开始连续四年每年投入近百万元对插旗洲观鸟棚以东、大明湖以西近千亩水稻进行购买不予收割，既保证了白鹤能在此安稳越冬，又减轻了农户因白鹤食用水稻而造成的损失。派专职护鸟人员进行24小时不间断巡护、监测、保护。2023年，白鹤洲建设了观鸟长廊，最大限度降低对白鹤的打扰，方便群众近距离地观察白鹤进食、嬉戏，认识候鸟的习性，了解与候鸟的相处方式。络绎不绝的观鸟游客也促使着当地"候鸟经济"不断升温，带动民宿、餐饮和农副产品销售等行业发展。

二、经验做法

（一）打造候鸟食堂，解决人鸟争食难题

为了给候鸟创造更好的栖息环境，插旗洲分场运用专利种植技术，充分利用积温和光照，将晚稻下播时间提前，使其成熟期与候鸟迁徙到达的时间相契合，保障了候鸟一落地，就有成熟的稻谷食用。另外，插旗洲分场还运用生态种植技术，用生物制剂农药替代化学农药，这种农药仅针对特定害虫发挥作用，不会伤害水田中的螺蛳、蚌、虾等生物，既保留了饵料的多样性，同时泥鳅、黄鳝的数量也丰富起来。据监测，从开设"候鸟食堂"后，前来越冬的候鸟种类和数量明显增加。目前在"候鸟食堂"觅食的鸟类有白鹤、鸿雁、豆雁、斑嘴鸭、灰鹤、白枕鹤、东方白鹳等，2023年最高峰时段，约有10万只候鸟在插旗洲聚集，其中白鹤就有2800多只，占全球白鹤总数量的一半。

自"候鸟食堂"——白鹤洲观鸟景点建设以来，来景点打卡的游客络绎不绝。借助白鹤洲观鸟景点建设的东风，餐饮、民宿等服务业和农副产品销售如雨后春笋般"钻"了出来。据统计，2023年，白鹤洲观鸟景点游客量达到50万人次。同时由于生态观鸟旅游产业链长，经济效益显著，当地百姓从中直接或间接获利，因此更多的百姓会更注重保护生态环境，爱护鸟类，从"人鸟争食"到"为鸟留食"，实现人、鸟、鄱阳湖和谐共处。白鹤洲候鸟保护，探索利用生态补偿这一政策工具有效解决生态问题，协调好鄱阳湖生态环境和经济发展的关系，阐释了绿水青山就是金山银山的真理。

（二）完善保护体系，护航候鸟迁徙安全

一是加快项目建设，促进全方位防控。2023年度投入资金3000余万元建设余干县智慧鄱阳湖生态管控平台，平台集雷达、光电、智慧抓拍、无人机、视频监控等最新科技手段，确保鄱阳湖、信江水域电子监控无死角。二是强化巡护力量，夯实网格化管理。为进一步强化执法巡护力量，持续夯实候鸟和湿地保护的网格化管理，组建了全省首个公安渔鸟派出所，并在此基础上成立了渔鸟砂石日常联合执法队伍，全面增强了基层执法力量。明确强调了乡、村两级网格员在鄱阳湖越冬候鸟和湿地保护网格化管理中对一线监测巡护网格员的严格监管职责。构建夯实了199个乡、村、巡护监测点三级网格化，执法中队强化巡护的管理体系，全面建立起县、乡、村、组一级抓一级，层层抓落实的工作责任机制。有效保障2023—2024年越冬候鸟的栖息安全。越冬候鸟栖息期间，渔鸟砂石联合执法巡查里程达15.6万余公里，共救助受伤越冬候鸟11只，包括天鹅7只、大雁1只和白鹤3只。三是创新宣传方式，实现多渠道引导。除开展历年常用的宣传车、散放宣传单、张贴通告、知识讲座、"小手牵大手"等常规宣传方式外，始终坚持创新驱动、潜移默化、深入浅出，制作以案促改警示片，聘请县文联副主席创作保护候鸟主题的剧本并进行巡演宣传。2024年1月，联合县林业局先后在石口镇、康山乡、瑞洪镇、大塘乡等4个沿湖乡镇（场）开展了"冬季到余干来看鸟"主题的巡回演出。巡演通过歌伴舞、歌曲、表演唱、有奖问答、舞蹈等多种艺术形式进行宣教；2024年3月，候鸟北迁时，对"冬季到余干来看鸟"主题的巡演剧本进行创作改良，开展"呵护鄱湖生态之美，打造中华白鹤之乡"主题的巡演。提升了社会对越冬候鸟保护的自觉参与意识，营造了群防群控的浓厚氛围。

（三）打造观鸟胜地，唱响生态旅游品牌

2022年春节期间，余干县在康山垦殖场插旗洲举办了"瑞鹤陪你过大年，浓浓辣味在余干"活动，让游客在观赏白鹤的同时，还能体验当地的年俗。在插旗洲，数万只候鸟时而栖息觅食，时而翩翩起舞，与鄱阳湖构成了一幅人与自然和谐共生的美好画卷。广大摄影爱好者和游客来到这里观鸟拍照。在活动现场，社庚米糖、草龙灯、河蚌舞、余干辣椒等余干非遗民俗展。

2023年7月，余干举办了"大美鄱湖白鹤之乡"第三届鄱阳湖国际观鸟季征文、摄影、美术、短视频大赛。展示社会各界齐心协力建设美丽新余干的决心和行动，讴歌余干自然之美、生态之美，展现余干可喜的变化。

三、取得成效

（一）构建候鸟资源多方位保护体系

引导本地居民搬离湖心岛屿，集中安置、转产就业，吸纳渔民组建专业护鸟队伍；打造智慧湿地综合信息管理平台和湿地候鸟保护监控系统，加强湿地候鸟动态监测；开展生态补水、增殖放流和科学分散式建立"候鸟食堂"；在瑞洪人民法庭设"环境资源巡回审判站"、在余干县候鸟保护区康垦插旗洲设"环境资源案件巡回审判点"。

（二）提升"冬季到余干来看鸟"知名度及影响力

充分利用新媒体宣传推介，打造精品旅游路线。通过公众号、视频号等官方账号，以观鸟为切入点，发布多篇旅游产品线路、旅游宣传短视频等，包括亲子游、情侣游、观鸟季等系列主题，充分展示白鹤洲文化资源。同时，借助公众号、抖音等平台优势，加大宣传推广力度，提升"冬季到余干来看鸟"知名度及影响力。

（三）探索候鸟经济多业态实现路径

通过多形式、多渠道的宣传和推介，大力打造"永不落幕的国际观鸟胜地"全域旅游新品牌形象。充分发挥协会的民间组织作用，积极开展招商引资寻求优质合作企业。加强协会同中国野生动物保护协会和中国生物多样性保护与绿色发展基金会及相关科研院所的沟通合作，为爱鸟护鸟事业贡献力量。

余干县依托鄱阳湖优质的自然生态本底以及丰富的候鸟观赏资源，以候鸟为媒、鄱阳湖为景，借助鄱阳湖越冬候鸟的吸引力，让游客既能一览候鸟千般姿态，又可领略鄱阳湖的生态魅力。通过建立健全生态补偿机制，精心保护好鄱阳湖"一群精灵、一片湿地、一湖清水"，让余干成为名副其实的"候鸟天堂"。

（上饶市余干县发展改革委邵慧君执笔）

江西省林业局：
依托林业金融服务平台创新政策性林业保险线上投保理赔

江西省林业局坚持问题导向，针对中央财政补贴型政策性森林保险和省级地方财政补贴型油茶、森林药材特色保险（以下简称政策性林业保险）农户知晓率低、信息面积不实、承保理赔程序不规范及服务不到位等问题，依托林业金融服务平台（以下简称服务平台）创新开展政策性林业保险线上投保理赔，切实提升政策性林业保险服务质效，提高林农知晓率，保障林农林企合法权益。

一、基本背景

服务平台是林业主管部门协同金融机构规范开展林业贷款、林业保险，落实林业贷款贴息政策，创新林业金融产品，扩大林业融资服务规模的线上全省统一的平台。服务平台部署了林业金融服务系统和林业信用大数据，以"互联网+金融服务"将林业经营主体及银行、保险、担保、调查和评估等机构接入平台，实现业务数据互联互通、资源共享和可追溯，初步实现林业部门与金融机构线上线下、协同办事、合作风控的服务闭环。省林业局通过强化领导协调、完善政策体系、创新运行模式，持续推进政策性林业保险"扩面、提标、增品"，稳定公益林和商品林政策性森林保险覆盖面，稳步扩大油茶、森林药材省级地方特色农业保险，创新开发林业碳汇、野生动物致害、湿地生物多样性和古树名木险等保险产品；公益林、商品林政策性森林保险保额分别提升到800元/亩和1000元/亩，并增设了油茶、森林药材地方特色保险，林业保险服务能力和风险保障水平持续提升，林农林企获得感显著提高。但是通过绩效评价，发现政策性林业保险承保理赔业务存在农户知晓率低、信息面积不实、承保理赔程序不规范及服务不到位等问题。为规范开展政策性林业保险业务，推进精准投保、精准理赔，提升服务水平，防范金融风险，省林业局依托服务平台在渝水、袁州、明月山区开展了政策性林业保险线上投保理赔试点。2023年11月，省林业局协同人保财险、国寿财险等10家保险机构联合发文推动各地依托服务平台开展政策性林业保险线上投保理赔。

二、经验做法

（一）坚持问题导向，以点带面全面推开

2022年，省财政厅联合省林业局等部门开展了政策性农业保险绩效评价，从服务能力、服务规范、服务成效和依法合规四类评价指标对农业保险承保机构开展现场考核，考核中发现政策性林业保险承保理赔业务存在投保信息面积不实、农户知晓率低、承保理赔程序不规范及服务不到位等问题。为进一步落实农业保险"三到户、五公开"的服务要求，对标解决政策性林业保险领域存在的问题，2023年5月，省林业局联合人保财险、国寿财险深入新余市渝水区、仙女湖区调研，探讨依托服务平台建立线上投保理赔机制，并选择了渝水区珠珊镇、仙女湖区钤阳办事处进行试点。2023年11月，在总结试点经验的基础上，省林业局与全省10家政策性林业保险承保机构协调一致，联合印发《关于依托江西省林业金融服务平台协同开展政策性林业保险业务的通知》，在全省推进政策性林业保险线上投保理赔。

（二）强化线上线下协同，规范投保理赔程序

省林业局在服务平台开发部署了投保理赔模块，固化了投保理赔的线上申请、林业部门前置查询、保险机构线上受理、保单和理赔备案等流程。依托服务平台，林业部门发挥行业优势，在前置查询环节重点推送保险标的权属信息、林种及面积等精准信息，同时防止出现投保、理赔标的数据与实际不符及根据林相好坏选择性承保问题；承保机构重点引导投保主体线上申请投保和理赔，并在签订协议及完成理赔后将相关数据在服务平台备案，实现林业部门和承保机构的数据共享。线下协同方面，林业部门发挥统筹协调作用，重点调动

乡（镇）、村组积极性，协同帮助承保机构与规模种植主体面对面沟通、现场查勘定损，保障政策性林业保险真正落实到户、落实到山头地块。

（三）健全林权数据库，推动精准投保

依托省林权管理服务系统全省林权数据库，持续采集不动产统一登记后林权类不动产登记数据，完善全省政策林业保险投保标的权属信息，确保精准推送投保主体和投保标的权属信息，解决承保机构面对千家万户的信息不全、不准等问题。开展了林权资源高分卫星遥感应用系统建设，建立林权"一张图"，支持利用高分高频卫星数据对保险标的外业勘查测绘、高频动态监测和变化预警、灾害损失评估，解决投保标的矢量化数据提供、现场勘察困难、投保理赔成本高等问题，将有效提升政策性林业保险投保理赔的效率和精准度。

三、取得成效

依托服务平台线上开展政策性林业保险投保理赔，由承保机构引导投保主体在服务平台实名注册，服务平台对投保主体身份信息进行比对，通过前置查询推送投保标的权属信息、林种和面积等信息，承保机构受理并签订保险协议后，在服务平台备案投保信息，以实现林业保险数据融合共享，推进林业保险精准投保理赔，为林业生态产品价值实现提供有力的风险保障服务。目前，该项工作已经从渝水区、袁州区、明月山区的试点工作扩大到全省，全省林权数据库支撑作用逐步显现，林业部门、承保机构、乡镇村组的线上线下协同服务模式逐步成熟，政策性林业保险线上投保理赔机制逐步完善。截至2024年6月，全省累计线上申请政策性林业保险投保面积1227.06万亩，完成投保备案面积651.28万亩，为林业生态产品价值实现提供支撑。

（江西省林业经济发展中心周文琪、卢妍洁执笔）

抚州市资溪县：
打通区域资源变现金融资本新路径

抚州市资溪县依托绿色生态优势，通过生态、金融、科技齐发力，大胆探索生态产品价值实现机制，不断进行资源整合和金融创新，走出具有资溪特色的绿水青山和金山银山双向转化新路。

一、基本背景

资溪县森林覆盖率87.7%，自然生态环境保护完好，先后被评为"绿水青山就是金山银山"实践创新基地、生态文明建设示范区、国家重点生态功能区、全域旅游示范区、国家森林康养基地、国家生态综合补偿试点县、"风景独好"旅游名县。

近年来，资溪县不断引导自然资源转化，拓展生态产品价值转换通道，强化生态产品价值实现机制保障。深挖山水资源潜质，提升生态资源开发利用水平。以生态入"储"，实现绿水青山可量化、能交易，以平台为"媒"，实现绿水青山可整合、能运营，以资源抵"贷"，实现绿水青山可融资、能变现。不断加强生态产品融资风险管控，加大对低碳产业、低碳企业、低碳产品的支持力度，确保资金投向发展急需、真正产生收益的项目，助推生态资源保值增值，全面打造高质量发展的生态产业。

二、经验做法

（一）摸清生态家底，明晰资源产权，精准核算价值

经核查，全县林地面积约167.6万亩，活立木蓄积量约998万立方米，毛竹近1亿株。按照"到企""到户"的原则，落实生态资源统一确权登记，推动自然资源所有权与使用权、经营权分离，适度扩大使用权的出让、转让、出租、担保、入股等权能，建立生态权益资源库，构建合理、完善的自然资源资产产权体系。探索开展生态系统生产总值精准核算，搭建完成集生态资源空间分布、多维度分析、可视化展示于一体的资溪县GEP数字化平台。

（二）打造资源收储、资产运营、金融服务、资产交易综合平台

在全省率先创建"两山银行"（"两山"转化中心），打通"资源—资产—资本"转化通道。通过组建泰丰自然资源、两山林业、纯净文旅等公司，负责国有生态资产的收储、整合、运营与服务。成立纯净资溪生态产业协会，探索NPO（非营利组织）的运作模式，推动全县生态领域企业资源共享、抱团发展。制定绿色金融改革远景规划及行动计划，统计分析生态产业投融资状况，推动生态资源所有权、经营权抵质押融资创新，打通生态产业融资渠道。依托县公共资源交易中心，打造生态资产（产品）交易中心，出台生态产品交易管理办法，规范交易行为，重点围绕商品林赎买、公益林收储和水域经营权流转等，探索开展出让、租赁、买卖等交易试点，促进生态资产流转。

（三）加强金融创新，推进"一行一品"金融模式

开创"代偿收储担保"先例，探索"VEP+项目贷"。在全省率先落地森林赎买抵押贷款、林权收益权质押贷款、特种养殖权抵押贷款、水资源抵押贷款、"百福·碳汇贷"、林权代偿收储担保等多种生态权益金融业务，全县生态产品价值实现各项贷款余额达39亿元。出台《林权代偿收储担保管理办法》，设立林权代偿收储担保中心，为林权抵押融资提供"代偿收储担保"，创新贷前评估、贷时担保、逾期代偿的林权融资新模式，有效防范信贷风险，促进林业发展和林农增收。目前，已完成融资担保3030万元，帮助银行化解林权抵押不良贷款4笔568.86万元。以野狼谷景区为案例，积极探索特定地域单元生态产品价值评价，打通区域资源变现金融资本新路径。经科学测算，野狼谷生态资源的价值为1992.27万元。2023年8月，资溪农商行参考野狼谷景区生态资源的价值，为企业增加发放信用贷款500万元，生态价值采信额度达到25%。

（四）培育区域公用品牌，坚持生态赋能产品

以"纯净资溪"区域公用品牌统领"资溪面包""资溪白茶""资溪好森活"等各类品牌，加快建立"区域公用品牌＋单一产业品牌＋企业专属品牌"生态产品价值品牌体系，把"纯净资溪"打造成覆盖全区域、全品类、全产业链的地方"金字招牌"，实现生态产品的溢价增值。资溪特色农业产业"资溪白茶"在2022年中国茶叶区域公用品牌价值评估中品牌价值为6.07亿元人民币，产量达到450吨，年产值2亿多元，带动茶农增收致富。对县域特色生态产品进行碳排放量化核查，发布了资溪面包、大庄和吉中的户外竹材、庄驰的整竹砧板及圣农食品等5个产品碳足迹及碳标签证书，其中，资溪"整竹砧板""大庄户外竹材"是中国质量认证中心在全国首次颁发的吸碳产品足迹证书，得到《江西日报》、新华财经网、"学习强国"、新闻速读等主流媒体平台广泛宣传，获得良好的社会效应。

三、取得成效

（一）畅通双向转化通道

创建了江西省第一家"两山银行"（"两山"转化中心），探索出"存入绿水青山，取出金山银山"的转化模式，通过"两山银行"实体化运作，共收储山林23.15万亩，河湖水面4200亩，闲置农房、土地经营权等生态资源资产20余项，总价值超过10亿元；筹资5亿元设立了生态产业引导基金，撬动社会资金10亿元发展林业及林下经济、20多亿元进入旅游产业。

（二）助推生态产业发展

推动生态产业化、产业生态化，生态产品价值充分显现。依托生态优势，发展生态旅游，扎实推进长江经济带绿色示范项目，打造大觉胜境和新月山哈旅游度假区，新增国家4A级旅游景区2家，推动乡村旅游"一村一品"特色发展。挖掘毛竹和面包两大资源优势，规划建设生态工业园区，实现竹科技精

深加工、食品深加工等产业集群化发展。现已引进大庄竹业、庄驰家居、未家家居等竹科技龙头企业入驻，费歌肉松厂、综合食品厂相继投产试产。

（三）实现国有资产优化

县投资公司通过资源收储整合，总资产达100亿元，信用评级达AA-，成功发行首笔2亿元公司债。组建了两山林业、纯净文旅等平台公司，参与生态资产运营和交易，实现国有林场等资源集中集约经营，有效保障竹加工企业原材料供应，帮助真相乡村、大觉溪旅游区相继评为国家4A级旅游景区。

（四）助力民营企业发展

辖内金融机构支持竹木产业发展，为20余家企业发放贷款近4.2亿元；县邮储银行利用水资源权证质押，发放贷款8000万元，帮助企业解决流动资金问题；县农商行等创新发放特种养殖权质押贷款2500万元，推动特种养殖企业转型发展。成立纯净资溪生态产业协会，全县180余家生态企业入会，推动企业资源共享、抱团发展。

（五）帮助农民增收致富

生态产业发展，也让群众得到更多生态效益实惠。生态资源本身实现增值，辖内毛竹林的流转价格由之前的每年22元/亩涨到35—50元/亩，杉松木林由2000元/亩涨到2500元/亩，荒山由10元/亩提高到20元/亩，带动5000余名林农户就业致富，年增收1万余元。各地因地制宜发展乡村产业，盘活村集体生态资源，全县所有村级集体收入达10万元以上，其中有4个村超过100万元，当地老百姓还可以通过劳务、入股等形式实现多渠道增收。

通过摸清家底对生态系统生产总值精准核算，通过搭建平台规范生态资产合法有序流转，通过金融创新打通区域资源变现金融资本新路径，通过品牌培育实现生态产品溢价增值，推动全县生态领域企业资源共享、抱团发展，坚持生态赋能产品，全面打造生态产业，让特定区域内的生态环境资源能够作为要素参与融资和收益分配，推动生态产品"使用价值"转为"市场价值"并最终形成"交易价格"，从而打通市场化路径，推动实现乡村振兴和共同富裕。

（抚州市资溪县生态环境局胡志执笔）

赣江新区：
创新"绿色产业数字保"保险产品

赣江新区深化绿色金融改革创新试验区建设，结合新区数字经济产业发展特色，创新推出全国首个"绿色产业数字保"保险产品，打开"绿色＋数字"产业发展新局面，加速企业数字化转型升级，助力绿色数字资产价值实现。

一、基本背景

江西萨瑞微电子技术有限公司，是国家高新技术绿色企业，新区辖内重点拟上市企业，也是全省目前唯一的半导体集成电路全制程企业。赣江新区在开展"我为群众办实事"活动过程中深入企业走访调研，发现该企业当前急需对半导体生产工序进行数字化改造升级，以提高生产效率，降低人工成本。但企业也存在顾虑，担心大量资金投入数字化改造升级后，生产无法达到预期。为及时解决企业后顾之忧，赣江新区主动作为，多次召开协调会，引导辖内金融机构结合企业痛点，研究推出了"绿色产业数字保"保险产品。通过运用财政金融举措，实现绿色数字资产价值转化，对推动高新技术企业自主创新，开启"绿色＋数字"产业发展新模式具有重要的现实意义。

二、经验做法

（一）高位推动，组建专班"提效率"

一是强化政策支持。为推动绿色金融改革及助推数字经济发展，新区制定出台了《赣江新区绿色金融创新奖励（补助）暂行办法（试行）》《赣江新区关于支持数字经济高质量发展的若干措施》等政策文件，对绿色金融创新和企业数字化改造升级给予奖励补助。二是制订改革方案。根据《2022年江西省鼓励基层探索和推广改革经验工作方案》精神，结合新区绿色金融和数字经济产业发展实际，制定了《赣江新区探索"绿色产业数字保"助推数字经济发展改革项目实施方案》，明确目标任务、工作安排和组织实施。三是强化专班专职。赣江新区成立了经济发展局、创新发展局、财政金融局和保险机构相关负责人及业务骨干组成的工作专班，将改革任务细化到相关部门，落实到个人。倒排时间节点，建立一周一调度的工作机制，确保改革项目高效推进，快速落地。

（二）精准对接，靠前服务"解难题"

一是坚持实地摸排。工作专班深入实地调研江西萨瑞微电子技术有限公司的经营发展情况，详细了解半导体生产数字化改造流程，全面认真评估企业数字化改造工程风险。根据摸排情况，修订完善"绿色产业数字保"保险产品保障功能，精准对接企业需求，解决企业数字化改造难题。二是坚持市场调研。通过市场调研，了解到存在数字化改造升级顾虑问题的企业并非个例，而是具有普遍性。究其原因，企业在产业数字化进程中常因数字化升级改造的不确定性，导致实际产出低于预期，普遍存在风险隐忧及畏难情绪，阻碍了产业数字化的推进。因此，只有有效消减升级后实际产出的风险，保障预期，才能打消企业的顾虑，以激励投入、加快创新。三是坚持保障全覆盖。经过工作专班与企业负责团队反复沟通探讨，保险机构产品设计团队充分研究认证，保险保障包含了绿色企业研发费用损失保障，数字化科研数据恢复、研发设备恢复、科研中断损失保障，以及财产损失保障、数字化升级关键研发设备保障等，确保了"绿色产业数字保"保险产品的保险保障全面覆盖企业需求。

（三）定制服务，创新产品"扬优势"

一是发挥创新平台专业作用。赣江新区绿色保险产品创新中心是新区独有的绿色金融专业服务机构，在绿色保险产品创新方面具有丰富的实践经验。为此，赣江新区充分依托该机构的研发优势和专业力量，在短时间内快速完成了市场调研、产品设计、风险论证和项目落地等工作。二是发挥保险费率杠杆作用。投保企业江西萨瑞微电子技术有限公司仅需支付78.7万元保费，就可以享受 1.47 亿元保额的风险保障，运用费率杠杆机制，放大了一百余倍的保障倍数，有效覆盖企业投资风险。三是发挥保险风险管理作用。企业数字化升级改造的预期效果不达标即可获得保险赔付，通过保险保障功能提前锁定风险和收益；保险公司为企业提供风险排查和"体检"服务，全面排查企业生产经营过程中的风险点，可提升企业的风险管理水平。

（四）转变职能，综合施策"出成效"

一是绿色金融创新和数字经济发展互融结合。将绿色金融的服务触角延伸到数字经济领域，聚焦数字产业链关键项目，将绿色金融改革创新的成果转化为助推数字经济产业发展的有益实践，推动数字产业发展。二是财政补贴支持和保险风险保障协同发力。积极发挥"金融+财政"组合拳，切实解决企业矛盾难题。一方面，引入保险保障机制，通过保险产品提升企业风险管理能力，打消企业转型升级风险难控的顾虑；另一方面，通过财政补贴，降低企业投保成本，激励企业放心投资。三是市场自发推动和政府政策引导同频共振。在推出"绿色产业数字保"保险产品过程中，新区采取"市场化+政策导向"相结合的服务模式。通过市场化定价平衡企业投资风险，提升企业决策的科学性。发挥财政资金杠杆撬动作用，财政给予 50% 的保费补贴，引导企业积极投保。

三、取得成效

江西萨瑞微电子技术有限公司只需支付 78.7 万元保费（其中新区财政补贴 50% 保费），就可以享受 1.47 亿元保额的绿色创新保障，完全覆盖了企业的"试错"成本，升级后设备利用率预计将提高 15%，生产成本将减少 18%，极大增强了企业投资技术创新的信心与决心，直接推动"二期 6 寸晶圆生产线"项目的启动，为新区新增有效投资超过 10 亿元。同时，还有以下积极成效：

一是"绿色产业数字保"保险产品属于综合服务产品，同时提供生产信息化升级和传统工业化生产两类风险补偿保障，重点解决具有综合气候与环境效益的企业在数字化升级过程中成本投入的担忧，进而推动新区绿色产业加大工业生产信息化升级投入力度。

二是财政资金支持 39 万元，通过"绿色产业数字保"保险产品的保险杠杆，让企业研发投入获得了200余倍的保障倍数，极大地撬动了政府投入研发占比，同时借助保险公司的尽职调查和理赔跟踪，确保了政府和企业投入的使用安全。

三是"绿色产业数字保"保险产品投保企业须通过第三方专业机构的"绿色企业"认证，确认是否属于绿色保险创新范畴，这是赣江新区绿色金融改革创新的又一举措，可为服务全省产业数字化进程提供可复制推广的有益经验。

"绿色产业数字保"保险是根据企业特定的风险管理需求而设计的专属保险产品，主要聚焦数字经济产业企业，保障企业生产工艺数字化改造升级后实际产出与预期产出的差额，分担企业数字化升级改造的投资风险。赣江新区采取"市场化+政策导向"相结合的服务模式。一方面引入保险机构，通过市场化定价平衡企业投资风险，提升企业决策的科学性。另一方面，发挥财政资金杠杆撬动作用，财政给予50%的保费补贴引导企业投保，放大了200余倍的保障倍数，不仅帮助企业分散了经营风险，又减少了企业投保的成本压力。

（赣江新区财政金融局邓美华、蒋勇执笔）

吉安市安福县：
创新公益林补偿收益权质押贷款

吉安市安福县积极探索推进公益林补偿收益权质押贷款，在全市率先建立公益林补偿收益权质押贷款机制，并推出公益林（天然商品林）补偿收益权质押贷款产品，推动公益林补偿收益权质押贷款，打通"绿叶子"变成"金票子"转化通道，为林业发展引入了金融活水。

一、基本背景

安福县是重点林业县，有公益林总面积66.58万亩，天保林总面积49.1万亩。随着安福县的森林面积不断增加，公益林补偿收益成为广大林农长期稳定的收益来源，但受采伐和开发利用的限制，大部分林农无法直接以其林木或林地的价值直接进行抵押融资，导致大量公益林成为难以盘活的"沉睡资产"。为充分挖掘公益林资产价值，助力乡村振兴和林业发展，安福县找准林业绿色金融与县域经济发展突破点，在充分调研的基础上，各有关部门合力共为，推出公益林（天然商品林）补偿收益权质押贷款产品。通过近年来的推广实践，逐步打通了公益林补偿收益权质押融资在权属证明、质押登记等方面遇到的难题，拓宽绿水青山与金山银山双向转化通道。

二、主要做法

（一）剖析难点堵点，明确工作思路

一方面，依据现行法律，公益林砍伐受限且不能流转、不能抵押融资，成了公益林经营主体的"沉睡资产",导致公益林补偿收益权质押融资在权属证明、质押登记、价值评估、账户监管等方面都面临一些难题。另一方面,公益林经营主体发展林下经济等产业的资金需求旺盛,但对贷款利率、贷款办理流程方面均有一些要求。基于以上两点,只有将公益林补偿收益权作为资产质押,并针对性地出台贷款利率相对优惠、还款方式简单、贷款申请方便、质押登记快捷的贷款产品,才能有效将"沉睡资产"转变为当下的可使用资金。

(二)创新探索产品,提供贷款保障

根据县域实际情况,县林业、金融、自然资源等部门与县内金融机构对公益林补偿收益权质押贷款可行性、实现程度、林农贷款意愿等方面多次组织交流研讨,金融机构以机制创新、产品创新、服务创新为抓手,提供强有力的支撑。为推进该贷款产品的发放,出台《安福县公益林(天然商品林)补偿收益权质押贷款管理办法(试行)》,就贷款对象、贷款额度、贷款用途、贷款利率、还款方式、贷款合同签订与发放、质押物监管和处置等方面进行明确。

(三)优化办理流程,降低办贷成本

县农商银行根据林业生产实际合理设置贷款程序、额度、利率、期限、还款方式和风险规避措施。该贷款产品贷款利率优惠(1至5年贷款利率不超过LPR+150个基点)、还款方式简单(对50万元以内的,可采取按月或季付息、到期还本;超过50万元,采取分期还款的方式)、贷款申请方便(借款人可同时选择到林业局服务窗口或安福农商银行任意网点现场申请)、质押登记快捷(安福农商银行将借款合同、质押合同、收益权证明、身份证件和权属证件等资料扫描件提交人民银行征信中心动产融资统一登记平台办理质押登记),为盘活"沉睡资产"提供了保障。

(四)精准对接需求,推进贷款发放

为尽快发挥新政策、新产品在支持地方林业综合发展、助力乡村振兴上的积极作用。安福农商银行以党建联建共建合作为媒,深化银政互动,在政府和林业主管部门的支持下,以辖区内国有林场为重点突破口,主动靠前服务。同时借助"金融助理""金融夜校"等形式,在林区村集体、林农间,逐步扩大公益林补偿收益权质押贷款品牌。

三、取得成效

（一）创新调研方式，统筹发挥优势

由县林业局牵头搭建平台整合调研力量，组织相关业务主管部门及金融机构，开展现场观摩和座谈调研，摸清公益林资源底数，了解补偿兑现情况、产业发展融资意愿和需求，群策群力研究解决贷款额度、期限、程序等问题。

（二）创新工作机制，降低贷款风险

公益林补偿收益权质押贷款在安福县的成功落地，在机制上有效破解了公益林补偿收益权质押融资在权属证明、质押登记、价值评估、账户监管等方面遇到的难题。随着相关贷款合作的不断促成落地，全县已形成一整套顺畅的"林业部门备案登记—出具生态公益林补偿收益权证明—经营主体申请贷款—通过人民银行动产融资统一登记公示系统办理质押登记—林业部门办理质押备案"业务流程，有效破解了公益林补偿收益权核实难、登记难的问题。

（三）创新产品服务，突出示范效应

2022年8月，安福农商银行通过精准对接融资需求，向武功山林场发放了全县首笔公益林补偿收益权质押贷款，贷款金额500万元，该林场通过公益林补偿收益权质押贷款，解决了发展林下经济的资金难题，打通了金融资源与生态资源的链接渠道，盘活了林企生态资源，实现生态价值转化增值，为林企架起绿水青山与金山银山间的一座桥梁。截至目前，安福县已累计发放公益林质押贷款4360万元。

公益林补偿收益权质押贷款的成功落地，破解了林业产业生产经营主体长期面临的融资难、融资贵问题，真正实现活树变活钱、资源变资产、资产变资本、生态变效益的"多赢"局面，为盘活林木资源、激发林业发展内生动力探索新路，帮助林农实现"不砍树也致富"。

（吉安市安福县发展改革委王小菁、戴珊执笔）

九江市武宁县：
构建全过程全链条生态产品价值转化运作体系

九江市武宁县聚焦生态产品产业化利用和生态产品抵押难等问题，探索基于生态产品产业的生态资源抵质押贷款机制，拓宽了生态产品产业化利用过程中生态资源与生态产品抵押通道，实现了生态资源、生态产业、生态融资的良性循环。

一、基本背景

2021年以来，武宁县以长水村为示范点，探索乡村优美生态环境资源的科学合理利用，创新成立生态产品价值转化中心，实现生态保护前提下的资源、资产、资本、产业的四级转换，取得成效后在县域内进行推广，建立起"1+18+1+N"的运作机制，即通过"1"个县级生态产品价值转化中心，18个乡镇分部，搭建"资源—资产—产业—资本—资金—财富"转化对接平台，整合全县的山、水、林、田、湖、草等自然资源，以及适合集中经营的农村宅基地、集体经营性建设用地、农房等各类资源，汇聚到"1"个生态产品运营管理公司，引入社会资本、市场主体、金融机构进行产业化利用或抵质押等投融资，实现生态资源的N种转化。

二、经验做法

（一）以生态资源为基础，因地制宜发展生态产品产业

武宁生态优势明显，山清水秀，人文荟萃，特色生态产业基础扎实。南昌

大学团队因势利导，提出武宁县发展生态产品产业的创新思路，即开展以自然生态系统为主体，人类活动适度参与所形成的生态产品生产、加工、流通、消费等全过程产业活动。

开展县域生态资源调查。结合武宁县典型生态系统分布特征，在不同生态系统类型设置了120个样地进行生态产品相关参数的监测，并结合高清晰度遥感影像数据，对武宁县生态资源分布进行了较为全面的评估，指导县域生态产品产业空间格局的优化。

推进物质类生态产品产业的发展。例如，罗坪镇长水村的林下食用菌和蜂蜜、鲁溪镇双新村高山辣椒、新宁镇斜滩村油茶和白鹤滩茶叶等，发展种植—加工—观光等生态产品产业链和产业网。罗坪镇长水村合理利用退耕还林地的地面相对平整、乔木林通风湿润的条件，引进林下食用菌种植技术，构建食用菌种植—加工—观光采摘—研学科普等产业链，当前已种植仿野生林下食用菌500余亩，村集体年收入达139万元，村民人均年收入达3万余元，远超全市平均水平。

推进休闲服务类生态产品产业发展。例如，澧溪镇北湾村利用湿地、河湾等资源开展休闲观光与民宿产业；官莲乡东山村利用庐山西海水域港湾并结合庐山西海服务区，开展农旅融合与特色农产品商贸服务；杨洲乡南屏村利用山地森林和优美乡村资源，开展乡村农业观光、休闲康养与民宿产业等。东山村利用生态资源优势，发展果业1000余亩，引进香港上市公司投资1.2亿元建设食品生态产业园，与南昌大学团队开展产学研合作，吸引了近50名大学生驻村形成青年创客群体。2023年人均增收5000元以上，村集体经济收入达到115万元，成为"庐山西海滨湖第一村"。

（二）以市场运营为基础，因势利导构建生态产品价值转化平台

针对生态资源集中利用和生态产品产业发展的产品营销问题，因势利导构建生态产品价值转化平台，并注册资本5000万元成立山水武宁生态产品运营管理公司，采取"县级总部、乡镇分部、村级网点"的运营模式进行平台运营。

创新运作模式。以企业化市场化运作模式，通过流转、入股、抵押、收储

等市场交易形式，融入绿色金融和数字经济，全面提升武宁县优质生态产品供给能力和生态产品综合利用效益。目前，平台已收储各类生态资源 10 万余项，生态总价值 212 亿元，交易生态资源总价值 18 亿元。

设立生态产品监管仓。在源头品控、分等定级的基础上，将农民自有蜂蜜、中药材、食用菌等物质类生态产品存入生态产品监管仓，帮助农民提前变现、直接变现、升值变现。截至 2023 年底，全县物质类生态产品（如野生茶、蜂蜜等）交易达 3506 万元，较 2021 年、2022 年分别增长 1798%、202%。

开启"互联网+"模式。建设武宁县生态产品直播中心，总面积 500 平方米，包含 6 个直播间、产品选品区、培训中心、办公区等配套功能区。由山水武宁生态产品运营管理公司引入电商机构共同参与成立基地运营公司，在乡村振兴、文旅产业发展、电子商务、创业服务、创新服务、产业促进等方面发挥生态优势资源，共同打造直播领域创新生态产品供应链平台。为统筹全县特色农产品开启线上销售，进一步拓宽了生态产品的销售渠道。

（三）以先行核算为基础，因情而异构建生态产品核算评估体系

基于生态资源与生态产品底数不清问题，武宁县联合南昌大学制订县域生态产品目录清单，构建生态产品价值核算评估体系，全面评估县域生态产品的物质量和价值量及其空间分布状况。

摸清家底。开展了武宁县全民所有自然资源资产清查第二批试点和全民所有自然资源资产平衡表编制试点，全面摸清全县国有农用地（不含林草湿）、国有建设用地、国有未利用地、储备土地专项、矿产资源、全民所有森林资源、全民所有草原资源、全民所有湿地资源等自然资源的底数。

核算价值。明确从物质产品、调节服务产品、文化服务产品等三大类科目进行核算，完成全省首批 GEP 核算试点，总值达到 1142.25 亿元，其中产品供给服务 62.58 亿元、调节服务 985.55 亿元和文化服务 94.12 亿元。

科学计价。在全县设置 120 个监测样点，科学评估固碳释氧、水源涵养、土壤保持等调节服务类生态产品的供给能力。采取入户调研、统计分析等方式，客观评估物质类和文化类生态产品的供给能力。综合考虑不同类别生态产

品的所在区位、资源特色、开发强度等因素，分别予以计价，为生态产品交易的市场定价和抵押贷款提供依据。

（四）以金融模式为基础，因需而为构建生态资源抵质押贷款机制

基于村民拥有丰富的生态资源但是发展生态产品产业面临资金短缺的困境，武宁县创新构建无固定资产抵押的生态资源抵质押贷款机制，明确贷款必须用于生态资源产业化利用与生态产品生产经营，优先支持生态资源权益流转后的生态产品产业发展。

"贷"的方式活。创新生态产品价值转化 GEP 信贷机制，平台通过与金融机构合作，以生态资源或生态产品评估价值的 60% 为基数，直接面向普通农户授信，农户可以直接在平台申请贷款，不需要房屋抵押和繁琐的评估程序，打通了生态产品价值实现市场途径的农村"毛细血管"，让每一个农民都能参与其中、共享红利。同时，创新服务于村集体经济，打破以自然人为贷款主体的界限，以村属生态资源和生态产业作为授信，助力村集体经济合作社发展生态产业，进一步提高生态产品价值转化在村集体经济中的占比。目前，县农商银行已在官莲乡东山村成功试点，为东山村经济合作社贷款 50 万元用于发展民宿产业助力村集体经济。

"贷"的产品新。引导县内金融机构创新开发生态资源专项信贷产品，如山水武宁生态产品贷、碳信贷等，统一以不超过年化利率 3.45% 的优惠融资政策助力生态产业发展。仅武宁农商银行一家就授信 20 亿元助力武宁县生态产品价值转化中心金融服务交易平台，截至目前，全县已累计发放生态产品价值实现专项贷款 1.69 亿元，直接受益群众 2200 余人，撬动社会资本 12 亿元，助力发展林下经济、特色种养、精品民宿、乡村旅游等生态产业。

"贷"的风险低。一方面，出台生态产品及其权属 2 个认定办法，生态产品物质量计算办法、价值评估方法、等级划分办法、生态资源监督管理办法、生态产品交易的效益评估办法等 5 个技术规范，为生态产品市场交易提供制度保障。另一方面，引进人保财险武宁分公司参与生态资源和生态产品交易的风险保障，将生态资源生态产品市场交易的潜在风险交由市场解决，解决了由政府承担生态产品交易金融风险的问题，实现了生态产品交易的健

康稳定发展。

三、取得成效

（一）推进生态产品在林下经济领域高质量转化

大力发展林茶、林菌、林药、林果等特色林下经济，全县发展高山茶叶4万亩、油茶23.2万亩、药材3万亩、水果9万亩、菌菇年产量达800吨以上，养殖"中华蜜蜂"等品种蜜蜂4万箱，林下经济年产值达到20亿元，入选国家农业现代化示范区创建名单。

（二）推进生态产品在林业碳汇领域高质量转化

率先在全省选定乡村"四旁"林木实施"乡村林碳"项目，编制《武宁县"乡村林碳"项目碳汇计量技术指南（试行）》，测算罗坪镇长水村"四旁"林木20年内可吸收二氧化碳约4000吨，搭建"武宁碳抵消"平台，探索县域内林业碳汇交易，目前已售碳汇1656吨，实现收益8.28万元，全部消纳可为农户增收20万元。

（三）推进生态产品在文旅产业领域高质量转化

把全域作为一个5A级大景区来打造，现有国家4A级旅游景区3个、3A级景区8个。统筹森林、湖泊、温泉、民宿等生态旅游资源，持续丰富生态旅游、森林康养、亲水戏水、温泉养生、户外运动等旅游产品供给，先后举办茶文化旅游节、吉他艺术节、中国网球协会小网球工程推进会、长江经济带重要节点城市网球论坛等节庆赛事活动，带动武宁旅游持续升温。

（四）推进生态产品在乡村振兴领域高质量转化

统筹推进国家乡村振兴示范县创建和"五好两宜"和美乡村国家级试点，深挖农耕文化、民俗文化、移民文化，找寻乡愁"因子"，留住农村"味道"，创建省级示范乡镇3个、示范村24个，全面推进18个美丽乡镇建设，30个示范村创建，不断提升和美乡村的景观品质和乡村旅游价值，实现生态产品价值转化。

武宁县围绕生态产品价值转化中的生态资源评估、生态产品产业化利用和市场化交易，以及生态产品金融体系等方面，创新构建生态产品价值转化平台、生态资源信贷机制,创新"利用生态资源发展生态产品产业,生态资源抵质押贷款用于生态产品产业发展"理念,进一步将资源优势、生态优势转化为经济优势、发展优势,全力助推生态产品产业体系、生态产品金融体系建设,拓宽生态产品投融资渠道,形成了生态产品价值实现的"武宁模式"。

(九江市武宁县发展改革委柯芳芳、李欣执笔)

上饶市婺源县：
探索"整村开发、生态入股"为核心的
市场运营"篁岭模式"

上饶市婺源县支持篁岭古村以山林、果园、古屋等生态资源入股旅游发展，依托祠堂、古树、巷道等公共资源和流转给景区的田地，获得资源费、流转费等生态分红，打造生态入股的"篁岭模式"。

一、基本背景

"篁岭晒秋"不仅是一道著名景观，更成为"最美中国符号"。梯田花海、徽派古建、晒秋民俗……篁岭村以优美的自然环境和独特的人文风貌吸引了大量游客。这里森林覆盖率高达92%，流水潺潺，鸟鸣幽幽。2009年，当地引入专业的文旅公司，在山下建设篁岭新村，通过产权置换引导篁岭村的村民搬迁至新村，对山上的老村进行统一开发，建设篁岭景区。优美的自然环境和独特的人文风貌吸引了大量游客。2014年，篁岭景区被评为国家4A级旅游景区。2023年，篁岭游客量超270万人次，总营收达4.2亿元。

二、主要做法

（一）梯云村落、晒秋人家，篁岭古村蝶变新生

"窗衔篁岭千叶翩，门聚幽篁万亩田。"婺源县江湾镇篁岭村因"修篁遍岭"而得名，享有"梯云村落、晒秋人家"之美誉，日接待游客量最高3.5万人，一度成为江西省首个"限流"景区。然而，前溯十年，尽管篁岭古村有它

独特的韵味，但是也和国内其他濒临消亡的古村落一样，这里地质灾害频发，交通不便，饮水困难，生产生活条件逐渐恶化，原来的180多户人家中，有条件的村民都陆陆续续搬走了，最后只剩下68户，整个村庄"人走、屋空、田荒、村散"，一片萧条。面对"消亡"困境，篁岭古村"置之死地而后生"，奏响"整体搬迁、精准返迁、产业融动"三部曲。受益于旅游发展，篁岭古村外出青壮年中有一半以上回村发展，村民从旅游开发前的人均年收入3500元提升至6万元，户均年收入从1.5万元提升为16.5万元，有的家庭一年旅游相关收入达30万元。"人人腰包鼓、户户喜开颜"，走进村庄，留守老人和留守儿童与回乡创业的青壮年全家团圆，一幅共同富裕的现实版"富春山居图"迎面而来。如今，被专家赞誉为"中国乡村旅游皇冠上的明珠"的篁岭古村不仅荣获联合国世界旅游组织评选的"最佳旅游乡村"称号，还荣获"2024亚洲尖峰奖（最佳地区振兴示范项目）"，顺利通过国家文旅部景观质量评审，取得创建5A景区的"入场券"，一举跻身江西省"映山红"企业行列，上市可期。今天的篁岭已成为"中国最美符号"，蝶变新生，大到"一条一块"，小到"一草一木"，都是当地人民由点及面、由表及里、由浅及深、由此及彼，不断打磨细节、精细提升，用"绣花功夫"呈现出的"两山"转化成果。

（二）护绿成金、以绿生金的"篁岭模式"

2023年10月，习近平总书记指出婺源很有特色，一定要把特色做好。婺源县在践行"两山"理论的实践中，将总书记的"愿景图"转化为无比动人的婺源现代化建设"实景画"。婺源县委、县政府坚持以人民为中心的发展思想，践行新发展理念，贯彻落实习近平生态文明思想，立足提供更多优质生态产品满足人民日益增长的优美生态环境需要，以体制机制改革创新为核心，以企业运营管理模式和"生态入股"发展理念为支撑，探索可持续的生态产品价值实现路径，着力构建绿水青山转化为金山银山的政策和制度体系，打造生态产品价值实现的"篁岭模式"。

"篁岭模式"，就是护绿成金，抢抓全省生态产品价值核算试点机遇，婺源县编制了上饶首份生态系统生产总值GEP精算报告，为生态产品价值实现提供了量化依据。古建古村方面，对全县3800余栋古建民居进行全面摸底确权工作，按照"一村一档""一屋一档"原则，建立档案库。积极探索多元化的古建文物保护方式方法，开创了整村整体搬迁的"篁岭模式"、民宿开发保护的"延村模式"、文旅融合保护的"江湾模式"和整村整体保护的"汪口模式"等，打造了中国乡村民宿"婺源样板"。创新推出古建筑全球认购认领模式，发布全球招募令，实现古建民居"活态"保护与发展。林权赎买方面，创新实施天然阔叶林十年禁伐和长期禁伐，将全县10.98万公顷山林，全部纳入公益林生态补偿范围，建立森林保护长效机制。印发《婺源县森林赎买实施方案》，对县域森林资源进行确权登记，实现森林质量提升和全域旅游协同发展。"篁岭模式"就是以绿生金，从产业中寻找创业、就业的机遇，实现标本兼治，永续发展。篁岭古村立足特色、坚持标准，探索乡村旅游从单一观光型向休闲度假、文化娱乐、民俗体验、旅游会展等综合配套型转变的新路子，成为融"特色地貌、优美生态、民宿民俗、互动体验"为一体的景区，"篁岭模式"成为引领婺源乡村旅游转型升级的标杆。通过数年来的实践探索，篁岭形成了一套以"整村开发、生态入股、就业创业、品牌创建"为特色内核的市场运营模式。数年来，以"篁岭晒秋图"为核心意象，打造古村独具特色的主题品牌符号，先后获国家4A级旅游景区、中国乡村旅游模范村、中国特色景观名村、江西省首批乡村文化休闲旅游示范点、中国乡村旅游创客示范基地、全国"景区带村"旅游扶贫示范项目等殊荣。2023年篁岭古村接待旅游人次超270万人，相较于2019年翻了近1倍，实现营收4.2亿元，纳税5840万元。

（三）"衰败村"到"网红村"的"篁岭路径"

婺源在践行"两山"理论的实践中，创新"古建易地搬迁保护"机制，出台全国首例古建保护措施，印发《婺源县生态产品价值实现机制示范基地建设工作方案》《婺源县森林赎买实施方案》《婺源县关于建立"河（林）长+警长"协同工作机制的实施方案》《婺源县水土保持规划（2016—2030年）》等一系列鼓励文件、保护政策，为生态价值实现提供重要保障。篁岭古村整合运用小产权房办证试点和地质灾害点整村搬迁相关政策，创造性推动村庄整体性转让、整村式搬迁、市场化开发、股份制运营。婺源县篁岭文旅股份有限公司通过"招拍挂"，对村庄进行全面产权收购，厘清了产权归属，直接促成首期投资1亿元的篁岭民俗文化影视村开门营业。打通生态产品价值实现的"篁岭路径",就是统筹山林水田、古村古建、筑牢"两山"转化基石,恢复和加强森林生态系统功能,增强水源涵养能力,促进自然生态系统的恢复。实现了景区从"衰败村"到"网红村"的华丽转变。篁岭景区变"砍树"为"看树"、变"种田"为"种景"、变"废宅"为"宝宅",奋力打通生态产品价值实现"篁岭通道",婺源县农商银行主动上门对接联系,累计提供了1.7亿元贷款,成为景区发展的"第一桶金"。自开发以来景区累计投入6亿多元,其中超过70%的资金来源于不同阶段的银行机构融资。2018年3月,篁岭再次迎来新的发展机遇,中青旅与婺源县政府签订了战略合作协议,对篁岭古村二期项目追加投资9亿元,开启上市的孵化。

三、取得成效

(一)生态效益

篁岭古村打通了生态产品价值实现的"篁岭通道",实现了从"衰败村"到"网红村"的华丽转身。在"家门口"吃上"生态饭",激发了村民的内生动力,形成了"保护美丽生态环境—转化为'美丽经济'—促进村民保护环境"的人与自然和谐发展的良性循环。如今,篁岭打造了"四季不落幕"的乡村旅游胜地和全域旅游样板,呈现出"青山绿水不变、村民返乡兴业、乡村文明开放"的新面貌。

(二)经济效益

旅游业的发展,推动和促进了当地经济发展,同时也带富了一方百姓。一方面,带动地方百姓家门口就业。农户既可通过景区田地租金、股份分红、农作物保护价包购等方面受益,更能以田地务工、景区务工、民宿务工等形式实现就业、获取薪酬,从而实现"下山改善环境,上山从业致富"目标。目前,篁岭及周边村庄在景区就业人数占景区工作人员的70%,人均每月至少可获得2000元的工资收入,最高的可达七八千元。另一方面,带动地方百姓捆绑创业。得益于景区的市场开发和人气打造,越来越多的当地村民通过参与农家乐、交通业、旅游商贸服务业等业态经营捆绑融入、创业致富。景区周边超百户村民经营民宿、客栈、农家乐，村民人均年收入从旅游开发前的 3500 元提高至 6 万元，"旅游脱贫"在这里已经成为现实。

（三）社会效益

婺源以篁岭景区获评世界最佳旅游乡村为契机，加大婺源文旅在海外的推介力度，打造"国际乡村旅居度假目的地"，让婺源"中国乡愁符号"享誉海内外。2023 年，婺源接待海内外游客超 2600 万人次，接二连三推出"有一种春天叫婺源""婺源旅游乡漂漂"等新话题、新玩法、新业态，引客入婺，构建乡村旅游一体化运转体系，不断擦亮婺源旅游品牌，实现了"有新内涵的美丽"。

"篁岭模式"成功地将整村开发与生态保护相结合，通过合理规划，既保留了古村落的传统风貌，又实现了生态环境的保护和改善。它通过生态入股的方式，让村民参与到乡村旅游的发展中来，共享发展成果。这种模式激发了村民保护生态环境的积极性，也提高了村民的参与度，为乡村振兴提供了有力的支撑。

（上饶市婺源县发展改革委朱春华、戴珺执笔）

吉安市吉州区：
金融"活水"推动生态古村绿色转型

吉安市吉州区聚焦开展生态资产价值评估及应用，创新推出"生态资产价值评估＋生态古村贷"等绿色金融产品，通过绿色信贷，推动生态古村的绿色转型和可持续发展，为生态产品实现经营开发、担保信贷、权益交易等提供低成本的融资支持。

一、基本背景

吉州区钓源古村是一个充满江南特色、独具庐陵文化的千年古村落，以古朴的明清赣派建筑和优美的自然环境著称。吉州区鑫石阳文化旅游投资公司在景区打造高端民宿及商业综合体。通过对钓源古村现有房屋保护利用，使其焕发新光彩，树立起吉安休闲乡村民宿新标杆，满足居民对亲近自然、体验乡村生活的需求。作为国家普惠金改示范区之一，吉州区通过对特定地域单元的生态产品价值进行深入挖掘和科学评估，探索出一条绿色发展的新路径。

二、核心机制

（一）科学评估生态价值，开展"生态资产价值评估＋"示范

吉州区借鉴先进评估技术和方法，结合地域特点和生态特点，制定《吉州区钓源村生态资产价值评估报告》等详细的评估方案。通过专业的评估机构和专家团队，对生态资源进行全面的调查和分析，确保评估结果的准确性和可靠性。

(二)创新转化机制,探索绿色金融新路径

基于生态产品价值评估结果,积极探索了多种转化机制,将生态价值转化为实际的经济效益,在项目建设资金方面,积极运用生态资产价值评估结果,通过"生态资产价值评估+生态古村贷"向当地农商行成功申请项目资金贷款 8000 万元,推进旅游开发、文创建设等,为当地经济发展注入了新的活力,实现了生态与经济的良性互动。

(三)广泛宣传推广,引领吉安生态资产价值评估示范实施

为了让更多企业了解并参与到"生态资产价值评估+"示范实践中来,吉州区开展多种形式的宣传推广活动,通过举办培训班、研讨会等形式,向社会各界普及"生态资产价值评估+"理念和绿色信贷等方面的做法,提高了公众对生态产品价值实现机制的认识和理解。

三、主要做法

(一)主要举措和运营模式

生态资源全面调查与价值评估。吉州区组织专业团队,对钓源古村内的森林、水体、古建筑等生态资源进行了全面的调查,并运用科学方法对这些资源的生态、文化机制进行了评估。这不仅为生态古村的发展提供了科学依据,也为后续的价值转化奠定了坚实的基础。

生态修复与文化保护同步推进。在保护古建筑、古树名木等文化遗产的同时,钓源景区也注重生态环境的修复。通过实施生态工程、改善水质、增加植被等措施,使生态古村的生态环境得到了显著改善,实现了生态与文化保护的双重目标。

绿色信贷支持项目建设。在对生态古村进行基础设施的提升改造过程中,该项目由建设主体吉州区鑫石阳文化旅游投资有限公司向当地农商行申请"生态资产价值评估+生态古村贷"8000 万元,用于生态古村的工程建设和绿化种植,有效地解决了项目建设过程中所需要的资金问题,为推动生态资产价值转化起到了十分重要的作用。

生态旅游与文化体验深度融合。完成建设后,钓源古村将充分利用自身的

生态和文化资源，推出一系列生态旅游和文化产品。游客在游览古村、欣赏美景的同时，还能参与文化讲座，体验传统手工艺等活动，深入感受生态古村的文化底蕴和生态魅力。

（二）参与主体的特色做法

"古村+生态"特色旅游线路开发。钓源古村结合自身的历史文化和生态资源，创新性地开发了"古村+生态"特色旅游线路。游客在游览古村的过程中，可以欣赏到古树参天、绿水环绕的自然风光，体验到历史与自然的完美融合。

生态文化教育基地建设。钓源古村的提升改造工作由吉州区鑫石阳文化旅游投资有限公司担任，该企业在生态古村建立了生态文化教育基地，通过举办生态文化讲座、开展生态科普活动等方式，向游客和当地居民普及生态知识，增强他们的生态保护意识。这不仅有助于提升钓源古村的文化内涵，也为生态保护工作提供了有力支持。

当地村民参与机制创新。钓源古村注重发挥当地村民在生态保护和价值转化中的积极作用，通过建立村民参与机制，鼓励村民参与生态古村的生态修复、文化保护等工作，并分享生态产品价值转化的成果。这不仅增强了当地村民的获得感和幸福感，也为景区的可持续发展注入了新的活力。

四、主要成效

（一）经济效益显著

旅游业收入增加。钓源古村通过"生态资产价值评估+生态古村贷"，深入挖掘了生态和文化资源，融入旅游产品开发。游客在游览古村、欣赏美景的同时，还能参与丰富的文化体验活动，提升景区吸引力。

实现产业联动发展。钓源古村的旅游业发展带动了周边交通、餐饮、住宿等相关产业的繁荣。越来越多的游客涌入景区，为当地带来了更多的商机。随着提升改造工程的推进，届时将还会有一批餐馆、民宿陆续开放，既提升了游客的体验感，又创造了更多的收入渠道。

推动生态产品价值转化。钓源古村通过生态资产价值评估，成功将生态产品价值转化为实际的经济收益。古村内的森林、水体等生态资源得到了有效保护，同时也为游客提供了优质的生态旅游体验。这种生态与经济的双赢模式，不仅提升了景区的可持续发展能力，也为当地居民带来了更多的经济收益。

（二）社会效益突出

提升公众生态保护意识。钓源古村通过生态资产价值评估、积极开展生态文化教育活动，向游客和当地居民普及生态知识，提升他们的生态保护意识。这种宣传和教育活动不仅有助于改善当地的生态环境，也为推动生态文明建设奠定了坚实的基础。

促进文化传承与发展。钓源古村作为一处历史悠久的古村落，拥有丰富的文化遗产。通过生态资产价值评估，景区更加注重对传统文化的挖掘与保护，同时也积极推动文化创新与发展。游客在游览景区的过程中，能够深入了解当地的历史文化，感受传统文化的魅力，这有助于增强文化自信，推动文化的传承与发展。

提高当地村民的生活质量。钓源古村通过"生态资产价值评估＋生态古村贷"，实现了生态与经济的协同发展，为当地居民带来了更多的就业机会和经济效益。同时，景区的发展也带动了当地基础设施的完善和社会服务的提升，进一步提高了当地居民的生活质量。

吉州区钓源古村通过"生态资产价值评估＋生态古村贷"顺利获得绿色信贷支持，为景区的可持续发展提供了重要保障，在生态环境保护修复和生态产品合理化利用的过程中撬动金融支持，构建一条生态产品价值实现的闭环链条。

（吉安市吉州区发展改革委袁吉华、周萍执笔）

九江市濂溪区：
创新湿地公园自然资源资产价值实现

九江市濂溪区以全民所有自然资源资产所有权委托代理机制试点（以下简称委托代理机制试点）为契机，创新自然资源资产所有权实现形式，探索出了一条绿水青山和金山银山的双向转化路线。

一、基本背景

芳兰湖湿地公园为省级湿地公园，位于濂溪区境内的鄱阳湖生态科技城，总面积249.4公顷，湿地面积218.6公顷，距九江市城区约6.5公里。2019年公园基础建设完成，2022年启动4A级景区申报，园内有日间观光旅游、夜间演绎互动，文化资源多样、内涵丰富，农耕文化、湿地饮食文化、湿地民风民俗、水利文化、人文历史文化互相融合、共生共荣。结合委托代理机制试点，选择生态环境较好、具有湿地特色的芳兰湖湿地公园全民所有自然资源资产作为出让标的物，通过九江市全民所有自然资源资产交易系统成功出让，出让价共计1.98亿元。

二、主要做法

（一）调查确权，摸清自然资源资产家底

充分利用第三次全国国土调查、年度国土变更调查、地籍调查、全民所有自然资源资产清查成果，摸清濂溪区自然资源资产家底，摸清各资源门类的数量、空间、权属、利用、价值等信息，划清全民所有与集体所有之间权属边界,科学确定优质的自然资源"资产包"。妥善协调解决原有的承包经营关系,摸清经营管理现状,理顺资产权属关系,由濂溪区自然资源、农业农村、林业、水利和环保等相关部门对调查成果进行核实,重点核查拟出让自然资源的界限范围、权属状况,各部门出具审查意见。对出让范围内芳兰湖湿地公园包含的集体所有自然资源资产,落实补偿,确保权属无争议。

(二)设权赋能,明确自然资源资产用途

立足生态优势、区位条件、产业基础等资源禀赋,全力保护生态"绿肺",全力做靓文旅"珍珠",在符合国土空间规划和用途管制的前提下,科学设置自然资源资产使用规划利用条件,形成高质量"资产包"。涵盖水资源、湿地资源和公园绿地,包括20年养殖(种植)权和旅游观光经营权。为保证资源不受损、生态不破坏、水体不污染,明确以"人放天养"模式进行,禁止投喂饲料与其他动物粪便等可能造成水体污染的物质,种植仅限于水面有机生态种植,禁止施用化肥及农药。旅游观光经营必须满足国家、省、市对水质、噪声等的环保相关要求,禁止生活污水及其他含油污水直排入湖内,结合自然景观历史人文景观开发旅游观光类项目,严禁违规建设开发经营。

(三)评估交易,实现自然资源资产价值

九江市按照标准化工作"统一、简化、协调、最优"的基本原则,探索形成了科学合理、行之有效的自然资源资产价值评价体系,对濂溪区芳兰湖湿地公园全民所有自然资源资产养殖(种植)权和旅游观光经营权进行整体评估。为了完善政府主导、企业和社会各界参与、市场化运作,探索可持续的生态产品价值实现路径,濂溪区通过九江市全民所有自然资源资产交易系统,公开出让芳兰湖湿地公园全民所有自然资源资产,线上拍卖期间有两家公司参与竞价,最终以19800万元成功交易,溢价7800万元,促进了自然资源资产的保值增值。

(四)合理开发,加强自然资源资产利用

竞得人九江聚益供应链管理有限公司在取得濂溪区芳兰湖湿地公园全民所有自然资源资产20年的养殖(种植)权和旅游观光经营权后,深入挖掘湿地生态文化和特色历史文化资源,在不建造永久性建筑、不打造封闭式公园、不影响湿地生态系统结构和功能的前提下,通过建造临时构筑物等形式,适当开展以生态旅游为主的综合利用活动,将芳兰湖公园原主广场设计打造成为"山水国潮的人间乐土、立体错落的烟火桃源"的沉浸式文旅休闲街区"九江之夜",集美食体验、文化创意、娱乐休闲、夜游互动等功能定位为一体,充分发挥湿地公园的多种功能与效益,打通"生态美"变"经济优"通道。

三、取得成效

(一)统筹推进高质量发展和高水平保护

湿地生态系统脆弱,过度开发容易导致湿地生态系统退化、景观变差、土地生产力下降等问题。通过整体打包,形成"1+1>2"的芳兰湖湿地公园全民所有自然资源资产包,将绿地公园、湿地等日常维护职能,通过释放一定收益权的方式让渡给企业,企业在一定规则范围内市场化运作获得收益的同时完成了自然资源资产日常维护,既降低了政府维护成本,又提升了市场活力。

(二)拓宽自然资源资产出让种类

芳兰湖湿地公园全民所有自然资源资产包内包括有2231.47亩的湖泊以及50.68亩的公园与绿地,首次将湖泊和公园、绿地组合供应,拓宽了全民所有自然资源资产交易门类,有效助推试点工作向空间以及领域上延伸。

(三)盘活"沉睡"自然资源资产

通过全民所有自然资源资产整体出让,政府充分激发自然资源的经济价值,增加地方收入,拓宽保护修复资金来源,实现资产保值增值;根据市场需求划分自然资源资产包并对其进行设权赋能,有利于吸引不同类型与规模的企业积极参与,实现资源的高效利用。

(四)提升自然资源资产生态效益

出让收益市、县按1:9的比例分配,其中10%由市政府统一调配,用于自然资源资产保护修复及突发事件的应急处置;90%由县级政府统筹使用,落实自然资源保护修复和监管责任。以签订出让合同形式明确资源资产权利类型和后续监管,明确各参与主体"权责利"关系,划清权属边界、权责边界,防止资源资产越权开发、过度开发、粗放开发,破解自然资源资产管护难、管护水平较低等问题。

（五）取得良好的综合效益

如今，芳兰湖畔游客如织，成为热门休闲打卡地。此次交易成功，也是防范化解金融风险的有力举措，为建立健全自然资源资产价值实现机制提供可行思路，为自然资源资产组合供应提供有效参考。

芳兰湖湿地公园资产包的上市交易，坚持在保护中开发、在开发中保护，解决了芳兰湖湿地公园的日常运维问题和生态保护资金的来源问题，形成了"资源—资产—资本—资金—资源保护修复"的全流程闭环，推动实现自然资源资产的保值增值。

（江西省自然资源厅）

第三篇

生态产品价值实现机制改革专题研究

一

生态价值评价研究

建立全省生态产品价值考核制度路径研究

一、开展生态产品价值考核面临的共性难题

（一）考核体系"设计难"

由于各地功能区属、资源禀赋、生态优势存在差异，如何通过指标设置平衡区域差异，兼顾各地生态特色，客观反映工作成果，又具有可比性、公平性、公正性，是考核体系设计的首要难点。同时，由于生态产品总值（GEP）构成中，最难转化的调节服务价值占比过大（我省的市县核算结果中，调节服务价值占比普遍超过50%），因此对于GEP总值能否客观反映生态产品价值实现水平仍存在一定争议，进一步增加了考核体系设计和指标选择难度。

（二）考核工作"操作难"

生态产品价值考核对象主要包括市、县（市、区）政府和相关部门，指标及核算方法专业性较强。基层部门面临价值考核和数据统计的"双重压力"。据调研了解，浙江丽水市水利局在接受水库库容、水土流失率指标考核的同

时，还需提供全市及各县 GEP 核算中的水库库容统计数据。在具体考核指标设置上，为兼顾区域差异和指标类型差异，一般需要针对不同类型指标设置相应权重和评分方法，相关权重的赋值及评分方法的完善，需要在考核中不断调整修正。

（三）考核数据"获取难"

生态产品价值考核指标的数据涉及实物量、价值量、工作业绩量等多种类型，其中 GEP 核算数据需要大量行业统计数据和第三方机构核算数据支撑，存在"指标体系嵌套指标体系"的情况（GEP 核算体系被嵌套进考核体系），实际需要获取的数据量远大于考核指标数量。部分行业数据由于部门统计口径不同，存在"数据打架"现象。第三方机构核算数据大多来源于科学实验，地区基础数据缺口较大，各类模型的参数还需检验修正；核算参数适用的区域和生态系统类型有限，本地化的参数缺项较多，导致当前生态产品总值公认度、可比性不高。

二、外省开展生态产品价值考核的经验借鉴

（一）解决考核难题的共性做法

一是丰富指标数量，扩大考核覆盖面。浙江省丽水市、江苏省南京市高淳区从生态产品价值构成、GEP 增长和转化以及体制机制改革等维度，分别筛选了 91 项和 93 项考核指标，基本覆盖了生态产品价值实现全领域。同时，为降低数据获取难度，尽可能选择可监测、易统计的指标。二是明确指标权重，提升考核科学性。为便于横向比较，已开展考核的地区大多明确了各项指标的评分方法和权重系数，以分数平衡各项指标差异，以权重系数体现指标重要性。三是出台实施方案，强化考核执行力。在文件中明确考核对象、考核内容、考核方法、指标体系、评分方法和指标解释，推动考核结果运用。

（二）适应本地条件的优化举措

一是因地制宜优化考核指标。丽水市、南京市高淳区重点加强了 GDP、GEP 双增长双转化考核，丽水市将该部分考核分值设置为 300 分（物质产品、文化服务仅为 150 分），高淳区则在该部分设置了 35 个考核指标（占所有指

标比重超过三分之一）。高淳区将考核分为 GEP 考核、GEP 年度重点工作任务考核，并且针对不同的考核对象出台了针对性的考核体系。深圳市将 GEP 纳入生态文明建设考核，并允许各区自主设置纳入考核的指标，大鹏新区针对 GEP 值变化情况和 GEP 提升工作任务完成情况评分，罗湖区全面聚焦物质产品、调节服务、文化旅游服务三大指标最新核算模式，研究提出 19 项可控参数，并进一步深化指标考核体系。二是去繁就简优化评分方法。为便于县（市、区）考核排名，丽水市结合不同指标的特点设计了 5 种评分方法（不同县区各项指标的目标设置不同，因此无法全部采用完成比例法评分）。高淳区在丽水市的基础上简化评分方式，仅采用完成比例法评分。

（三）对我省考核的借鉴意义

一是考核方式宜科学客观。由于丽水市和南京市高淳区考核覆盖区域的生态条件差异性不大，因此采用统一标准、统一权重，未考虑各考核区域的主体功能定位。我省全域开展生态产品价值考核，应进一步考虑不同市县的禀赋条件，根据各地不同主体功能定位分类考核，客观体现各地区生态产品价值实现工作的努力程度和业绩成效。二是考核指标宜简便有效。丽水市、南京市高淳区设置了超过 90 项考核指标，丽水市基层干部（特别是乡镇干部）普遍反映考核压力较大，过多的考核指标削弱了考核"指挥棒"作用，高淳区在实施考核一年后，持续推进面临阻力较大。我省全域开展生态产品价值考核，应控制指标数量，按照可量化、易获取、能比较的原则优选指标，力求评价方法简便可行。三是考核实施宜稳妥推进。目前国内还没有省级层面推动生态产品价值考核的先例，已有案例均来自市县层面。我省全域开展生态产品价值考核，应在有 GEP 核算基础的市县先行探索，待考核体系、方法和应用成熟后适时扩大范围。

三、积极稳妥推进生态产品价值考核的对策建议

我省探索生态产品价值考核具备一定基础，已经建立了省市两级 GEP 核算统计报表制度，完成了省市两级 2021、2022 年 GEP 试算，县级 GEP 试算正在稳步推进。2021、2022 年连续两年将生态产品价值实现工作纳入美丽中

国"江西样板"建设市县综合考核，吉安市率先将 GEP 增长目标纳入国民经济计划指标、将 GEP 核算部分指标纳入综合考评体系。鉴于生态产品价值考核具有系统性高、专业性强和操作性难的特点，建议以市县试点探索为引领，积极稳妥推进全省生态产品价值考核工作；以考核体系设计为核心，统筹考虑实物量指标、价值量指标和工作任务完成情况，提高考核结果的客观性和认可度；以分区分类考核为重点，综合考虑各地资源禀赋、所属功能区等条件，科学设置目标、权重和评分方法。

（一）客观公正，系统全面建立考核体系

一是物质产品指标。重点考核物质产品的数量、质量和增量，准确衡量考核区域农林牧渔产品、清洁能源产业发展的整体水平和综合绩效。重点从农林牧渔业总产值增速、绿色优质农产品认证数、可再生能源等方面进行考核。二是调节服务指标。科学评价考评区域环境保护、生态治理的成效与贡献，精准考评区域生态环境容量和高质量绿色发展潜力。重点考核土壤保持（土壤肥力保持和减轻泥沙淤积）、涵养水源、水质净化、固碳释氧减排增汇、净化大气、气候调节、洪水调蓄等维度的细化指标。三是文化服务指标。重点围绕生态旅游、景观价值、文化创意三个维度，系统评价考评区域环境质量提升与文化创意产业发展的关联度和贡献值。四是 GEP 和 GDP 指标。重点考察"两个较快增长"与"协同增长"的实现程度，从 GEP 增长率、GDP 增长率、单位面积 GEP 增长率、人均 GDP 增长率等方面进行考核。五是工作完成程度指标。重点考察相关部门推进生态产品价值实现的工作成效，从出台 GEP 考核办法、生态补偿机制相关政策、年度任务进度和典型案例宣传等方面考核机制建设情况。

（二）因地制宜，分区分类创新考核方式

一是明确考核对象。重点针对市、县（市、区）和政府部门开展生态产品价值年度考核，在设立各项指标基本目标的基础上，制定具体评价细则，对不同完成程度评分。设立加减分考核项，对获得上级部门相关表彰和通报的情况明确加分和扣分额度。二是设置指标权重。按照统一指标、分类赋权的原则，结合不同市县生态资源条件和生态文明建设重点方向，针对重点生态功能区、农产品主产区、城市化地区等不同功能定位,细化各考核指标的分值及权重。重点生态功能区重点考核生态空间的规模质量,适当提高GEP增速和转化率等指标权重;农产品主产区重点考核农业空间的规模质量和农产品保障能力,适当提高耕地规模、土壤土质等指标权重;城市化地区重点考核生态保护工作和城市绿色低碳转型成效,适当提高污染防治、节能降耗、生态保护修复和产业绿色化、低碳化、集群化指标权重。结合试点情况,不断优化权重比例和分值构成。三是优化评分方法。借鉴浙江省丽水市做法,根据不同考核指标的特点,设置功效系数法、完成比例法、否决扣分法、增存量联合赋分法、排名赋分法等不同评分法。

(三)稳妥推进,由点及面开展考核工作

一是做好考核前期准备。组建生态产品价值考核工作委员会,成立考核组和日常工作专班,负责考核的组织实施工作(试点阶段主要负责指导地市开展试点工作)。广泛听取各地各部门意见,出台生态产品价值考核办法和工作方案,明确考核牵头部门和配合单位,鼓励各设区市统一第三方数据测算机构,以提升考核结果横向可比性,不断完善价值考核的技术实现路径。二是开展试点示范探索。优先在前期已开展核算试点的南昌市、抚州市、吉安市推进全市域生态产品价值考核试点,鼓励各试点设区市创新考核方案,积累考核经验。三是适时推进全域考核。及时总结考核实施过程中遇到的问题,不断优化考核方案,认真研究并调整修订生态产品价值考核办法和工作方案,探索更贴合实际、便于操作的考核路径,适时铺开省对市、市对县的生态产品价值考核工作。

(四)用好结果,奖惩并举发挥考核作用

一是建立考核结果激励机制。根据考核得分确定考核等次,给予表彰奖励和绩效奖励,在年度绩效考核评优评先中予以优先考虑。考核等次排名靠前的地区和部门,可考虑增加评优评先名额,并在职务晋升中给予倾斜。二是建立考核结果问责机制。督促相关单位和个人及时整改问题,对考核结果长期垫底者,实行一票否决制度和责任终身追究制度。三是建立考核结果反馈机制。强化经验总结及问题改进工作,健全完善约谈回访机制,将整改情况纳入次年考核内容,形成"多元评价—精准反馈—全面整改—有效提升"闭环,增强考核工作持续性。四是建立考核结果发布机制。建立考核结果和数据公开制度,定期发布考核情况、开展成果表彰,多形式多渠道开展生态产品价值考核宣传,提升公众对生态系统服务价值的了解。

(江西省生态文明研究院徐伟民、王伟、周吉、孙志伟、熊瑜,江西省农业气象中心郭瑞鸽,江西省林业监测中心洪旺执笔)

基于基础设施项目的生态产品价值核算指标体系研究

"度量难"问题是阻碍生态产品价值实现的四大难点之一。建立生态产品价值评价机制，科学度量生态产品的实物量与货币价值，是生态资产交易与生态产品开发经营的基础和前提，是有效破解生态产品"度量难"的主要手段。江西抚州、广东深圳、浙江丽水等地先行先试，出台了 GEP 地方核算标准，并积极推动 GEP 核算成果进规划、进考核、进政策、进项目。2022 年，由国家发展改革委、国家统计局制定的 GEP 统计制度体系正式发布，基于行政区域的生态产品价值量化基本具备了标准化、规范化的可能，为生态产品从"无价"到"有价"提供了科学依据。截至 2023 年底，全国已有 28 个省份开展了不同层级的行政区域生态产品价值核算。北京、湖州、黄山等地也在探索特定地域单元生态产品价值（VEP）核算及其结果应用。

现有的生态产品价值核算方法，与常规的基础设施项目评价和市场交易体系仍存在一定的错位，难以真正应用到交易、抵押、变现和金融等方面，生态产品价值核算成果"进项目"缺乏依据。生态产品价值核算结果应用到项目层面存在的问题主要有三个方面：一是当前核算范围主要面向行政区域单元，无法落实到具体项目，难以把经济主体和生态产品价值直接挂钩；二是部分指标虽然能从理论上计算数值，但不能落实到经济活动中；三是当前核算指标与方法主要基于生态系统服务，核算对象主要侧重于生态价值，没有体现环境综合治理和资源可持续开发过程产生的生态产品价值。

针对生态产品价值核算与经济活动不衔接的问题，中节能生态产品研究中心在相关部门指导下，创新开展了项目级生态产品价值核算研究，并联合中国科学院地理科学与资源研究所、国家发展和改革委员会能源研究所、江西省生态文明研究院、南京大学、中国人民大学、中国地质大学（北京）、华夏银行、中国能源报社等8家国内权威高校与科研机构、金融企业、媒体共同起草了国内首个针对基础设施项目的生态产品价值核算标准《项目级生态产品价值核算技术通则》（T/CAQI 363-2023），并于2023年12月20日起正式实施。

一、项目级生态产品价值核算的理论基础

（一）相关概念

"生态产品"这一概念在2010年国务院发布的《全国主体功能区规划》中首次被提出，国际上类似的表述是"生态资产"。国内学术界对于生态产品概念和内涵的理解仍不统一，狭义上的生态产品是指生态系统为经济活动和其他人类活动提供且被使用的货物与服务贡献，包括物质供给、调节服务及文化服务三类。广义上的生态产品，除了狭义生态产品内容之外，还包括通过清洁生产、循环利用、降耗减排等途径，减少对生态资源的消耗生产出来的有机食品、绿色农产品、生态工业品等有形物质产品。

本研究定义的生态产品是对生态系统进行可持续利用过程中产生的产品和服务。包括自然生态系统提供的产品和服务，以及资源节约、环境友好、生态保护行为提供的产品和服务，由此减少的生态资源的消耗，从另一个方面可以认为是扩大了生态产品的供给，因此也可以看作是一种生态产品。依据上述定义，本研究将项目级生态产品价值定义为：项目在建设实施、投产运营阶段对自然—经济—社会复合系统提供的生态价值、资源价值和环境价值的总和。

（二）理论基础

生态系统服务理论。无节制地开发利用自然使人类面临着严重的生态环境问题，关于生态系统服务功能的学术与政策研究也在20世纪末逐渐展开。Daily、Costanza、联合国《千年生态系统评估报告》等研究成果表明生态系统可以对人类的福祉产生重要影响。

公共物品理论。公共物品具有非排他性和消费上的非竞争性两个本质特征，生态产品往往属于公共物品或共有资源，需要从公共服务的角度，进行有

效管理，通过相应的制度安排调整生态产品的提供者与受益者之间的利益关系。

（三）方法基础

生态系统服务功能评估。Costanza等首次对全球生态系统服务价值进行评估，并提出了包括17个评估指标在内的生态系统服务分类。我国学者也高度重视生态系统价值相关研究，欧阳志云等将生态系统生产总值（GEP）定义为生态系统为人类福祉和经济社会可持续发展提供的产品与服务价值的总和，包括生产系统产品价值、生态调节服务价值和生态文化服务价值。

资源与环境价值评估。土地、水、矿产等环境的单个要素等自然资源属性，可以基于市场价格进行评价。环境容量等环境资源属性，其价值难以在市场上直接得到显现，一般采用环境污染损失和环境治理成本来反映其价值。

二、项目级生态产品价值核算指标与方法

本研究以量化基础设施项目对生态产品的综合影响出发，将生态系统服务的核算指标体系进一步拓展，形成了包含生态价值、资源价值、环境价值3个一级指标、11个二级指标和29个三级指标的项目级生态产品价值核算指标体系。由于资源价值和环境价值已经有相对成熟的市场定价机制，这使得项目级生态产品价值核算和现实经济活动衔接更加紧密。

项目级生态产品价值核算指标

一级指标	二级指标	三级指标
生态价值	物质供给	生物质供给
	调节服务	水源涵养
		土壤保持
		防风固沙
		海岸带防护
		洪水调蓄
		空气净化
		水质净化
		固碳

续表

一级指标	二级指标	三级指标
生态价值	调节服务	局部气候调节
		噪声消减
	文化服务	旅游康养
		休闲游憩
		景观增值
资源价值	资源生产	可再生能源生产
		其他可再生资源生产
	资源节约	能源节约
		水资源节约
		材料节约
		土地节约
		矿产节约
	资源循环利用	能源梯级利用
		水资源循环利用
		材料循环利用
环境价值	大气污染物减排	大气污染物减排
	温室气体减排	温室气体减排
	水污染物减排	水污染物减排
	土壤污染物减排	土壤污染物减排
	固体废弃物减排	固体废弃物减排

注：只核算城市内的噪声消减、休闲游憩、景观增值。矿产节约核算不包含一次能源。

生态价值主要采用统计调查、机理模型核算实物量，采用替代成本法、市场价值法、旅行费用法核算价值量；资源价值主要采用统计调查核算实物量，采用市场价值法核算价值量；环境价值采用统计调查核算实物量，采用替代成本法、市场价值法核算价值量。

实际核算时，根据项目的类型和特征选择适用的核算指标，各项指标实物量与价值量均应为项目开发建设活动前后的生态产品变化量，未因项目活动发生变化的生态产品不计入核算。对于能从理论上测算，但暂不能进入经济活动中的生态产品价值核算指标单独标注。

三、应用案例

本研究已在光伏发电、风力发电、固废处理等行业开展了示范项目核算，应用情况良好。在光伏领域，以中节能安徽埇桥区采煤沉陷区朱仙庄70兆瓦水面光伏电站项目为例，该项目综合利用采煤沉陷区形成的水面，整体采用水上漂浮方案建设，实现了变废为宝和资源的再利用，大面积的光伏组件还可以为水体遮阳、降低水温、减少水体蒸发和高温所带来的水藻激增问题。项目建设、运行全周期产生生态价值 424.7×10^4 元，资源价值 64573.0×10^4 元，环境价值 57927.5×10^4 元，生态产品价值总计 122925.2×10^4 元。在固废领域，以中节能山东临沂固体废弃物生态循环产业园为例，该产业园以生活垃圾焚烧热电联产为核心，集餐厨垃圾、动物尸体、污泥等7类固废协同处置，沼气利用、污水处理、生物菌剂生产等于一体，将园区内物质流、能量流循环再利用，实现零排放和能源梯级利用。按照本研究核算，2021年产生资源价值 16799.2×10^4 元，环境价值 7592.9×10^4 元，最终的生态产品价值核算数为 24392.1×10^4 元。

本研究界定了生态产品和项目级生态产品价值的概念，建立了项目级生态产品价值核算指标体系和核算方法，并在光伏发电、风力发电、固废处理等行业落地应用。本研究表明，项目级生态产品价值核算能够全面评价基础设施项目引起的生态产品实物量和价值量变化情况，定量评估基础设施项目对生态系统进行可持续利用过程中产生的综合效益，是生态产品价值核算领域的重要探索，对于推动生态产品相关产业发展具有重要意义：一是为基础设施建设项目提供绿色发展指导。本研究丰富了生态产品价值实现的应用场景，在促进生态环境改善、资源节约等公共利益的同时培育更多更优秀的绿色生态项目，扩大生态产品供给，推动绿色低碳高质量发展。二是为政府制定生态产品机制政策提供依据。项目级生态产品价值核算能够为项目层级的生态产品定价、生态产品价值评估、工程项目绿色评价提供依据，在政府部门以生态产品发展为抓手，制定建设工程项目奖补机制和准入制度时，提供技术支撑，使相关部门更全面完整地评估项目对生态产品的影响，让生态产品价值核算的结果得到更广泛的应用。三是为生态产品经营开发融资提供支持。生态产品定量化、价值化是生态产品商品化、资本化的基础和关键。项目级生态产品价值核算是生态产品价值核算及结果应用的重要方向，能够为绿色金融提供参考依据，引导更多的资金投向相关项目，充分发挥绿色金融对生态产品价值实现的支持作用，推动生态产品产业落地。

（中节能生态产品发展研究中心桂华、杨梦婷、苏星执笔）

宜春高安市生态系统生产总值（GEP）核算研究

"绿水青山就是金山银山。"如何评估绿水青山的价值，怎样衡量生态环境保护绩效？与绿色发展相伴随的生态系统生产总值核算制度体系应运而生。生态系统生产总值（英文全称 Gross Ecosystem Product，简称 GEP），是指生态系统为人类福祉和经济社会可持续发展提供的最终产品与服务价值的总和，主要包括生态系统提供的供给产品、调节服务和文化服务的价值。高安市开展 GEP 核算工作，表明高安市在探索绿水青山向金山银山转化的路径上走出了坚实的一步，为深入推进 GEP 核算成果应用，为全省各地探索多元的生态产品价值实现机制提供经验借鉴。对推进国家生态文明试验区建设，打造美丽中国"江西样板"具有重要意义。

一、高安市 GEP 核算结果

开展生态系统生产总值（GEP）核算，就是贯彻落实"绿水青山就是金山银山"理念，为生态产品价值实现提供制度保障，是把生态效益纳入经济社会发展评价体系的具体措施。高安市以生态图斑作为生态产品价值核算的最小空间单元，形成了县—乡—村—图斑四级 GEP 核算体系。基于核算地域范围内精细生态图斑，实现基于生态图斑的气象、水利、林业、大气、水环境、物质生产统计等多源数据融合，为生态系统生产总值（GEP）核算提供数据基础。

经核算，2020 年高安市生态系统生产总值（GEP）为 806.41 亿元（按当年价格计算），约为当年高安市地区生产总值（GDP）468.448 亿元的 1.72 倍。物质产品价值为 97.97 亿元，占比 12.15%；调节服务价值为 671.51 亿元，占比 83.27%，其中，气候调节和水源涵养占比最高；文化服务价值为 36.93 亿元，占比 4.58%。

生态系统物质产品方面，高安市 2020 年农业产品价值量为 39.11 亿元，林业产品价值量为 4.24 亿元，畜牧业产品价值量为 32.60 亿元，渔业产品价值量为 8.73 亿元，水资源产品价值量为 11.55 亿元，生态能源价值量为 1.76 亿元。

生态系统服务调节方面，2020 年高安市生态产品调节服务价值量为 671.51 亿元，占整个生态系统价值量的 83.27%。从各乡镇调节服务价值分布来看，调节服务价值在华林山镇、伍桥镇较高，相城镇、村前镇、杨圩镇等乡镇次之，上湖乡、筠阳街道、瑞州街道等乡镇较低。整体呈现出西北部最高、南部和东北部次之、东部和中部部分乡镇最低的空间分布特征。通过热冷点分析看，2020 年 GEP 价值量热点区主要分布于市域西北，冷点区主要分布于中东部。

生态系统文化服务方面，高安市已经拥有巴夫洛生态谷景区和百峰岭景区等 4A 级景区及一批 3A 级旅游景区。2020 年，实现文化服务价值量 36.93 亿元，成为高安生态系统生产总值的重要组成部分。

二、高安市 GEP 核算结果应用

一是 GEP 进考核。GEP 可弥补单一 GDP 指标考核方式带来的结构性缺陷，科学反映真实发展水平。新发展阶段，应充分发挥好科学考核这一"指挥棒"，尽快调整考核目标、优化考核结构，逐步建立 GEP 与 GDP 双考核制度，将生态效益纳入经济社会评价体系，引导构建高安市绿色发展新格局。

二是 GEP 进规划。高安市深入贯彻落实习近平生态文明思想，自觉践行"绿水青山就是金山银山"的发展理念。将 GEP 与 GDP 一同作为预期性指标纳入高安市国民经济和社会发展第十四个五年规划纲要，确保 GEP 和 GDP 总量协同较快增长。同时，作为高安市国土空间规划的重要支撑，结合自身的主体功能定位，科学评估、合理设定各乡镇生态保护和经济发展目标，推进城市高质量发展。

三是 GEP 进决策。将 GEP 核算的结果和提升纳入生态文明建设考核，并将 GEP 作为重要评估指标纳入重大项目的决策过程中，作为决策的重要指引和硬约束。高安市全面提高生态环境质量、提升以绿色发展水平为核心的目标责任体系和责任追究体系，对造成生态环境质量恶化、生态功能退化的行为，将依法依规追究责任。

四是 GEP 进交易。绿水青山的价值是能够让一些地区获益的，而且也应该获益。当前市场化交易主要是物质产品和文化服务产品，调节服务产品的交易尚缺乏综合性的可量化指标、标准和统一的交易市场。可根据 GEP 核算结果，开发生态贷款、"两山"基金、绿色证券等绿色金融产品，打通"生态 + 金融"的生态产品价值实现路径，吸引更多资金、科技力量参与生态保护和绿色发展。

三、提升高安市 GEP 的对策建议

高安市 2020 年 GEP 结果显示，其生态系统调节服务占比很高，显示了高安市生态系统调节服务良好的资源基础，但也表明其市场化率比较低，价值实现还有很大的提升空间。基于核算结果和实地调研，建议高安市从加强品牌建设，强化生态保护，打造全产业链，发展绿色金融，探索 GEP 考核制度五方面提升生态系统生产总值，建立多元的生态产品价值实现机制，切实探索出一条绿水青山转化为金山银山的绿色发展之路。

（一）加强品牌建设，进一步增强物质产品升值能力

一是紧紧抓住种子和耕地两大要害，深入实施"藏粮于地、藏粮于技"战略，守牢耕地红线。二是加快产业振兴，坚持以产业振兴牵引乡村振兴，着力建设"辣椒腐竹小黄牛"等区域产业品牌。三是启动全国农业科技现代化先行县共建工作，作为宜春唯一入选全国农业科技现代化先行县共建名单的地区，借此政策红利，高安市加快编制富硒、生猪和肉牛等产业链建设工作方案。

（二）强化生态保护，进一步提升调节服务供给能力

一是推进山水林田湖草系统化治理，筑牢生态屏障。构筑与资源环境承载力相匹配的生态安全格局、新型城镇化格局和农村发展格局。二是深入推进污染防治攻坚战，建立污染防治攻坚战的组织体系，巩固生态优势。三是精准提

升森林质量，增加林业碳汇，科学推进国土绿化。有序推进高安市水土流失综合治理、生态廊道建设等林草重点工程建设。

（三）打造全产业链，进一步强化文化服务增值能力

一是加强旅游产业发展顶层设计。充分利用高安的旅游资源优势，深入挖掘其文化内涵和价值，突出红色绿色古色相融合，找准特色定位。二是强化文旅融合。坚持"以文塑旅、以旅彰文"，文旅与科技创新相融合，加强文旅领域的科技应用，赋能文化旅游业高质量发展。三是提升旅游品牌建设。大力实施项目攻坚战，不断增强高安旅游品牌的竞争力、影响力。四是推动旅游康养产业发展。高安的华林山镇等地森林资源丰富，推进旅游康养发展，有助于高安市构建新发展格局、实现后疫情时代旅游产业转型升级。

（四）发展绿色金融，进一步提高生态产品融资能力

一是开发绿色信贷产品，探索"生态资产权益抵押+项目贷"模式。二是推进生态产品资产证券化，支持从事优质生态农产品供给、生态旅游发展、生态文化创意产业等企业发行绿色债券。三是支持绿色保险创新，创新生态环境责任类保险产品，在全市环境高风险领域依法实施环境污染强制责任保险。四是创建"两山"转化运营中心，由市控股的国有公司牵头，将生态资源收储、整合后进行经营。五是推动投融资多元化，积极争取国家开发银行等政策性银行、国家绿色发展基金的支持，为生态产业快速发展提供优质的综合性金融服务。

（五）探索GEP考核制度，进一步激发高质量发展原动力

探索将生态系统生产总值指标纳入各乡镇党委和政府高质量发展综合绩效评价。适时实行经济发展和生态产品价值"双考核"。推动将生态产品价值核算结果作为乡镇领导干部自然资源资产离任审计的重要参考。对任期内造成生态系统生产总值严重下降的，依规依纪依法追究有关党政领导干部责任。积极探索GEP考核，推动GDP和GEP双增长，进一步激发高质量发展动力。

（江西财经大学谢花林、张新民、陈倩茹执笔）

二

生态产业发展研究

以产业化为核心推动生态产品价值实现研究

建立健全生态产品价值实现机制，是践行绿水青山就是金山银山理念的关键路径，也是培育壮大新质生产力的重要内容。在生态产品价值的众多途径中，产业化是将绿水青山中蕴含的价值变现、把生态财富转化为经济财富的核心。以2010年提出生态产品这一概念为起点，学术界对生态产品价值实现开展了概念、路径等方面的理论探索，实践中浙江、江西等省份积极开展生态产品价值实现探索，形成了一批绿水青山转化为金山银山的实践经验。但总体上看，生态产品价值实现问题仍然十分突出、挑战巨大，正由概念提出期、各地探索期进入集体迷茫期，未来发展前景面临理论和实践层面的重大挑战和制约，亟待破题和寻求有效的解决办法。

一、生态产品价值产业化转化的主要类型

根据中共中央办公厅、国务院办公厅印发的《关于建立健全生态产品价值实现机制的意见》，生态产品价值实现主要有政府补偿、权益交易和产业发展

当前有关地方的探索大致按照这一框架展开，但从体量上看，政府补偿、权益交易和产业发展的价值转化规模有着量级上的差异，前两者的规模大约在数十亿，而产业发展的规模可以达到数百亿乃至上千亿，规模差距极大。展望未来，产业发展也是生态产品价值实现的主要途径。具体来看，当前各类探索的生态产品价值产业化转化主要有以下几种类型。

（一）发展生态农业

该类型核心是依托自然资源，采取人放天养、自繁自养等原生态或生态友好型种养方式生产农林作物，同时发展农副食品加工，并结合品牌溢价实现生态增值。根据有关统计，2021年各省市和自治区生态农业建设面积共计超过了1000万公顷，占全国农业总耕地面积的比重达到了12%。发展生态农业的挑战在于扭转当前已经形成依赖化肥农药的种植养殖模式，并且面临着规模化、标准化、科技化、品牌化等问题，如我国的农业种子行业发展水平远低于西方国家。

（二）发展生态旅游

该类型主要是依托优美自然风光、历史文化遗存，在最大限度减少人为扰动的前提下，融合发展旅游、康养、休闲、文化等产业实现生态价值。根据文化和旅游部数据，2021年我国各类自然保护地、林草专类园、国有林场、国有林区等区域共接待游客超20亿人次。发展生态旅游的挑战在于权衡自然生态资源的公益和商业属性，同时考虑到自然生态资源多数位于保护地，还需要突破一系列政策障碍，探索特许经营方式。

（三）发展环境敏感型工业

该模式主要是依托洁净水源、清洁空气、适宜气候等自然本底条件，适度发展数字经济、洁净医药、电子元器件等产业，通过降低生产成本，推动生态优势转化为产业优势。典型的例子是浙江省丽水市国镜药业利用当地优良的水、空气资源，降低空气过滤等成本，发展药品包装产业，显化生态产品价值。发展环境敏感型工业的挑战在于环境要素仅仅是众多生产要素之一，单纯依靠生态环境来发展环境敏感型工业面临着重大竞争。

（四）"生态修复+产业导入"模式

相较于直接发展生态农业和旅游业，这一模式主要是针对生态破坏较为严重的片区，通过开展生态修复、土地整理和复垦等，为有关产业发展和土地增值提供支撑，并形成各类自然资源和环境产权，例如开展城乡建设用地增减挂钩交易。这包括荒漠化治理+光伏、石漠化综合治理、矿山生态修复及价值提升等。"生态修复+产业导入"的挑战在于前期生态修复巨大的资金投入，只有产业导入后才产生收益，并且自然资源和环境产权的获取需要突破各种政策障碍。

二、生态产品价值产业转化面临的主要困境

尽管 GEP 核算研究的成果令人振奋，但其在现实中的价值转化仍偏低。生态环境部环境规划院的估算显示生态产品初级转化率仅为 30% 左右，且 GEP 排名越高的地区的转化率越低，如青海转化率只有 1.8%。中国科学院科技战略咨询研究院的研究显示，2019 年内蒙古生态产品价值实现程度仅为 3680 亿元，仅占 GEP 的 8.2%。由于生态产品价值实现程度偏低，各个试点地区在开展探索时，普遍觉察到付出的努力与取得的成果存在偏差，对生态产品价值实现未来预期较低。就产业发展而言，生态产品价值产业化转化主要存在着以下困难：

（一）生态产品价值实现的产业转化空间可能受到经济学基本规律的制约，面临收益率低、稳定性不足、边际价值偏弱等问题

当前，以生态农业及加工、生态文旅、环境敏感型产业等为代表的生态产品价值转化产业已经基本完全由市场定价，要想实现生态溢价并非易事。从需求端角度看，生态溢价主要体现为产业升级和品牌赋能下形成的产品增值或产量提升；从供给端角度看，生态溢价主要体现为生产制造成本的下降或者效率的提升。但要推动生态环境优势转化为产业发展优势，仍需突破一系列障碍，困难重重。

生态农业和旅游项目大都是在现有基础上进行改造升级，但产业转型升级挑战较大。首先是产业主体的能力问题，比如一些家庭作坊型的产品加工类产

业，在精准市场定位与整体提升方面面临挑战；一些大型生态工业、生态农业项目招商引资虽有突破，但人才等生产要素突破较难、持续盈利能力弱等。其次是生态农业、文化旅游等产业存在着收益率相对偏低、市场波动较大等问题，制约了产业升级发展。农业和文旅类项目平均投资回报率一般不超过8%，而工业项目的回报率为10%~15%；同时收益不稳定，很多农业类项目在前三年没有任何产出，产品标准化困难，农产品的品质很难得到有效保障，价格受市场和季节影响大等。

环境敏感型产业的价值转化路径主要涉及产业布局问题，但由于生态环境的边际影响较低，价值转化难度也较大。通常情况下，生态环境质量越高，精密仪器、洁净医药、半导体生产等环境敏感型行业的生产成本可能就越低。但从市场距离、劳动、技术、生态环境等几个要素看，这些产业在选址和空间布局时，更关注与市场的距离、交通便利性、人力资本的丰富程度等，生态环境并非最为主要的考虑因素。而且，无尘洁净车间是可以人为实现的。因此，依托这些行业实现良好生态环境的价值面临激烈的竞争。从实际数据看，2022年我国电子及通信设备制造业的60%以上产值集中在广东、江苏、浙江、河南、福建、江西等地，均是劳动力丰富、贴近市场、创新能力强的地区；又比如江西的电子信息产业大都围绕着京九线布局，而全国生态产品价值实现试点之一的抚州的电子信息产业产值就比较低。

（二）产业转化思路采取以当地生态资源为基础的"确权—流转—核算—增信—产业"线性开发模式，而非以现有产业为基础的延链补链强链模式

从过去几年的工作情况看，生态产品价值实现工作主要是聚焦于生态资源的价值核算和确权工作，再结合流转，一方面实现规模效应和增值，另一方面寻找和引入相关产业，其典型例子是"两山银行"、储运公司等。但是，这一以当地生态资源为基础的"确权—流转—核算—增信—产业"线性开发模式，存在着以下问题和不足：

一是耗时较长、历史遗留问题复杂，收储和流转成本较高。生态资源收储前期工作需要通过调查、评估、筛选等途径才能完成，该过程往往耗时较长，且面临着政府部门数据不统一和相互打架、产权边界不清晰等问题，这就使得

整个收储会消耗大量资源，成本高企，空有噱头但难有实效。

二是统一收储后面临增信困难、财政压力大等问题。统一收储的逻辑是解决生态资源碎片化问题，有效推动规模效益、实现增值。但现实操作中这并非易事。在缺少政府财政激励的情况下，金融机构开展绿色信贷业务积极性不高。当前各地普遍采取信用贷款的方式，并且由政府出资建立风险补偿资金池等，才使得金融机构为相关收储平台提供资金支持。但这也给当地政府造成一定财政负担。

三是产业导入以及产出收益存在着较大的不确定性。如前所述，生态资源仅仅是产业发展的众多要素之一，以生态资源为基础进行产业导入面临较大的困难，如配套基础设施不足、市场距离较远等问题，加上政策约束，社会资本更容易望而却步，这就使得整个产业导入面临着较大的不确定性。

因此，在生态产品价值产业化方面，实际上需要推行"产业+"模式，按照产业延链补链强链的导向来谋划财务自平衡产业化项目，再根据项目建设需要反过来引领核算、确权、流转等工作，并辅以资金、人才、土地、用能等要素，才能产生事半功倍的效果。换言之，要通过优化和升级现行的经济模式和产业体系来实现生态产品的价值，而不是当前的"生态+"模式。

（三）当前生态产品价值实现的产业转化工作尚未有效发挥体制赋能的作用，政策制约较大

2017年以来，我国生态产品价值实现探索总体是以"中央吆喝、地方努力"为主。必须意识到，面对生态产品产业项目收益低、风险大、资产形成难等问题，地方政府单靠自身可能很难实现全方位突破。

一是地方政府在协调当地金融机构开展金融创新的力度和深度都不足。尽管过去一段时间地方政府推动了银行普惠、绿色贷款创新，如成立地方担保公司、生态资产收储中心、生态资产评估中心等，但在贷款利率、借款期限等方面尚不能完全满足生态产品产业化项目对长周期、低利率资金的需求，且造成一定的财政负担。更为重要的是，符合生态产品发展需求的生态股票、生态彩票、生态债券、生态基金等金融产品，前两者需要中央政府出台专项制度规范才有可能实现，后两者需要依托发达、完善的生态产业体系，许多地方条件尚

不满足。

二是中央预算内投资补助、政策贴息、税收减免、产权激励等政策工具未充分应用,没有对生态产品价值产业化转化项目给予支持。中央对各地开展的生态产品价值实现主要采取指导意见、试点推广等方式,但缺乏实质性的支持,中央预算内投资补助、政策贴息、税收减免等政策工具尚未有效应用于产业化转化项目。

三是政策制约大,产业发展的要素支撑面临着各类政策约束,获取难度极大。生态产品丰富的区域,往往是生态环境较好的区域,受到严重的政策制约。现行产业准入和项目立项、规划选址、用地审批、林地草地使用等对这些地区施加了严格的限制。因此,要在这些地方发展生态产业,可能面临着较大的要素获取政策障碍,各类项目可能难以有效落地和实施,难以吸引社会资本的参与。

三、以产业化为核心,推进生态产品价值转化的对策建议

从当前生态产品价值实现面临的困境看,未来需要找准有效的切口,带动生态产品价值的产业化转化。

(一)以"可实现"为导向,确立生态产品价值实现的三大定位

要尊重基本的经济规律,明确生态产品价值实现的定位,充分发挥其在推动产业高质量发展、促进乡村振兴和共同富裕、激励生态环境修复等方面的作用,推动生态产品价值实现成为新质生产力的重要组成部分。一是着眼于提升特定产业的价值链位势和增值能力。以"生态优势"赋能产业高质量发展,是生态产品价值转化的主要途径,也是其发挥推动高质量发展的意义所在。要培育生态产品价值实现产业发展的新业态新模式,推动科技创新赋能、品牌增值赋能、产业延链赋能等。二是着眼于促进乡村振兴和城乡共同富裕。生态产品多数分布在乡村地区,与农村、农业、农民有着天然联系。通过生态产业这一载体,有助于引导社会资源向乡村汇聚,发挥乡村生态优势,把绿水青山转换为脱贫致富的金山银山。三是着眼于激励优质生态产品供给和生态保护修复。生态产品价值实现的基本原则是"修复者获益、保护者受益",激励各地提升

生态产品供给能力和水平，营造各方共同参与生态环境保护修复的良好氛围。

（二）以"可落地"为导向，加强生态产品价值产业转化项目谋划和实施

一是研究制定"产业转化指引"，合理引导生态产品价值转化项目谋划。产业化的核心是通过产业模式的创新将生态资本中隐藏的价值转化成可供交易的形态，以产品"质量+产量"为主要载体，推进生态产品多元化开发、多层次利用、多环节增值。因而，强化以生态赋能为基石、以工业为核心的延链补链强链工作，加强生态资源与农业、文旅、科研教育以及康养等绿色产业的广泛结合，不断丰富"生态+产业"类型。在总结各地实践的情况下，参考"绿色低碳产业指导目录"等，适时研究制定出台"生态产品价值产业转化指引"，为各地有序谋划相关项目提供指导。二是谋划实施"生态产品价值产业转化示范工程"，打造一批示范项目、企业和园区。在当前试点基础的基础上，谋划实施"生态产品价值产业转化示范工程"，构建覆盖"示范产品、示范项目、示范企业、示范园区、示范产业链条"的多层级生态产品价值产业转化示范体系。各地方在用地、用能、用水、用海等要素需求方面，对生态产品价值产业转化示范工程给予优先支持。三是加强政策工具创新，为生态产品价值产业转化项目提供与其特性相匹配的支持。生态产品的生产周期长、风险高，资金投入较大、政策风险大，因此需要加大政策工具创新力度，促进资本与生产资料的充分结合。短期内，在统筹中央预算内投资补助的基础上，利用国家政策性开发性金融机构，为生态产品生产者提供中长期、低利率的信贷支持；长期来看，需要进一步加大创新力度，采取生态基金、生态彩票等间接融资方式，吸引社会公众资金参与生态产品价值的实现。与此同时，还要创新土地要素供给机制，探索附带生态修复条件的土地供应机制，进一步推广点状供地机制；全面梳理各类产业准入限制、用地政策，为生态产品价值产业转化项目提供有效支撑。

（三）以"可运营"为导向，多方举措提升生态产品价值产业化项目的收益

对产业化项目而言，实现可持续运营是最为关键的要素，这一环节需要重点解决收益机制问题。一是促进生态产品持续增值溢价。要做好生态品牌建设、运营和推广，推动构建"区域公用品牌+企业品牌+产品品牌"的品牌

矩阵，同时要改变当前品牌建设中过于注重宣传等软实力的内容，注重增加品牌的硬科技含量，研究阐明生态品牌对消费者的好处。与此同时，在生态标签或认证标识的基础上，结合精准广告推送等模式，引导环境友好型消费者支付购买。二是做好生态资源权益交易赋能制度创新。短期看，要畅通"关于鼓励和支持社会资本参与生态保护修复的意见"的落实渠道，允许通过划拨等方式，对社会资本参与生态修复给予设权赋能和权益激励等激励机制，赋予土地指标、砂石开采权、景观经营权等。中期看，要以碳汇为突破，对接全国碳排放权交易市场，开发产业类项目的碳汇功能。长期看，可以探索科学高效的市场化供需对接和区域生态占补平衡机制，全力促成生态资产增值变现。三是加大生态产品消费支持力度。将生态产品纳入政府采购目录、以旧换新行动项目当中，全方位加大政府采购力度。鼓励地方政府建立生态产品库，结合碳普惠、个人生态积分、信用积分等，发放消费券，引导公众消费生态产品。

（中国科学院科技战略咨询研究院苏利阳执笔）

江西省生态产业化综合支持政策建议

针对江西省当前生态资源开发利用、乡村产业发展现状和存在的关键问题，从用地、人才、财政金融、产业发展、品牌建设、科技支撑等方面提出支持江西省生态产业化发展的政策建议，以促进江西省生态资源的合理利用、生态产业化发展和生态产品价值实现，为长江经济带高质量发展提供条件支撑。

一、用地支持

（一）保障生鲜农产品初加工用地

根据茶叶、竹笋、食用菌、蔬菜等生鲜产品基地种植面积或辐射面积与加工能力，利用农村"四荒"地及闲置建设用地，由林业、农业部门会同自然资源部门、乡镇政府等统筹布局茶山、竹山、食用菌或蔬菜种植分解点和初级加工小微园区，涉及新增建设用地计划指标，由设区市统筹保障。

（二）保障生态康养旅游产业企业用地

依法依规将生态康养旅游产业建设用地纳入国土空间规划，按照"指标跟着项目走"的原则，年度土地利用计划优先安排。结合实际安排一定比例的年度新增建设用地计划指标，用于支持对乡村振兴具有示范带动作用的文化康养旅游项目建设。创新康养旅游产业项目用地方式，鼓励采取长期租赁、租让结合和弹性年期出让土地，允许分散划块、点状分布等方式供应土地，合理确定开发强度。支持乡村旅游发展用地申请使用各地在乡镇国土空间规划中预留的不超过5%的建设用地机动指标。

（三）保障其他乡村产业发展用地

针对"赣十味""赣食十味"等江西特色中药材、药食同源类产品，以林下经济产品、农产品、粮食作物等进行分类，由林业、农业部门会同自然资源部门贯彻落实《关于防止耕地"非粮化"稳定粮食生产的意见》文件精神，对不同类别进行用地支持管理，为乡村特色农林产业基地发展提供用地指标。

（四）保障"三产"融合发展用地

县域范围内统筹优化农村一、二、三产业融合发展用地布局，合理保障用地规模，新编县乡级国土空间规划应安排不少于10%的建设用地指标重点保障乡村产业发展用地，省级制定土地利用年度计划时应安排至少5%新增建设用地指标保障乡村重点产业和项目用地。利用农村本地资源开展农产品初加工、发展休闲观光旅游必需的配套设施建设，可在不占用永久基本农田、高标准农田、粮食生产功能区和生态保护红线，不突破国土空间规划建设用地指标等约束条件，不破坏生态环境和乡村风貌的前提下，在村庄建设边界外安排少量建设用地，实行比例和面积控制，并依法办理农用地转用审批和供地手续。

二、人才支持

（一）"生态+"产业基础研究人才

支持区域"生态+"产业的特色产业技术研发人员，如在南丰蜜橘、赣南脐橙、横峰葛粉、樟树中药材等特色产业中，从事品种选育、种苗繁育、品质监控、标准规范等研究或开发的专业技术人员，在职称评审、收入待遇、技能培训等方面予以倾斜支持。

（二）乡村产业能人/工匠培养

由教育、人社、农业农村、文旅、住建等有关部门定期组织开展针对符合条件的乡村产业能人/工匠的教育培训活动，培训经费由地方财政承担。对长期扎根农村从事"生态+"产业和工匠工作，具有绝招、绝技、绝活，并为全省社会经济发展和重大战略实施作出突出贡献的高技能领军人才，建立职称评审绿色通道，符合条件者可直接申报相应职称。统筹利用金融、保险、用地等产业帮扶政策，鼓励各地开发针对乡村产业能人／工匠的信贷产品，并在授信额度、贷款利率和贷款期限等方面给予优惠，促进乡村产业能人／工匠发展特色企业。鼓励各地市和县（市、区）结合实际，出台扶持乡村产业能人／工匠培育政策，对乡村工匠领办创办的乡村工匠工作站、名师工作室、大师传习所开展师徒传承、研习培训、示范引导、精品创作、组织实施传统工艺特色产业项目等，积极给予政策支持，落实绝技绝活代际传承。对符合条件的低收入农户按规定落实就业帮扶政策。

（三）乡村产业管理与服务人才

积极培育和吸引具有一定产业管理和服务知识和能力的返乡青年、职业院校毕业生、大学生、致富带头人等群体作为乡村产业管理与服务后备人才，列入乡镇、村后备干部或驻村第一书记，同时列入乡村产业能人／工匠后备人才库，并将他们带动发展特色产业实绩作为乡村产业能人／工匠认定、评优晋级以及干部考核的主要依据。

三、财政金融支持

（一）税收优惠

对"生态+"产业的龙头企业从事种植业、养殖业和农产品初加工业所得按规定减免企业所得税。从县级以上政府及有关部门取得的符合条件的财政性资金，可作为不征税收入。对直接用于农、林、牧、渔业的生产用地免征城镇土地使用税。农业龙头企业发生的研发费用可按规定在企业所得税税前加计扣除。经认定为高新技术企业的农业龙头企业，减按15%的税率征收企业所得税。对农业龙头企业从事国家鼓励类产业项目、引进国内不能生产的先进加工生产设备，可按有关规定免征进口关税和进口环节增值税。推动省产业基金投资"生态+"产业，出台木本粮油低产低效林良种化更新改造、各类经济作物良种培育和种质资源圃建设等扶持政策，对符合条件的返乡入乡创业农民工，按规定给予税费减免等优惠。

（二）财政支持

各级财政加大对"生态+"产业的扶持力度，建立"生态+"产业发展多元化投入机制。支持各地结合自身财力情况和经济发展实际，加大林业、农业、康养旅游等资金整合力度，充分发挥财政资金杠杆作用，落实国家支持木本粮油和林下经济发展、特色农业产业发展、康养旅游服务产业发展的相关税收优惠政策，引导社会资本投入"生态+"产业。各级财政积极支持"生态+"产业的高质量发展，发挥江西省各类融资平台对接优势，推广无还本续贷产品，持续构建和升级"茶叶贷""笋竹贷""乡村振兴贷"等各类信贷产品，根据实际情况加大对"生态+"产业贴息贷款支持力度，对符合条件的项目，省财政给予各类"生态+"产业贷款利息补贴。

（三）金融服务

推动金融资源向"生态+"产业倾斜，将符合条件的"生态+"产业贷款担保纳入全国农业信贷担保体系中省级农担公司服务范围，引导市场主体对各类生态资源和生态产品进行抵押贷款和担保，开展集体经营性建设用地使用权、农垦国有农用地使用权、农村集体经营性资产股份等抵质押贷款业务，建立健全抵押生态资源和生态产品的收储制度体系。强化央行政策工具支持，引导发展基于生态资源的绿色金融产品和服务模式创新，推进生态资源中长期贷款支持，探索开展生态产品预期收益贷款，支持符合条件的"生态+"产业龙头企业在国内资本市场上市，在银行间市场发债融资。鼓励保险机构精准对接"生态+"产业风险需求，创新气象指数保险、价格指数保险、产值产量保险等新型险种，扩大业务范围和保险覆盖面，适度提高政策性农业保险补贴比例，开发"生态+"产业的全产业链保险，统筹推进"生态+"产业相关经营主体参保。

四、产业发展

（一）基地建设

支持"生态+"产业龙头企业建设特色农林产业种植/养殖基地和产品加工基地，支持建设一批农村产业融合发展示范园、蔬菜标准园、农业标准化示范区、冷链物流基地、农产品批发市场和绿色农产品生产加工供应基地。鼓励龙头企业联合乡村种养大户或专业合作社共建示范基地、标准化种植养殖基地、标准化加工基地，特别是环境敏感型产业基地。鼓励农业、林业、自然资源、旅游、科技等部门和各地市、县（市、区）按照国家相关政策对基地的基础设施、技术服务、人才引育、产品展销等进行扶持。基地建设期的各项费用纳入企业运营成本予以减免税收。各种植大户、专业合作社达到一定规模（分别为200亩、500亩）的基地，可参照龙头企业的基地进行扶持。

（二）产业链构建

鼓励"生态+"产业龙头企业联合农民专业合作社、家庭农场等新型农业经营主体以及村级集体经济组织组建产业化联合体，构建让农民分享加工流通增值收益的利益联结机制。支持通过兼并重组、股份合作、资产转让等形式组建大型乡村产业龙头企业集团，推进主导产业与休闲、文旅、教研、康养等深度融合，提高产业链上下游协同水平和抗风险能力。

支持"一村一品""多村一品""一县一产""一县一链"等乡村产业体系建设，对形成"一村一品""多村一品"政策，按照特色产业基地、省级"一村一品"示范村给予财政补贴，相邻村的同一主导产业优质项目可纳入补助范围，支持省级"一村一品"村带动周边村共同发展、共同受益；对形成"一县一产""一县一链/集群"的县域，由省财政安排产业资金予以帮扶。

鼓励发展特色优势产业，以"粮头食尾""农头工尾"为抓手，建设储藏、保鲜、烘干、清洗、分拣、包装等初加工设备设施，开发特色精深加工产品，延伸产业链条，提升产品附加值。培育特色农林产品加工业集群，积极发展农林产业生产性服务业，特别是支持打造林业、食用菌、中药材、竹木、水产品等具有地域特色的"生态+"产业全产业链。

（三）三产融合

依托农林水等特色产业资源和文化旅游资源，培育集生态产品生产、加工、流通并融合文化体验、休闲度假、养生养老等生态产品产业链和产业网。鼓励开发以"赣十味""赣食十味"及其他木本粮油和林下经济产品为原料的保健饮品、功能食品、精准定制食品、化妆品等新型产品，推动林工贸、产供销一体化，实现由生产初级产品向生产高附加值终端产品转化。挖掘"赣十味""赣食十味"及其他道地药材、药食同源作物的食用、药用、观赏价值，开发食用菌的营养保健功能，推进"赣十味""赣食十味"及其他木本粮油和林下经济与旅游、教育、文化、健康养老产业等深度融合。

鼓励各地依托江西地域特色文化打造一批标志性文旅融合产品。支持赣文化有机融入文旅产品开发，打造一批赣文化旅游精品。鼓励历史文化名镇名村传统村落保护利用与旅游融合发展，将传统人居理念、营建智慧融入文旅产业，打造精品村落。支持"茶产业+文旅"，扶持茶文化小镇、茶文化庄园等一批茶文旅融合项目。支持"林业+文旅"，鼓励创建森林康养基地，优先在景区景点等重点区域开展林相改善行动，增强周边整体景观的观赏性。支持工会培育职工疗休养基地。支持开发竹观光、竹康养、笋食品等绿色产业，加快建设竹博园、竹林漫道、竹林小镇、竹文化公园等设施，鼓励开发"竹文化+"生态旅游和森林康养产品，大力发展竹文化产业。

（四）生态资源利用

支持各县（市、区）推进"生态+"产业及环境敏感型产业的优化布局，合理利用森林、耕地、河流、湖泊湿地、自然景观等各类生态资源，鼓励开展生态资源利用的适宜性评价，科学布局"生态+"产业及环境敏感型产业。对于开展"生态+"产业及环境敏感型产业发展规划（含空间格局优化）的县（市、区），在生态文明建设业绩考核方面予以加分倾斜。对于不合理利用或过度利用生态资源的县（市、区）（由第三方评估），在生态文明建设业绩考核中予以减分，产生生态破坏等不良后果的，由相关部门依法处理处置。

鼓励依托公共资源交易平台或开发构建具有区域特色的生态资源交易市场/平台，对县域内各类生态资源进行流转。引导鼓励村集体或农户以茶山、竹山、果园、河流水域等以入股、托管、租赁等方式开展生态资源流转，培育合作社、家庭林场等新型经营主体，并将其纳入农林业新型经营主体标准化建设补助范围。鼓励以行政村（社区）为单位，采取"统一经营、利益共享、风险共担"的运营模式，组建毛竹/竹笋、林下食用菌、水产品、果业等各类产业合作社。鼓励生态资源经营权融资，发展"国企+合作社+基地""龙头企业

+合作社+基地"等农企融合共赢模式,推动村集体与国有林场、国有企业等开展股份合作经营,明确农户以股东身份参与产业发展并分享产业增值收益,提升生态资源的经营效益。

五、品牌建设

(一)标准规范

鼓励各县(市、区)组织县域内龙头企业、研究平台或联合国内高校与科研院所开展本县域特色"生态+"产业中种苗繁育、种植养殖、产品加工以及产品分等定级等相关标准、规范和技术指南,以引领特色产业发展,提升产业竞争力。对于县域内制定的相关标准规范,按照团体标准、省级地方标准、行业标准、企业标准、国家级标准等不同等级分类,由省财政按照相关规定予以补助标准规范研发的费用(额定补助)。对参与标准规范制定的县域龙头企业人员、研究平台人员,在高技术企业认定、职称评审中予以业绩认定。

(二)质控溯源

支持和鼓励县域特色产业基地和"生态+"产业特色产品开展标准化的质控溯源体系建设,由省财政进行一定比例的成本补贴。对于特色产品的质量控制,加强从农田林间到餐桌的全链条监管,需从种植/养殖环境、生产管理(施肥施药、田间管理等)、加工工艺、产品分等定级、产品包装等各环节,严格按照相应的技术规范或产品标准进行质量控制并留痕备查;对于溯源体系建设,需在上述各环节,以在线监控、品质检测、产品编码等形式进行数字化,形成可追溯的数字体系。推动绿色食品、有机农产品全部实现带码销售,推行食用农产品承诺达标合格证与一品一码追溯并行制度,实现产品上市赋码出证、凭证销售。

(三)品牌培育

鼓励各县(市、区)开展基于优质生态资源的农林水产品生产的品种培优、品质提升、品牌打造和标准化生产等"三品一标"工作,同时对于特色农产品,创建农产品"三品一标"(即无公害农产品、绿色食品、有机食品、农产品地理标志产品)。鼓励按照本土化特色农产品标准进行产品生产和销售，推进品牌化营销。开展绿色食品、有机食品认证，鼓励申报国家地理标志保护产品、全国名特优新农产品，加强特色农产品区域公用品牌建设，统一包装、统一商标，打造有特征标识、产地身份的"乡字号""土字号"农产品品牌。

六、科技支撑

（一）研究平台建设

支持具有地域特色"生态+"产业（如赣南脐橙、南丰蜜橘、横峰葛粉、樟树中药材等）的技术研发平台建设。鼓励各地市、县区等地方政府针对区域特色的"生态+"产业，与省内高校、科研院所共建相应的技术研发平台，共同开展特色种源保育、种苗繁育、生产加工工艺、产品研发、标准规范制定等方面的技术研究和科技示范。鼓励"生态+"产业龙头企业组建研究平台，开展工程技术研究和产品研发。对于研究基础好、技术实力强并形成研究成果或产品产业化的地方或企业特色研究平台，由省科技管理部门给予支持。

（二）科研项目与经费支持

鼓励"生态+"产业龙头企业开展技术研发和示范，实施企业研发投入奖补政策，鼓励有条件的地区，对研发费用占营业收入比重3%以上且研发费用年增长20%以上的企业，或基础研究研发费用投入超过1000万元的企业，按上年度研发费用或基础研究研发费用的一定比例给予财政奖励。

鼓励地方特色"生态+"产业技术研发平台开展特色生态资源利用、种质资源保护与培育、种苗繁育、新工艺技术创新、新产品研发、产品文化挖掘等各类科研活动，由地方财政予以经费支持；针对特色"生态+"产业发展的关键科学问题、关键技术问题，凝练成省级和国家级重点重大科研项目，省市科技管理部门将列入优先支持领域给予必要的项目经费支持。

（三）科技创新能力培育

强化"生态+"产业的相关种业创新、生态栽培、高效抚育、节水保土、绿色防治病虫害、产品精深加工等方面的科研攻关和成果推广应用，推进产学研用深度融合。实施"生态+"产业领域"人才+"工程，建立人才培养和产业发展良性互动机制，支持高校、科研机构与企业共建科技成果转移转化示范基地。实行科技人员结对帮扶机制，构建由学术带头人、首席推广专家、科技特派员、乡土专家等组成的技术创新与推广服务团队，用现代科技支撑产业高质量发展。

（南昌大学郑博福、李汝资、朱锦奇、万炜执笔）

江西农光互补项目实施现状、问题与对策

面对日益严峻的全球气候环境危机,我国作出了"2030 年前碳达峰""2060 年前碳中和"的承诺,并在《2030 年前碳达峰行动方案》中明确提出,推进农光互补、"光伏+设施农业"等低碳农业模式,助力"双碳"目标实现。农光互补是在既有农林业设施或养殖大棚上敷设光伏组件,在大棚下面开展农业、苗圃或养殖的项目。作为农业大省、光伏大省和能源消费大省,应大力推行农光互补项目,争当"碳路先锋",助力建设"美丽江西",加速"双碳"实现进程!

一、江西农光互补项目的实施成效

(一)农光互补项目建设驶入快车道

近几年光伏农业利好政策频出,各地纷纷响应,以项目积极推动农光互补快速发展。在 2021 年第二批 232 个省级光伏发电规划近期库项目中,入选的农光互补项目有 82 个,占比超过了 1/3。主要分布在抚州 30 个、上饶 12 个、赣州 8 个、吉安 7 个、宜春 7 个、新余 5 个、南昌 4 个、景德镇 3 个、萍乡 3 个、鹰潭 3 个。在 2022 年第一批省重点建设项目中,重点建设光伏项目共 29 个,其中农光互补项目有 15 个,占比超过一半,分别是宜春 4 个、抚州 3 个、南昌 2 个、上饶 2 个、新余 2 个、吉安 2 个。

(二)政企合作齐驱农光互补发展

通过政府引导,企业先行,全省形成了良好的政企合作氛围。晶科能源有限公司作为全省光伏领军企业,于 2015 年在横峰县建成国内首个"农业光伏、

水面光伏、地面光伏"三位一体的光伏发电站,也是当时全省最大的光伏电站。目前正在多地创新推广集光伏发电、生态治理、药材种植、农业采摘、观光旅游为一体的"光伏+"三产融合项目,为光伏产业发展起到了良好的示范引领作用。卓阳集团、华能携手南丰县共建1.6吉瓦农(林)光互补光伏电站项目,将打造集光伏发电、农业栽种、中草药种植、林业观光为一体的光伏综合项目。赣浙能源有限公司探索"光伏+农业"发展模式,将把抚州东乡光伏项目建设成以"农光互补、渔光互补"为特色的光伏发电综合项目。

(三)"农林畜渔+光伏"模式实现一地多用多收益

江西发展了多种农光互补模式,最大限度放大光伏和土地效益。景德镇鸬鹚高家农光互补光伏电站项目基地实现棚架上发电,棚架下开展果蔬、花卉、油茶、中草药种植,带动农民大力发展农业产业;上饶万年县采用水面发电、水中养鱼(珍珠)的生产模式,推动当地能源建设向绿色健康方向发展,并发展光伏畜牧,实现"铁杆庄稼"里养牛鸭;吉安界埠镇通过土壤改良,在光伏发电板下种植玫瑰、油菜等花卉苗木,在扮靓荒山荒坡的同时,发挥了土地最大效益。

(四)农光互补照亮乡村振兴路

农光互补项目的开展,实现了让百姓得利、生态受益的双赢局面。比如,上饶万年县大源镇开展农光互补不仅为当地提供了绿色能源,还为全县1600户失能、弱能建档立卡贫困户提供了兜底保障,实现了户均每年增收1200元左右;抚州广昌县水南圩乡农业互补大棚年均发电130万度以上,年总产值2760万元,通过光伏发电分红及大棚租金收入为全乡村级集体经济年增加收入40余万元;江西水投能源公司沧县80兆瓦农光互补光伏发电项目每年可提供清洁电能约1.08亿千瓦时,能显著降低二氧化碳、二氧化硫等有害气体排放量,并创造年产值3948.87万余元。

二、江西农光互补项目实施的主要问题

(一)"光伏+农业"深度融合发展格局尚未完全形成

一是技术融合度不足。高端光伏农产品较少,农光互补应用设施如光伏大棚、光伏养殖场等设计方案不够完美，光、电、热等能量转化应用不够高效，农光互补的种、养成套集成技术等融合不够，光能利用率较低。二是光伏农业企业数量少，对农光互补项目发展带动不足。目前，主要是由光伏企业开展农业建设研究，如晶科能源、江西瑞晶光伏、抚州发电公司等。三是企业在开发建设农光互补项目的过程中，易出现"重光轻农""有光无农"的情况，项目本质更加接近于光伏项目，而非与农业结合的项目，不仅降低了亩产，也不利于带动当地村民就业。

（二）项目用地税收征管不力且土地流转困难

一是项目所用耕地税收征管存在问题。尚未对项目耕地占用税问题予以直接明确，各地对于项目占用耕地是否征税存在分歧。同时征管协作不完备，项目从立项、复核认定、土地供应到税款缴纳，涉及能源、自然资源、农业、税务等多部门，而部门间信息传递与共享机制不够完善，影响税收征管。二是农村土地流转体系不顺畅阻碍项目落地。农民种田养家的传统观念仍占据主导地位，不愿放弃土地承包经营权，且政策性农业补助不够高、社会保障体系不健全促使部分农民不愿转出土地。如铅山县在开发农光互补项目时，曾因项目宣传不到位及土地租金等问题，遭到了村民抵制，导致项目无法落地。

（三）项目审批流程、建设标准、扶持政策仍需完善

一是项目审批流程复杂繁琐。在农光互补项目方面没有一个明确的归口管理部门，立项、审核、报批分散在各政府部门、职能部门中，同时，光伏与农业部分前期审批流程不同，无法同步进行，阻碍项目进度。二是目前还未统一明确农光互补项目的建设要求与认定标准，关于光伏组件底沿离地面、行间距等标准尚未明确。一定程度上阻碍了项目发展，增加了已建成项目监管风险。三是有关扶持政策不完善。尚未对农光互补项目制定严格的界定标准及出台配套的政策和法规，且没有针对农光互补项目的相关优惠政策。

（四）光伏农业复合型人才与技术缺口大

一是农光互补复合型人才匮乏。具有光伏知识和农业专业知识的复合型人才较少，专门从事光伏农业产业研究的团队数量不足。省内高校、科研院所没有专门的农业光伏院系（专业）、研究机构、学科。二是农光互补项目所需技

术不够成熟。江西农光互补项目仍处于初级发展阶段。光伏农业大棚的相关技术不够成熟，尚未形成标准的技术体系。温室环境控制技术水平低下，绝大多数温室没有主动调控环境的设施。农业机械化水平较低，设施农业机械化作业水平落后，适应大棚内各种栽培方法所需的作业机械较少，配套设施不完备。所使用的晶体硅电池板、非晶体硅电池板透光率较差，影响作物光合作用。

三、江西大力发展农光互补项目的政策建议

（一）着眼规范管理，制定项目用地相关标准

一要出台用地标准。明确在一般农用地、灌木林地、水库水面、坑塘水面、园地、低丘缓坡改造地等建设农光互补项目的适用规范，并支持采用土地租赁的方式建设农光互补项目。二要规范项目用地税收征管。由省级层面明确耕地占用税的减免规定。建议农光互补项目农业产出达到相关要求后，不再征收耕地占用税和土地使用税；而对一定时限内（如三年）事实上造成土地撂荒或者无法耕作的项目，取消其复合项目认定并补办土地转用手续。三要建议地方政府建立统一的农村土地流转信息平台，加强宣传引导，坚持土地性质不改变，对光伏农业用地全生命周期进行监控，提高用地补助，保障农民土地承包经营权益，实现土地合法高效流转与集体化规模化经营。

（二）突出地方特色，探索多元化运营模式

一要支持以"政府+金融部门+贫困户""政府+企业+合作社""企业+基地+农户"等多种利益联结机制及模式开展项目合作，并由投资主体一体化运营，实现多方共赢的同时，有效构建风险共担机制。二要鼓励各地结合生态修复、现代农业、苗木培育、观光旅游等，建设种植业、养殖业或生态旅游等三产融合发展的农光互补项目，构建产业扶贫、旅游扶贫、美丽乡村建设三者融合推进的格局。三要引导各地进一步明确适合开发农光互补项目的土地类型，科学布局。在常年干旱地区、矿山开采矿区、沼泽地等可开展光伏领跑者计划、光伏小康工程、光伏生态修复工程，引导光伏产业与生态修复融合。

（三）聚焦"农""光"同步，保障农业与光伏效益并重

一要遵循"以农业为主、光伏为辅，农业与光伏产业互补共赢"的原则，

保障现代农业设施和光伏发电建设同时设计、同时施工、同时投入使用。二要建设一套农光互补项目的土地可持续管理体系。规定项目农业产出水平参考当地同类土地的产出水平，进行标定并分级管理。同时，由农业部门和能源部门联合监管项目，并根据项目进展制定奖励机制和惩罚机制。三要健全光伏农业行政管理体系。建立由能源部门牵头、农业部门为主、科技部门等相结合的一体化审批机制，进一步改革审批制度，建立并联审批通道，优化审批流程。

（四）加大政策扶持，夯实农光互补要素保障

一要制定切实可行的农光互补用地及资金扶持政策，允许各地农（牧）业或科技部门申请专项经费用于推广光伏农业技术或产品，加大农业设施投资，给予光伏电价优惠支持，并研究制定农光互补项目建设要求与认定标准。二要成立独立部门负责农光互补项目推广实施，多部门进行配合与协助，带动有条件的农业单位、企业，在现有的条件较好的种、养大户中共同打造农光互补样板和示范工程，以点带面推广农光互补项目。三要适当放低农光互补准入门槛。支持种养大户、农民专业合作社、企事业单位以及在职农业技术人员投资兴办农业经济实体，积极探索应用农光互补生产技术。四要支持省内高校、科研机构与企业联合培养人才，共建农光互补人才实训基地。鼓励科技人员深入生产一线，研发光伏温控、光伏灌溉、光伏灭虫灯等高效技术和产品，建设农光互补科技创新队伍和基层队伍。

（江西师范大学钟业喜、郭嘉慧执笔）

抚州市资溪县竹产业高质量发展研究

2024年3月，江西省林业科学院组织科研人员组成调研组，深入资溪县工业园区、林业局、镇村、园区企业等单位和地方，采取实地走访、召开座谈会、现场办公等方式，广泛征求意见建议，就资溪县竹产业发展情况开展了深入的调研，形成报告如下。

一、竹产业发展大有可为

竹子作为一种可再生资源，是低碳、循环的生态环境友好型和资源节约型产品的重要原料，是重要的生态、产业和文化资源，被公认为绿色经济、新时代的朝阳产业。

（一）发展竹产业是建设生态文明的重要载体

我国生态文明建设进入了实现生态环境改善由量变到质变的关键时期。习近平总书记考察江西时指出，绿色生态是江西最大财富、最大优势、最大品牌，一定要保护好，做好治山理水、显山露水的文章，走出一条经济发展和生态文明水平提高相辅相成、相得益彰的路子，打造美丽中国"江西样板"。竹产业具有鲜明的生态、经济、文化属性，是现代生态文明建设的良好载体。加快竹产业发展，对于推进生态文明建设具有重大意义。

（二）发展竹产业是推进双向转化的重要抓手

绿水青山就是金山银山理念是习近平生态文明思想的科学内核和鲜明特色，其精髓是要因地制宜、最大化地挖掘生态价值，建立绿水青山就是金山银山的转化机制。加快竹产业发展，把竹资源优势转化为生态优势、发展优势，就是在保护好生态环境的前提下做强做优竹产业，把竹产业生态优势释放出来，以经济效益巩固绿水青山，以良好生态筑牢发展基础，实现经济发展和生态改善两促进，推动绿水青山向金山银山的转化，实现竹产业融合发展。

（三）发展竹产业是实现以竹代塑的重要举措

寻找塑料替代品是从源头减少塑料使用、减轻塑料污染的有效途径，也是全球应对塑料污染危机的重要措施之一。2022年11月，习近平总书记在致国际竹藤组织成立二十五周年志庆暨第二届世界竹藤大会贺信中指出，中国政府同国际竹藤组织携手落实全球发展倡议，共同发起"以竹代塑"倡议。为全面贯彻党的二十大精神，国家发展改革委等部门印发了《加快"以竹代塑"发展三年行动计划》，为"以竹代塑"发展、打开竹产业发展新局面提供了方向路径。在所有代塑材料中，竹子具有得天独厚的优势。加快竹产业发展，是治理塑料污染、代替塑料产品的重要举措。

（四）发展竹产业是助力乡村振兴的重要保障

实施乡村振兴战略，是党的十九大作出的重大决策部署，是决胜全面建成小康社会、全面建设社会主义现代化国家的重大历史任务，是新时代做好"三农"工作的总抓手。产业兴旺是乡村振兴的重点，竹产业横跨一、二、三产，不仅可以实现农民增收，而且能促进产业兴旺。加快竹产业发展，有利于优化产业结构，推动产业融合，培育新的农村经济增长点，提高农民收入，改善农民生活，助力乡村振兴。

（五）发展竹产业是实现双碳目标的重要途径

实现碳达峰碳中和，是以习近平同志为核心的党中央统筹国内国际两个大局作出的重大战略决策，是着力解决资源环境约束突出问题、实现中华民族永续发展的必然选择，是构建人类命运共同体的庄严承诺。竹林固碳效应明显，蕴藏着巨大的碳汇潜力，远远高于其他林分，在应对气候变化中具有独特的作用。加快竹产业发展，对于增加森林碳汇、应对气候变化等意义重大。

（六）发展竹产业是繁荣生态文化的重要阵地

竹文化是中华优秀传统文化的重要组成部分，竹子一直是高风亮节、淡泊宁静、清新优雅的象征，数千年来深入人心。竹子不但孕育了古代文明，并以其深厚的感召力，影响着人们的性情和品格，同时也深深地影响了现代文明的发展。加快竹产业发展，深度发掘、传承、弘扬竹文化，将源远流长的中华竹文化与现代文化相结合，发展竹生态、竹文化和竹旅游，对于繁荣生态文化，打造美丽中国"江西样板"具有积极而深远的意义。

二、资溪县竹产业发展情况

近年来，资溪县按照"做优一产、做强二产、做特三产"的发展思路，以产业发展为核心，以三产融合为重点，以科技创新为动力，推动竹产业转型升级、高质量发展，取得良好成效。

（一）产业扶持保障措施逐步完善

资溪县委、县政府强化产业推动，成立了由县政府主要领导任组长，县相关领导为副组长，县直有关部门为成员单位的县毛竹产业发展领导小组，研究出台了《资溪县进一步鼓励投资的奖励扶持办法（暂行）》《资溪县加快毛竹产业发展实施方案》《资溪县高阜现代竹产业科技园区原竹集中加工孵化区管理暂行办法》《资溪县2020年竹木产业链链长制工作方案》《金融支持"竹产业链"推进方案》等一系列政策，为全县竹产业发展不断提供接续向前的强大动力。

（二）竹林规模化经营有新举措

狠抓全省森林赎买试点机遇，大胆探索，制定符合资溪特色的森林赎买机制，依托资溪县两山林业产业发展有限公司，通过转让、租赁、合作等收储方式，完成毛竹林赎买10万亩，实现竹林规模化经营。通过项目收益、抵押贷款、资本运作、综合经营等方式，实现青山变"金山"、资源变"资金"。先后带动1万余农户参与毛竹抚育、低产改造和竹木采伐等森林经营，2000多农户在毛竹加工企业就业，300多辆车从事毛竹运输，150名建档立卡户担任生态护林员摆脱贫困，100余名林长制专职护林员年工资突破2万元。毛竹林流转价格由前几年的每亩12元，上涨到现在的每亩40元至50元。

（三）产业经营规模实现新突破

依托丰富的毛竹资源禀赋，再加上近年来政策扶持、资金驱动，资溪县竹产业经营规模实现了稳步扩张。实施最优森林生态工程，年实施毛竹低产林改造1万亩以上，累计完成毛竹低产林改造21万亩，建设笋竹两用林示范基地2万亩，每年新改建林区公路300公里以上，全县80%以上毛竹林区通了公路，目前全县现有毛竹林面积55万亩，亩均立竹量188根，毛竹总蓄积量1亿余根。特别是竹加工企业实现新突破，竹产业从业者（企业+基地+农户）占常住人口近50%，已拥有竹产业自主品牌10余项。目前全县拥有竹加工企业42家，其中国家级林业产业重点龙头企业1家，省级龙头企业3家，户外重组竹地板、竹胶板、整竹展开板、竹砧板等产品风行全国市场。2022年全县毛竹加工企业年消耗竹材2000余万根，年产值26亿余元。

（四）产业发展呈现多种新业态

近年来，资溪县积极探索利用特色竹林生态资源，大力拓展竹类旅游产品，挖掘开发传统手工竹工艺品、竹笋食品，不断丰富竹产业发展业态。资溪竹板烙彩画、竹花瓶烙彩画为全国竹艺术创新，多次获奖，并深受收藏界、美术界、科研界、商贸界的青睐。竹海旅游如火如荼，拥有法水森林温泉、石峡竹海、御龙湾竹林度假区、马头山原始竹林探险等以观光、体验、康养为特色的竹林景观20余处，每年吸引近400万游客到资溪观光旅游。

（五）竹加工创新升级有新亮点

在资溪县高阜镇建设了总面积2000多亩的全省首个毛竹全产业链科技园区，吸引双枪、大庄、庄驰、吉中等20余家国际国内技术领先的竹加工龙头企业落户，推动了毛竹企业"退城进园"，初步形成了从毛竹下山到精深加工全产业链条。先后与国际竹藤组织、中国林业产业联合会、中国林科院木材工业研究所、南京林业大学、江西省林业科学院等高校和科研院所建立合作关系，建设了投资2000万元，占地20余亩，拥有专家楼、综合楼和测试车间，融产品研发、试验检测、展示售卖和研讨交流于一体的中国（资溪）竹科技创新中心，打造了毛竹生产加工科技创新高地。

三、资溪县竹产业发展存在的问题

通过调研，与相关企业座谈，资溪县竹产业发展取得显著成效，但在做大做强、实现高质量发展上还存在一些问题和短板。

（一）政策扶持力度有待加强

竹产业企业在原材料基地建设、产品研发、技术改造等方面普遍存在资金不足，影响企业转型升级和做大做优做强。目前，财政资金对竹产业的扶持和投入严重不足，国家、省级层面支持竹产业的政策措施偏少，现有补助资金对竹产业发展支持可谓是杯水车薪。特别是对竹产业龙头企业在贴息贷款、技改、科技创新等方面扶持力度还不够，还需进一步加大对竹加工企业的整合扶持力度。

（二）竹林经营水平有待提高

竹林基础设施薄弱、劳动力资源紧缺、经营资金短缺等因素导致林农经营竹林积极性持续下降，"重采伐轻抚育、重索取轻投入""远山荒近山光"等现象仍然严重，资溪县低产低效毛竹林占比近一半。"留三砍四"等毛竹丰产培育技术应用逐渐减少，毛竹林分胸径呈普遍下降趋势，大径材年产量逐年降低。竹林经营类型过于单一化，近九成都是材用林，笋用林和竹林复合经营等比例过低，竹林的综合效益没有充分发挥。毛竹林平均亩产值不足一千元，综合产出效益低。

（三）加工生产效率有待提升

因为毛竹的空心有竹节，利用在竹壁，直径有大小，头尾不均匀，竹壁有厚薄，曲直不一致等特征，直接制约着毛竹初期加工智能化升级。目前，竹加工生产以体力劳动为主，机械化专用设备尚未普及，不仅生产效率不高，经营成本也居高不下，一定程度上影响了竹产业经营效益。竹原材料利用率低，大部分在30%~60%之间，技术含量不高。人力需求较大和竹资源利用率低等问题，严重制约着企业的成本优化，影响着竹产品市场份额的扩大。

（四）三产融合发展有待加强

竹产业发展长期以来沿袭的是传统的林业发展方式，对于三产融合发展的相关理念认识不足。竹产业三产融合经营缺乏一定的载体，在要素资源利用、科学技术研发、产品类型开发等方面存在不足，相关的产业链延伸和集群发展不够。竹文化旅游发展意识增强但发展水平不高，富于创意的精品较少，功能性开发不足。公共服务体系功能较弱，基础设施尚不健全，复合型人才缺乏。

（五）科技创新能力有待增强

竹林经营仍停留在传统生产方式，采用节水灌溉、科学施肥、机械化抚育等现代毛竹经营技术的林地少之又少，导致营林技术弱，竹林产量及效益不高。加工企业开发新产品的意识薄弱，创新积极性不高，研发投入严重不足，竹加工产品科技含量不高，附加值偏低，企业作为技术创新和转化的主体地位难以确定。普遍存在技术、管理人才不足的现象，对人才的引进和培养的力度还不够。

四、资溪竹产业高质量发展策略

（一）明晰发展思路，加强顶层设计

在新时代新形势新要求下，需要立足资溪竹产业的特色和优势，着眼高质量发展、绿色发展、低碳发展等新要求，解放思想、开拓进取、扬长补短、固本兴新，依据经济效益与生态效益并重的发展原则，按照制定好的产业政策和产业发展规划，有序地付诸实施。同时以市场需求为导向，技术创新为先导，提高资源质量为基础，深化产品加工为重点，获取最大效益为目标进行顶层设计，调整优化竹产业结构，建立产业发展体系，采取切实有效措施，促进资溪竹产业高质量发展。

（二）落实政策扶持，完善金融政策

充分利用扶持和优惠政策，包括竹林基地建设、产品加工、缴税奖励、品牌创建、宣传推介、交易平台、科技研发、融资创新、贷款贴息和产业保险等，助力资溪竹产业做大做强。引导金融机构开发符合竹产业特色的金融产品，将符合条件的竹产业贷款纳入政府性融资担保服务范围，扩大保险覆盖面积。

（三）提高培育水平，推进产品开发

竹林是竹产业的源头。提升竹林经营水平，提高资源质量，稳步提高单位产量产值，使资源培育方式由粗放型向集约化、单一目标向多目标发展，为竹产业的均衡发展提供资源保障，仍是目前竹产业的重要任务。应改变"挖冬笋无边界""冬笋不能成竹"等陈旧观念，逐步养成好的社会风气，保护竹林经营者的合法权益。另一方面，应加大产业技术与产品的开发力度，建立竹笋冷藏库和竹材仓储区，延长竹产品市场供应期，延长产业链，建立新的经济增长点，实现资源利用方式由粗加工向精深加工、单一性向多系列化、低附加值向高附加值、简单商品向优质出口创汇商品的根本转变，实现产品加工方式由手工式、半机械化向机械化、自动化、智能化的根本转变，只有这样才能形成规模高效的产业体系和富有特色的竹产业优势。

（四）培植龙头企业，壮大产业规模

竹产业的健康、快速发展，需要大企业、知名企业去推动和引领。政府部门需在资金和政策等方面重点扶持龙头企业的发展和品牌建设，助力竹加工企业进行质量体系认证、中国环境标志产品认证等，为产品准入市场领取"通行证"，引导企业争创中国驰名商标、中国名牌、国家免检产品。以龙头企业为带动，激发社会力量投身到竹业生产经营中来，兴办竹林基地、竹加工厂或组建专业合作社组织，充分实现产业间的有序链接和循环利用，壮大竹产业规模。

（五）推进三产融合，打造特色品牌

进一步完善龙头企业、高新企业等企业品牌申报与评定工作，推进企业建设与产业培育规范化、规模化和现代化。打造竹林精品景点及旅游线路，从竹自然景观、竹旅游商品、笋竹特色美食等方面开发笋竹旅游项目，建设林下经济、竹林康养与生态旅游结合的竹林示范基地，实现竹文化旅游产业的突破和可持续发展。

（六）强化科技创新，建立服务体系

科技是第一生产力，科技进步是推动竹产业快速发展最重要的力量，竹林资源培育水平的提高、竹产品创新研究与开发等都离不开科技进步。大力推进竹笋保鲜、竹基新材料、竹加工智能化机械等的科技研发和产业转化，促进科研单位与生产部门、企业的密切合作，拓宽技术开发领域，提升竹产品创新能力，建立科技示范基地，推广应用先进、适用的科技成果。建立科技服务体系，开展技术培训、技术指导、技术咨询工作，让科技为竹产业插上腾飞的翅膀。

（江西省林业科学院余林、况小宝、贺磊、黄慧执笔）

三

生态产品交易研究

矿山生态修复资源合理利用与产品价值实现机制

一、矿山生态修复资源合理利用与产品价值实现的现状研判

党的十八大以来,随着"绿水青山就是金山银山"理念的不断深入,矿山修复内涵从最初的简单复绿、地貌重塑、土壤重构、植被恢复,过渡到生态环境改善、生态产业开发经营和生态产品质量提升协同推进。江西是矿业大省,矿产资源丰富,全省矿业及其延伸产业利润总额占全省规模以上工业利润总额约1/3。然而早期粗放式的开发方式,造成了隐患突出、地表裸露,水土流失严重等生态环境问题,长期高强度、大规模的矿产开采遗留下来的矿山地质环境问题突出,严重影响了区域生态系统,矿山生态修复工作压力大、任务重。

矿山生态修复产品类型多样、形态丰富。大力推动矿山生态修复资源合理利用与产品价值实现是矿山生态环境改善与开发利用的重要抓手,有助于推动矿山生态修复领域的供求、定价、竞争合作、激励约束等市场化机制,提高保护修复效率,推动矿山生态保护修复整体进程。基于此,本课题在现状研判与内涵界定的基础上,提炼矿山生态修复产品价值实现的主要模式,梳理市场化推进矿山生态修复的主要路径,设计社会资本参与矿山生态修复的主要路径,构建矿山生态修复资源合理利用与产品价值实现的市场化激励政策体系并提出对策建议。

矿山生态修复产品类型

矿山生态修复产品类型	产品描述	矿山示例
生态物质类产品	相应地类及用地指标	新增草地、林地、园地、耕地产权;建设用地、增减挂钩指标等
	生态权益类产品	废弃土石料使用权、光伏发电
生态服务类产品	调节服务类产品	固碳释氧、水源涵养、空气净化、水质净化等
		防风固沙、地灾防范等
	文化服务类产品	矿山主题公园、生态旅游等

(一)矿山生态修复与现行土地整治类项目兼容运行的现状与不足

目前,矿山生态修复主要是通过工程措施将存量采矿用地修复为具有利用价值的耕地、园地、林地等用地类型,重新释放土地经济价值,实现与现行土地整治类项目兼容运行,主要措施包括建设用地整理、基础设施修复工程和生态修复工程。比较典型的是江西出台全国首部专门规范矿山生态修复与利用管理的省级地方性法规《江西省矿山生态修复与利用条例》,将土石料综合利用、国有农用地承包经营权、集体经营性建设用地入市、绿色金融扶持等政策经验上升为法规制度。

矿山生态修复与现行土地整治类项目兼容运行的现存问题包括:主体责任有限,各级政府的职能分工不清,矿山生态修复事前、事中和事后管控的第一责任单位未得到明确;市场化机制不成熟,市场化运作和科学化治理模式不能形成有机结合,矿山生态修复市场化机制缺乏保障;科技投入力度弱和指标交易路径不成熟,现有的复垦技术,以及边坡治理、尾矿治理、土壤基层改良、矿山重金属污染的植物修复、矿山水资源的修复以及微生物修复水平难以支撑修复后地类用途。

（二）矿山生态修复与利用的现状与不足

目前已形成了生态游憩、遗产纪念、再生利用三类主要的矿山生态修复与活化利用模式，但依然存在以下问题：过去粗放开发方式对矿山地质环境造成的影响仍然严重，导致较高的生态修复技术要求和环境治理恢复成本；采矿用地的开采周期与土地出让时限衔接不足，导致矿山闭坑后土地闲置；采矿用地退出机制尚不完善，复垦后土地难以置换或退还政府；土地指标产生后的交易时间、交易市场不确定。

（三）矿山生态修复资源合理利用与产品价值实现的现行法律制度现状与不足

矿山生态修复法律关系涉及环境法律制度体现为公法，而在生态修复中引发的民事赔偿体现为私法，一般情况下以公法属性为主，个别情况下又体现为私法属性。矿山生态修复法律关系主要包括矿山生态修复行政法律关系、矿山生态修复民事法律关系及市场化矿山生态修复法律关系。虽然现有法律法规、政策文件对矿山生态修复的顶层设计日益完善，但现行法律制度依然存在以下不足：

矿山生态修复主体不明确，表现为生态修复的法律体系没有明确某一主体的矿山生态修复责任；矿山生态修复资金管理制度不完备，一些地方政府的财政收入有限，无法满足对矿山生态修复的要求，矿山经营相关税收被纳入地方财政收入中，不能满足矿山的生态修复；矿山生态修复标准缺乏有效监督，在矿山生态修复中企业违反规定后主要施以行政处罚，民事规定还有一定的欠缺，如《矿山地质环境保护规定》中的行政罚款最高也不超过3万元，对于如此庞大的矿产企业来讲，基本不能产生任何的处罚效果；采矿用地立法错位，一是矿业用地的产权缺失及矿业用地尤其是采矿用地的不合理归类和取得方式，使得历史遗留的废弃工矿区治理和矿山地质修复责任不明，二是由于法律将生态治理的义务设计到矿山闭坑时，在资源枯竭的情况下，必然会出现治理不力、权责不清甚至国家买单的情况，这就造成了传统矿业用地的低效率与环境负外部性影响无法化解和企业用地难的两难局面。

二、矿山生态修复产品价值实现的主要模式

（一）政府主导矿山生态修复模式

政府主导矿山修复模式是在明确矿山地质环境治理的责任前提下，由各级地方政府统筹规划和治理恢复计划经济时期历史遗留或责任人灭失的矿山地质环境问题，修复资金主要来源于政府自筹。本模式实施流程参考《关于加强矿山地质环境恢复和综合治理的指导意见》《财政部办公厅自然资源部办公厅关于支持开展历史遗留废弃矿山生态修复示范工程的通知》《历史遗留废弃矿山生态修复示范工程项目实施方案（编制大纲）》等文件要求办理。

（二）土地指标置换修复模式

矿山土地指标置换修复模式是将矿山生态修复形成的城乡建设用地增减挂钩节余指标、工矿废弃地复垦利用指标、补充耕地指标和新增耕地节余指标等土地指标，通过权属交易和有偿调剂进行置换实现经济效益的模式。其中，耕地节余指标包含新增耕地面积、新增粮食产能值及新增水田面积子指标。土地指标置换模式产生的资金量、经济效益和对矿山生态修复的推动作用明显，在补充后备土地资源、落实耕地占补平衡、促进城乡建设、盘活矿山土地资源等方面发挥了巨大作用。

结合自然资源部印发的《关于做好采矿用地保障的通知》《关于探索利用市场化方式推进矿山生态修复的意见》，矿山生态修复产生的土地指标类生态产品交易与调剂参考2023年11月13日江西省人民政府办公厅印发的《江西省补充耕地指标交易管理办法》和《江西省城乡建设用地增减挂钩节余指标调剂交易管理办法》有关规定执行。

（三）废弃资源再利用模式

废弃资源再利用模式是指在矿山开采结束后，对矿山开采过程中遗留的矿渣等废弃物，以及因削坡减荷、消除地质灾害隐患等修复工程新产生的土石料，通过废弃土石料销售、矿山采空区回填、充当建筑原材料和道路修筑基料、制造肥料和土壤改良剂等方式进行资源化利用的模式。该模式不仅可以释放矿山生态产品价值实现所必需的土地资源、空间资源、生态资源等，还可以

减少生产成本、降低能源消耗强度和碳排放。矿山生态修复的废弃资源综合利用及交易参考《江西省矿山生态修复与利用条例》《江西省关于探索利用市场化方式推进矿山生态修复实施办法》等有关规定执行。

（四）生态产业导入模式

根据《国务院办公厅关于鼓励和支持社会资本参与生态保护修复的意见》《自然资源部关于探索利用市场化方式推进矿山生态修复的意见》等有关规定，对集中连片开展生态修复达到一定规模和预期目标的生态保护修复主体，允许依法依规取得一定份额的自然资源资产使用权，从事旅游、康养、体育、设施农业等产业开发；其中以林草地修复为主的项目，可利用不超过3%的修复面积，从事生态产业开发。

据此，生态产业导入模式是利用矿山生态保护修复主体利用获得的自然资源资产使用权或特许经营权发展适宜产业的一种模式，这是矿山生态产品价值实现最常采用的模式，也是形式最多、类别最广的模式，主要涉及生态农林牧渔业、休憩旅游、文化教育、康养医疗、体育运动、科学实验、储存防护、低碳循环等产业。

生态农林牧渔业模式是利用矿山复垦的耕地、园地、林地等进行农林牧渔业综合利用，因地制宜发展特色农业、有机农业、生态林业等，实现价值外溢。例如，会昌县将周田镇连丰村废弃页岩矿山生态修复项目通过土地平整、覆盖客土、改良土壤等修复方式，与东头现代化养猪场排泄管连成网，有机肥水浇地，清挖西端池塘里的淤泥与耕作层的客土进行拌合，提高土壤的肥力，实现土壤重构，为休闲农业、阳光农业、农闲活动提供场所，畅享农耕文化的田野风光。

生态文旅模式是对于基础地质和生态环境条件符合开发需求，矿区面积较大、开发利用价值大，且在地理位置上位于交通便利、人流量较大的待修复矿山，注重打造自然生态景观，植入历史和人文元素，发展特色旅游，实现产业转型，可以利用修复矿山的地形地貌、空间资源、土地资源、生态资源等建设旅游景区或公园绿地等。例如，唐山市对南部采沉区进行建设适宜度分析，通过地形改造、土壤改良和水系整治，改善原本的生态环境，使采煤塌陷区形成了特色景观，成为融自然生态、历史文化和现代文化为一体的大型城市中央生态公园。

文化教育模式是利用矿山的历史文化、遗留的生产设备、采矿遗迹、修复与发展历程等开发文化景观或科普教育基地等。例如，黄石国家矿山公园以生态修复的景观设计手法来恢复矿山自然生态和人文生态，通过展示人文特色弘扬矿冶文化、再现矿冶文明。湖南省娄底冷水江锑煤矿区整合碎片化分布的"羊牯岭碉堡""采矿演示场""中共第一个工矿企业党支部诞生地""革命烈士纪念碑""锡矿山展览馆"等文化资源，合理开发矿山遗迹、溶蚀地貌、构造岩体等地质资源，探索出"生态观光＋矿业文化＋地质研学＋红色教育"的新模式。

低碳循环模式是利用修复矿山的空间资源、土地资源、所在区域的光热资源等发展低碳循环产业。以"矿山生态修复＋"光伏为例，光伏电站通常需要大规模的场地，而废弃的露天矿山可以为光伏电池板提供合适的建设场地，铺设光伏板也可以帮助地面减少日照辐射和水分蒸发。同时光伏电池板需要清洗，可在板下种植喜阴植物，对于清洗时喷洒的水分，可以反过来促进下层的植被生长，有利于改善区域生态。实践发现，通过在废弃的露天矿山修建光伏发电站，对建设单位可实现稳定、持续的收入，同时能够给地方政府增加税收，此种模式具有较好的可持续性。安徽省定远县在废弃石矿建成了全省最大的废弃矿山光伏发电站。德国、美国等国家利用废弃或关闭矿井发展压缩空气蓄能电站、抽水蓄能发电站等用于发电。江西省赣州市寻乌县和浙江省湖州市利用绿色技术将废弃矿山分别建设成了工业园区和绿色智能制造产业园。

康养医疗模式是利用矿山特有的康养资源、环境资源等发展康养产业、兴建医疗卫生场所等。例如，罗马尼亚特兰西瓦尼亚地区在盐矿主题公园内建设了盐矿疗养场所。萍乡市安源区将原萍乡市焦宝煤矿所在地打造成为以医疗机构为依托，以中医药文化为灵魂，结合中医药种植，打造集医疗、中草药（种植、加工和中药制药）、养生托老（中医药养生、老年人养老与托老）、中医养生文化与旅游、教学（中医药人才培训基地）、中药研发等六大板块为一体的特色养生小镇。

体育产业模式是利用矿山的山水地貌、自然气候资源、景观资源等发展运动休闲、体育竞技项目等。例如，浙江省宁波市利用废弃采石矿独特的地质、地形和地势，建成了全球唯一的高山台地赛车场。美国密歇根州通过结合废弃采石场的地形优势，将其打造成一座27洞港湾高尔夫球场，部分球洞下掩埋着水泥窑粉尘。

科研产业模式主要指利用矿山开采形成的特有深地空间开展科学实验。例如，美国南达科他州有一处开采深度达2400米的废弃金矿，满足了极深地实验的环境需求，被利用为开展粒子物理领域的暗物质直接探测实验。美国明尼苏达大学利用苏丹废弃铁矿的地下空间资源建设敏感物理实验室，用于开展暗物质实验和中微子实验储存。

防护模式是利用矿井内稳定的温湿条件、隐蔽隔绝的空间进行地下存储和人员防护。例如，浙江省杭州市利用废弃矿井建设了井筒式停车库，与传统停车库相比可容纳更多车辆，提高了城市土地利用效率。此外，全球多个国家利用废弃矿井建设了地下储气库、储油库、地下冷库、人员和战略物资掩蔽所等。

建筑垃圾消纳模式是指对于部分矿坑填埋深度大，填埋代价高，而废弃的建筑渣土因透水性好，是较为理想的矿坑填埋、山体恢复的回填材料，在此基础上可建立有偿消纳建设渣土市场化机制，将建筑垃圾、尾矿碎石处理与矿山生态修复相结合，既解决建筑垃圾无处堆放的难题，也能够在修复过程中取得收益。例如，马鞍山市雨山区向山镇大王山丁山矿生态修复项目，治理后可恢复生态用地约429亩，可收纳城市建筑渣土约800万立方米，预计产生1.4亿元收益。平度市梨沟山将一处废弃多年的矿山经过三年时间的整治，建设成一座500万吨建筑废弃物资源化利用产业园，将实现青岛主城区建筑废弃物年产年清。

（五）碳汇经济模式

矿山生态修复的碳封存潜力巨大，通过生态修复、植被重建、土壤重构等措施，可以实现源头减排、植被固碳和土壤固碳等效果。通过废弃矿山生态修复，有助于优化土地利用结构、规模和空间布局，提升土地的集约节约利用水平。

碳配额交易。碳配额（Chinese Emission Allowance，CEA）即碳排放权的配额，通常指在控制碳排放总量的前提下，由政府分配的碳排放权凭证和载体。碳配额是我国目前最重要的碳交易产品，目前主要运用在火电相关的企业中。全国碳排放权交易市场（China Carbon Emission Trade Exchange，CCETE）是碳配额交易的场所。2021年7月16日，CCETE正式启动，采用挂牌协议转让、大宗协议转让以及单向竞价三种交易方式。业务流程主要包括碳排放数据申报、政府确定碳排放总额及配额分配、买卖交易、履约清算。

中国核证自愿减排量交易。中国核证自愿减排量交易（Chinese Certified Emission Reduction，CCER）是碳配额交易（CEA）的补充。根据《温室气体自愿减排交易管理办法（试行）》，中国核证减排量是指对我国境内可再生能源、林业碳汇、甲烷利用等项目的温室气体减排效果进行量化核证，并在国家温室气体自愿减排交易注册登记系统中登记的温室气体减排量。矿山生态修复CCER交易是指控排企业向实施"碳抵消"活动的矿山生态修复主体购买可用于抵消自身碳排的核证量。矿山生态修复"碳抵消"是指通过地灾治理、瓦斯清洁利用、尾矿资源化利用、"绿电"开发、光伏扬水系统等节能减排技术减少温室气体排放源，或通过土壤改良、植被重构、技术固碳、生态固碳等增加温室气体吸收，以实现补偿或抵消其他排放源产生温室气体排放的活动，即控排企业的碳排放可用矿山生态修复过程中减少的温室气体排放或增加的碳汇来抵消。抵消信用通过特定矿山生态修复减排项目的实施得到减排量后进行签发。业务流程主要包括项目评估、项目备案、项目减排量备案。以矿山生态修复林业碳汇项目为例，项目要点包括：一是设计兼具高固碳增汇能力与生态修复效果的植被恢复方案，并进行碳汇示范林建设；二是对矿山生态修复区现存植被体系开展碳汇计量监测；三是形成标准CCER林业碳汇项目并完成审定。矿山生态修复CCER可应用于大型活动碳中和、"生态司法+碳汇"替代性修复、碳汇公益基金等交易场景。

碳金融工具。当下我国碳交易的金融工具尚在萌芽期，但在碳现货商品交易日趋完善的情况下，可以布局发展矿山生态修复市场型碳金融工具，包括碳排放权质押、碳期货、碳期权、碳指数以及挂钩排放权的结构性金融产品，将有助于进一步挖掘矿山生态修复碳汇生态产品价值实现潜力。

三、矿山生态修复的社会资本参与模式

现阶段我国生态环境治理重点由政府和社会资本合作（PPP）模式逐步转变为EOD模式，治理方向也逐步转向以生态修复、碳达峰碳中和等为主的人与自然和谐共生。

（一）矿山生态修复EOD模式概述

矿山生态修复EOD模式是指，将矿山生态修复治理项目与关联产业项目有效融合，采用单一实施主体，采取产业收益反哺矿山生态治理投入的模式，解决矿山生态修复融资困难、回报机制不健全的问题，实现生态效益和经济社会效益相统一。需要说明的是，矿山生态修复EOD模式并不是一种全新的模式，它是基于EOD模式对传统工程修复的发展升级。其进步主要体现在利用矿山自有的资源优势，导入固废资源综合利用、文化旅游、清洁能源、生态农业等关联产业，构建成本与收益相平衡的项目包，创新生态环境治理投融资渠道，实现资金自平衡，将矿山修复外部不经济性转化为产业收益反哺矿山修复治理投入的内部经济性。

（二）矿山生态修复EOD模式总体框架

实施矿山生态修复EOD模式，都是由政府授权平台公司与生态修复公司、其他投资人合资成立项目公司，作为产业项目和矿山生态修复项目的一体化实施主体。项目公司负责项目的设计、建设、运营、管理等，也可由项目公司分别成立若干子项目公司，分别承担不同子项目或项目不同阶段工作，以产业项目收益、废石拍卖收益、资产增值收益和新增碳汇收益等覆盖项目投资，并用于反哺矿山生态修复治理投入。项目公司可根据资金需求和相关政策，申请政府缺口性补贴及财税支持，并可向金融机构申请贷款以支持项目建设。

（三）矿山生态修复EOD模式技术路线

矿山生态修复EOD模式遵循"现状调查与问题诊断—可行性分析—EOD符合性分析—建设规划—建设实施—运营管理"的技术路线。

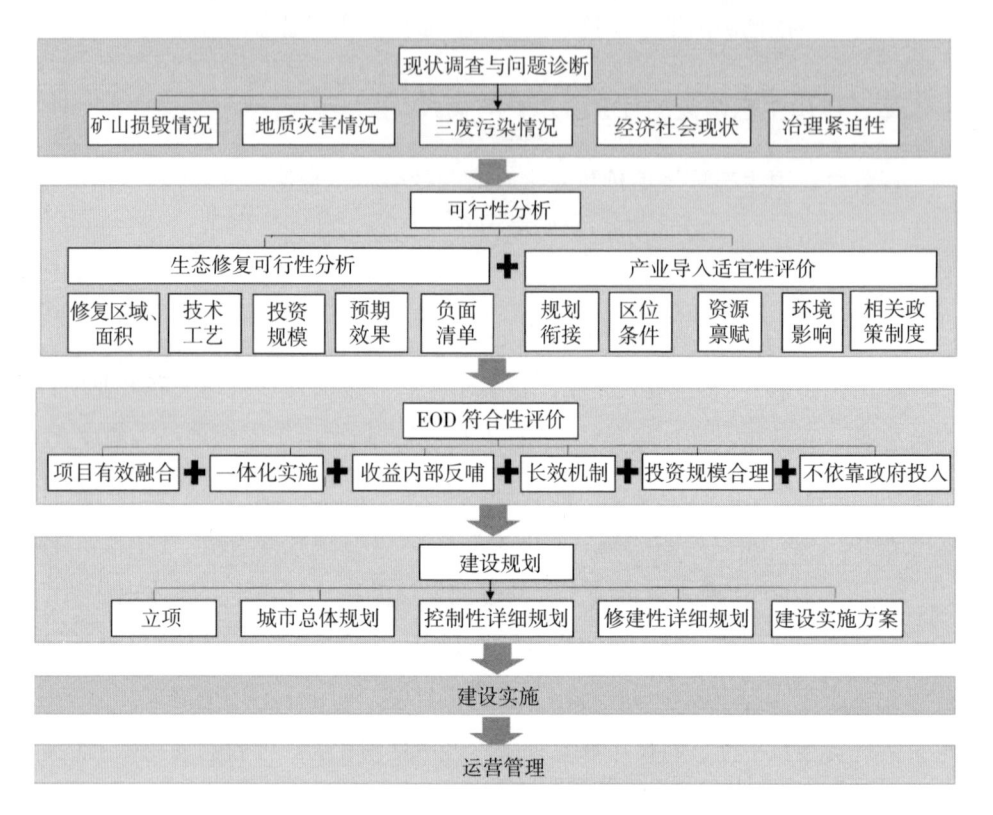

矿山生态修复 EOD 模式技术路线图

（四）矿山生态修复 EOD 多元融资模式

目前 EOD 项目可以采取政府专项债券、政府投资基金等政府主导模式，也可以选取政府与社会资本合作（PPP），组建投资运营公司（ABO），投资人+EPC、特许经营权+联合开发+EP 等模式加速投放，必要时可通过创新型贷款（如开发性金融及其他金融机构资金支持，政策性银行、多边银行政策性资金）解决，为社会资本参与矿山生态修复项目实施提供有力保障。具体模式选择可依据项目特征、社会资本方谈判结果确定。

（五）矿山生态修复 EOD 项目回报资金来源及路径

根据当前国内正在实施的项目综合分析来看，主流的 EOD 项目回报机制主要包括经营性资源收益、土地指标收益、投资补贴收益、股权回购收益以及 PPP 模式下政府购买生态服务。

经营性资源收益。社会资本通过直接开发利用自然资产、获取相关生态产品的经济价值。可具体分为项目＋产业、项目＋碳汇、项目＋资源三种方式。

项目＋产业：采取"生态保护修复＋产业导入"方式，利用获得的自然资源资产使用权或特许经营权发展适宜产业。"项目＋产业"收益主要包括土地使用收益、森林资源使用收益、矿权使用收益、自主发展产业收益等。其中，导入的生态农林牧渔业、休憩旅游、文化教育、康养医疗、体育运动、科学实验、储存防护、低碳循环等产业项目进行开发、建设、运营，获得的产业运营收益是 EOD 项目的主要收益来源。例如：开发成各类旅游景区、娱乐项目的门票收入及配套项目经营性收入，开发成文旅地产（住宅及商业地产）的房地产租售收入。

项目＋碳汇：具有碳汇能力且符合相关要求的生态系统，申请核证碳汇增量并进行交易，通过市场机制获取碳汇带来的经济收益；多余的碳配额指标，尝试参与碳配额交易。

项目＋资源：通过政府批准的资源综合利用获得收益、资源补偿及对价等。资源包括矿山废弃物处置权和收益权、排污权、用能权等。

土地增值收益。通过 EOD 项目的实施，提升周边土地价值，增加土地出让收益。

土地指标交易收入。矿山生态修复产生的土地指标类生态产品交易与调剂按《江西省补充耕地指标交易管理办法》和《江西省城乡建设用地增减挂钩节余指标调剂交易管理办法》规定执行。

政策性奖补资金收益。在项目合作期限内投资回报不足的情况下，社会资本可申请政府专项奖补资金、生态修复专项奖补资金等作为项目收益的补充来源。例如，重点生态保护修复治理资金，以及各级政府给予的政策性补贴、生态补偿收益等。需注意，补贴收益应避免设计成债务性条款，防范地方隐性债务风险。

股权回购。在项目合作期限回报不足的情况下，还可以通过股权回购实现投资退出。

PPP 模式下政府购买生态服务。2022 年生态环境部关于印发《入库指南》

明确"除规范的PPP项目外,不涉及运营期间政府付费,不以土地出让收益、税收、预期新增财政收入等返还补助作为项目收益""力争在不依靠政府投入的情况下实现项目整体收益与成本平衡"。因此,政府付费型EOD回报只有在PPP模式下才能实现。

（六）典型案例

根据生态环境部开展的首批36个及第二批58个EOD试点项目名单,共有8个项目涉及矿山生态修复。

国内典型矿山生态修复EOD模式部分案例

项目名称	修复模式	特色产业	主要成效
宁城县蚂蚁山生态环境治理建设项目	地质环境恢复治理+郊野公园产业开发+康养产业园区	康养产业	新增绿化面积1486公顷,造林工程含果树经济林6000余亩,每年可增加收入约600万元。康养产业园项目能够容纳养老200余人,康养400余人,增加稳定就业岗位300余个
阜新市百年国际赛道城废弃矿区综合治理项目	以产业植入带动生态修复的"生长式"废弃矿山综合治理模式	主题公园	建成阜新百年国际赛道城,通过赛事拉动吸引汽车后市场、赛车工业双向聚集
马鞍山市向山地区生态环境导向的开发项目	形成"矿山治理+特种经济林一、二、三产融合"模式	农业产品	种植元宝枫、山桐子、杜仲三种树木3400棵,同时发展林下经济。产籽将达到500公斤,产油200公斤
辽源市北部采矿沉陷区生态环境导向的项目开发	创新实施"农光互补+沉陷区治理"模式	光伏发电	利用采煤沉陷坑塘水面,建设占地面积765亩的鹿鸣湖公园,建成辽矿集团配售电公司1万千瓦采煤沉陷+农光互补电站项目,开工建设5万千瓦采煤沉陷区农光互补电站项目
南京金牛湖周边地区EOD项目开发	采用资产—运营相对分离模式,引进社会资本及专业管理团队运营	主题公园	建成长三角地区最大的野生动物园,直接吸纳周边800多人、间接带动周边2000多人就业

续表

项目名称	修复模式	特色产业	主要成效
海南省儋州市莲花山矿山生态修复EOD项目	生态修复、环境治理、文化传承、产业带动"四轮驱动"模式	主题公园	共修复废弃石坑面积600余亩，恢复生态水面400多亩，植树造林6万余棵、竹子20万余丛，铺种草皮和花木近30万平方米，恢复周边林地面积近3000多亩，经济收入增加、产业带动作用明显
桂林市平乐县二塘锰矿废弃山生态修复土地建成工业园区EOD项目	生态修复+产业带动	工业园区	治理后的土地上已建成了平乐县二塘工业园区，已进驻企业157家，2020年园区企业实现工业产值60亿元，实现税收8524万元，解决了全县3500多人的就业问题

四、矿山生态修复资源利用和生态产品价值实现的对策建议

（一）强化系统性思维

强化全要素全空间全过程生态修复的系统思想，强化前端生态修复、中端整合运营、末端价值实现的过程思维，坚持系统修复与价值转化兼施，坚持激励引导与依法约束并举，构建利益相关者广泛参与、人工修复与自然环境相融合、矿山生态修复与产业振兴相融合、生态修复与居民福祉相融合、生态修复与文化传承相融合的矿山生态修复资源合理利用与产品价值实现模式。

（二）建立健全制度体系

建立健全矿山生态修复资源合理利用与产品价值实现的政策体系。一是尽快出台专门的针对矿山生态修复项目产生的用地指标交易、使用细则，避免当前矿山生态修复（增减挂）完全套用城乡建设用地增减挂项目相关文件时存在的体制机制障碍。二是县级政府要对接国家和省级层面的市场化推进矿山生态修复和引入社会资本等政策，制定更详尽可行的实施方案，必要时可引入第三方进行前期设计、评估等工作。三是完善社会资本参与矿山生态修复和产品价值实现的法律保障体系和政策配套措施，明确界定社会资本参与矿山生态保护

修复及相应的自然资源资产配套配置的权责。

（三）畅通社会资本参与渠道

强化政策组合合力、发挥协同乘数效应，畅通社会资本参与渠道。一是制定相关支持政策，拓展矿山生态修复与产品价值实现运营服务链条，促进社会资本通过参与以矿山生态修复为核心的矿山土地综合开发、生态产品价值实现的授权经营、标准研究与模式推广、技术研发和装备制造等获得投资回报。二是按照平等准入、公平对待原则，在矿山生态修复与产品价值实现的综合开发、运营补贴、退出渠道、收入结算以及可能涉及的特许经营权开发、安全环保、资源交易等方面进一步加强对社会资本的政策支持，畅通社会资本流动渠道，让社会资本进得去、退得出、有收益。

（四）充分释放政策红利

一是支持矿山生态修复产品价值实现方式创新，如将矿山生态修复作为低碳产品纳入碳交易市场进行交易。二是支持金融机构参与矿山生态保护修复项目，拓宽投融资渠道，优化信贷评审方式，加大绿色基金、绿色债券、绿色信贷、绿色保险等的投资力度。三是探索 PPP、EOD、EPC 以及 EPC+F、I+EPC 等政企合作模式在矿山生态修复与产品价值实现中的本地化应用，推进矿山生态修复市场化转型。

（五）强化数字赋能水平

以数字化思维做好矿山生态修复资源合理利用与产品价值实现的顶层设计。运用遥感影像检测识别、训练校准、分析预警、数字孪生和数据可视化分析等技术手段，构建矿山生态修复产品目录清单和生态产品信息基础数据库、矿山生态修复产品动态监测体系平台、矿山生态修复产品收储交易数字系统、矿山生态修复产品管家系统和交易平台，实现矿山生态修复全业务闭环管理和资源合理利用全周期可视化管理，提高矿山生态修复生态产品价值实现成效。

（江西省国土空间调查规划研究院、自然资源部大湖流域国土空间生态保护修复工程技术创新中心、江西财经大学佘艳、彭思卿、陈倩茹、张涛、刘瑛、王东仓、吴双、王淑慧执笔）

江西省林业碳汇发展现状、问题与对策研究

森林碳汇在应对气候变化方面具有独特且不可替代的作用,发展林业碳汇是助力"双碳"目标实现的重要举措。在碳达峰碳中和"1+N"政策体系中对林业碳汇工作作出了明确指示和工作要求,到2025年,森林覆盖率达到24.1%,森林蓄积量达到180亿立方米;到2030年,森林覆盖率达到25%左右,森林蓄积量达到190亿立方米。江西省是我国南方重点集体林区,全省森林面积1020万公顷,活立木蓄积量7.1亿立方米,森林覆盖率为63.35%,居全国第二位,在提升我国生态系统碳汇方面潜力巨大。近年来,江西省积极践行绿水青山就是金山银山理念,坚持建设好、保护好、利用好绿水青山"三篇文章",发挥资源优势,不断提升林业固碳增汇能力,同时在碳汇价值实现方面进行积极探索。本文系统总结和梳理了江西省在推进林业碳汇发展方面做出的重大举措以及取得的重要进展,在此基础上分析了现阶段林业碳汇存在的困难和问题,并提出了今后发展的对策和建议,旨在为江西以及全国其他省份林业碳汇的发展提供参考。

一、林业碳汇发展现状

(一)资源潜力

江西省不断开拓、巩固、提升林业碳汇资源优势,在坚持抓好宜林荒山荒地绿化,及时开展各类采伐、火烧迹地更新造林,不断扩大造林绿化面积的基础上,加大对现有低产低质林分的改造力度,提升现有森林质量,在全省打造了省级森林经营样板基地100个,森林固碳增汇示范点11个,探索总结林业

碳汇提升技术模式和管理机制。出台《江西省提升林质林相林效规划（2021—2030年）》，进一步明确全省森林质量精准提升的目标和路径。"十三五"期间，全省累计完成人工造林（更新造林）43.83万公顷、退化林修复（低产低效林改造）61.46万公顷、森林抚育197.65万公顷、封山育林36.73万公顷。湿地保有量稳定在1365.1万亩，湿地保护率61.99%，活立木蓄积量比2009年增加45%，在提高森林经营水平的情景下，到2061年，江西省森林蓄积量将达到22亿立方米，碳储量10.60亿吨，能够吸收本省二氧化碳排放量的76.36%，固碳增汇潜力巨大。

（二）项目类型

2015年，国家核证自愿减排量（CCER）上市交易并参与履约，2016年江西丰林投资开发有限公司完成了全省首个CCER项目开发，产生的核证自愿减排量63.5万吨二氧化碳当量已完成交易，产出时间为2009年1月1日至2015年12月31日。乐安县国际核证碳减排标准（VCS）碳汇项目为全国首例按VCS标准开发的森林管理类林业碳汇项目，第一期（2006—2009年）碳减排量9.05万吨已于2014年4月30日签发。2020年省生态环境厅在南丰县、吉安县和崇义县启动开展了第一批森林经营碳汇项目开发试点，截至2023年5月底，试点项目已成交碳汇量3666吨，成交金额18.33万元。为提升林权所有者参与项目开发的积极性和能力，2022年省林业局支持修水县国有生态公益林场等11个国有林场和武宁县罗坪镇等2个乡镇开展CCER林业碳汇项目开发试点，目前正在开展项目开发前期准备工作。

（三）价值实现途径

江西省生态环境厅在全国率先出台《关于推动开展大型活动碳中和工作的指导意见》，依托省公共资源交易集团（江西省碳排放权交易中心），初步形成以"碳汇+活动""碳汇+司法""碳汇+机构运营""碳汇+会议室"为代表的"碳汇+"多元化自愿减排交易体系。截至2023年5月底，累计成交林业碳汇4.8万吨，成交金额82万元。2023年4月，省林业局开发建立了全省统一的林业碳中和平台——赣林碳抵消平台，并为武宁县、崇义县、兴国县建立了具有区域特色的子平台。其中武宁县开发了以乡村"四旁"树为主的"乡村林碳"碳汇价值实现体系；崇义县以 2021 年以来绿化彩化以城镇、公路、景区周边新栽林木为主，并开发了"康养林碳"项目；兴国县开发了油茶经营碳汇项目，在省内已累计成交 1660 吨。在政府支持下，兴业银行、农业银行、赣州银行、北京银行、江西裕民银行等创新开发了碳汇账户质押贷、碳汇收益权质押贷等信贷产品；国寿财险、人保财险尝试开展碳汇林保险、林业碳汇价值保险、林业碳汇遥感指数保险、碳汇价格指数保险等业务。2021 年以来，全省累计发放林业碳汇贷款 2.14 亿元，林业碳汇保险参保面积 8973.38 公顷，提供风险保障 634.18 万元。此外，在南方林业产权交易所、南方林业产权交易所生态产品（抚州）运营中心开展碳汇林挂牌交易，已完成抚州远期林业碳汇交易 100 万元。

（四）科技支撑

结合江西省林草生态综合监测工作，开展了 2020 年度全省森林碳储量和碳汇量估算，以及各县（市、区）森林碳汇发展潜力评价，初步建立了全省林业碳汇计量监测基础数据库。2022 年 11 月，启动开展了以县为单位的林业碳汇计量监测试点工作，为今后更加全面、科学、精准开展碳汇监测评价探索技术路线。省林业局科技处组建了林业碳汇专家库，为全省林业碳汇领域的科技和政策问题提供决策支持。2021 年省科学院组建了"江西省碳中和研究中心"。省林业科学院设立"江西省森林固碳增汇工程技术研究中心""省林业局湿地碳汇研究重点实验室""南昌市城市森林生态重点实验室"等一批碳汇研究平台，为林业碳汇技术研发、成果转化、人才培养、产业开发提供基础保障。林业碳汇研究项目在油茶林碳汇项目方法学、内陆湖泊湿地碳汇研究领域取得了阶段性突破，科研成果"杉木用材林质量提升及固碳增汇关键技术研究与应用"获 2021 年度江西省科技进步二等奖。

（五）制度保障

2021 年 10 月，省林业局成立了林业碳汇工作领导小组，统筹推进林业碳汇各项工作，制定出台了《江西省林业碳汇能力巩固提升行动方案（2021—2030 年）》，明确 2025 年和 2030 年全省林业碳汇工作总体目标、主要任务和责任分工。同时将林业碳汇工作纳入省政府办公厅《关于科学绿化的实施意见》《江西省林业发展"十四五"规划》《江西现代林业产业示范省实施方案》以及《江西省"十四五"应对气候变化规划》等重要规划文件，确保林业碳汇目标有支撑、能落实。2022年，出台《关于深化生态保护补偿制度改革的实施意见》，首次将森林碳汇价值纳入生态补偿机制，设置森林碳密度、森林碳汇量、新造林固碳潜力、森林经营固碳潜力、林业有害生物碳损失和森林火灾碳损失等6项考核指标，对各县域森林碳汇综合能力得分靠前的地方给予奖励。

二、林业碳汇存在的问题

（一）资源瓶颈比较突出

一是森林面积增长空间小。随着这些年持续大规模植树造林，目前全省可供新造林的宜林荒山荒地越来越少，根据2013年造林空间适宜性评估结果，全省适宜造林面积仅6万公顷。加之2020年以来国家要求坚决制止耕地"非农化"、防止"非粮化"行为，今后可供植树造林的用地空间日趋紧缩，森林面积和森林覆盖率增长潜力日益缩小。二是森林资源质量不高。虽然这些年全省亩均森林蓄积增幅较大，但仍然达不到全国平均水平；全省还有200多万公顷低产低效林亟须改造，这些林子的质量提升需要相当长的过程；全省针叶纯林面积大、树种单一、森林结构不合理等问题仍然比较突出，影响了森林固碳能力的提升。三是林业资源保护压力大。全省每年因项目建设征占林地导致林地和森林面积减少，还存在乱征滥占林地、破坏湿地、乱砍滥伐林木等违法现象，森林防火、林业有害生物防控形势依然严峻。

（二）计量监测体系难度大

一是计量监测标准不健全。常用的《省级温室气体清单编制指南（试行）》以及IPCC推荐的森林碳汇计量监测方法主要适用于省级层面，对市、县两级适用性不强。二是技术基础较为薄弱。生物量生长模型与参数是森林碳汇监测的核心内容，全省枫香、木荷等阔叶树种的生物量生长模型比较缺乏，只能参考周边省份或全国平均值，导致计算结果不确定甚至有较大误差。全省碳汇计量监测工作主要还是依靠人力实地调查，卫星定位技术、高分辨率遥感监测、生态定位观测等新技术的研究和推广应用不够，影响了工作效率和计量监测的精准度。三是基础碳汇计量监测队伍不健全。不少市、县林业主管部门普遍存在监测调查队伍人员少、装备差、专业素质不高、整体力量弱等问题，直接影响林业碳汇计量监测工作的及时、有效和高质量开展。

（三）交易推进缓慢

一是可供开发的林业资源不多。2023年10月生态环境部公布的首批CCER方法学中并没有森林经营，且《温室气体自愿减排项目方法学造林碳汇（CCER-14-001-V01）》中规定了"项目开始前至少三年为不符合森林定义的规划造林地"等条件。根据新方法学要求，江西省内符合条件森林资源不多。二是项目开发成本较高。虽然新的方法在一定程度上简化了项目的开发与审核，但在技术操作上仍需花费大量人力物力。同时，在林业碳汇项目开发过程中，政策规定需要指定第三方开展项目审定与核证，而这些费用没有财政支持，需要由项目业主承担，导致基层国有林场等林权主体因为缺乏资金而无力参与项目开发。三是林业碳汇交易价格偏低。从福建等试点省交易情况看，大部分地方林业碳汇价格都不高，以福建林业碳汇（FFCER）为例，每吨成交价在19元左右，特别是一些森林经营项目每亩年收益甚至只有3—5元，与经营者实际投入相比差距较大，影响了林权所有人开发碳汇项目的积极性。

（四）科技支撑能力不足

一是科技成果不多。江西省林业碳汇相关研究成果主要集中在与碳汇相关的基础研究方面，多为论文发表，产出的专利、实用技术及技术标准不多，能直接推广应用的成果更少。二是科技人才不足。虽然省科学院所成立了碳中和研究中心、省林科院成立了碳汇研究中心，但是碳汇领域的人才总数还不多，在森林，特别是湿地固碳增汇技术研究方面的拔尖人才更加匮乏，而且不同领域之间的人才团队交流沟通不够。三是研究经费投入不多。林业碳汇研究技术路线复杂、花费时间长、投入成本高，目前全省针对生态碳汇的科研资金还不足，研究计划还需进一步完善，一些亟待解决的科学问题还没纳入研究规划之中。

三、林业碳汇发展的对策和建议

（一）完善林业碳汇顶层设计

一是贯彻落实国家《生态系统碳汇能力巩固提升实施方案》，在《中共江西省委、江西省人民政府关于完整准确全面贯彻新发展理念、做好碳达峰碳中和工作的实施意见》《江西省生态系统碳汇能力巩固提升实施方案》等文件的指导下，围绕全省林业发展中长期规划，针对江西省的林业资源优势及林业发展水平，明确全省林业碳汇发展基本任务，研究提出林业碳汇发展主要目标、区域布局、建设重点与政策措施。二是积极对接国家《温室气体自愿减排交易管理办法（试行）》，从林业碳汇开发、交易到碳资产管理的角度谋划整个林业碳汇产业链的管理、服务和配套措施，引导碳汇项目有序开发。三是林业、发展改革、财政、自然资源、生态环境、科技、金融保险等相关部门和机构要协调沟通，加强合作，形成工作合力，共同推进碳汇能力巩固提升工作。

（二）夯实林业碳汇资源基础

一是巩固林业碳汇存量。充分发挥林长制引领作用，加强林业资源保护监管。建立健全林地保护管理制度，探索建立林地征占用补偿制度，实现林地数量、质量双平衡。加强生物多样性保护，提高林业自然灾害防控能力，推动建立"天空地"一体化监测预警体系。严厉打击各类毁损林业资源行为，避免林业资源因占用和破坏由碳汇转为碳源。二是扩增森林资源总量。科学开展大规模国土绿化行动，加强重点区域绿化美化彩化，充分利用宜林荒山荒地、废弃地、边角地及其他可利用土地开展造林绿化；深入开展义务植树，大力推进城乡绿化和森林城市建设，不断拓展造林绿化空间，持续扩增生态绿量，增加森林生态系统碳汇量。三是提升森林资源质量。大力推进低产低效林（包括低产低效竹林）改造和森林抚育，巩固退耕还林成果，开展森林固碳增汇示范点建设，加强珍稀树种培育，提高长周期乡土树种和阔叶树种混交林比例，改善林分结构，促进林分生长，提高森林生态系统稳定性和碳汇能力。四是逐步提高湿地碳储量。深入开展湿地生态保护修复，以鄱阳湖和"五河"（赣江、抚河、信江、饶河、修河）为重点，因地制宜建设河湖沿岸小微湿地群落、植被缓带，提高湿地生态系统稳定性。加强湖区自然保护地内碟形湖和湖湾湿地生态系统的自然保育，减少人为活动干扰，促进湿地自然恢复。

（三）强化林业碳汇技术支撑

一是加快推进林业碳汇基础研究。开展各类林分碳汇计量监测模型或参数研究、遥感监测应用、森林生态系统碳汇时空变化格局以及湿地、草地等生态系统碳汇的关键影响因素和演化规律研究，加快构建全省不同生态系统碳汇技术标准体系。二是鼓励高校、科研院所、企业开展生态系统固碳增汇、木竹替代、生物质能源等应用技术研究与示范，突破一批关键共性技术，加快提升生态系统碳汇领域科技创新能力和水平。三是深入开展林业碳汇监测评价。衔接国内外相关技术标准，进一步完善林业碳汇监测评价指标、方法、参数和模型，加快制定省级林业碳汇监测评价技术标准，建立健全省、市、县三级林业碳汇监测评价体系，为科学评价林业碳汇能力，促进林业碳汇交易提供数据支撑。

（四）探索林业碳汇价值实现机制

一是建议将林业碳汇试点开发和交易纳入全省用能权交易补充机制，鼓励参与用能权履约企业通过购买一定林业碳汇量来抵消部分用能权配额，使试点项目开发出来的碳汇量有比较稳定的刚性需求，进一步培育壮大全省碳市场容量。二是建议出台激励政策，鼓励纳入国家碳排放权交易市场之外的企业购买林业碳汇，进一步扩增林业碳汇需求。对在探索创新林业碳汇机制和价值实现方面取得明显成效的地方，给予政策鼓励和资金奖励。三是加强与银行、保险等金融机构的协调沟通，探索创新林业碳汇金融产品，推广林业碳汇收益权质押贷款、价值保险或价格指数保险等金融产品，并逐步扩大投放规模。

（五）加大林业碳汇宣传培训力度

一是组织开展林业碳汇业务培训，帮助各级林业管理者、从业者熟悉林业碳汇知识，掌握专业技能，加快建立林业碳汇管理专业队伍。二是积极组织开展"互联网＋全民义务植树"等公益性生态建设活动，动员全社会参与到建设生态文明、应对气候变化行动中来，提升全民生态保护意识和碳汇认知。三是将林业碳汇纳入科普宣传重要内容，引导相关行业、企业及社会公众正确认识生态系统碳汇原理和作用。充分发挥各类媒体作用，大力宣传生态系统碳汇政策、知识和固碳增汇典型经验，营造全社会关心支持参与林业碳汇能力巩固提升的良好氛围。

发展林业碳汇是实现碳中和目标的重要途径之一。江西省林业碳汇资源潜力巨大，在"碳汇+"多元化自愿减排交易体系方面进行了初步的探索和尝试，随着"双碳"目标深入推进，江西应按照全面固碳、重点增汇的要求，进一步强化林业碳汇工作统筹部署，稳步扩增林业碳汇总量，不断夯实林业碳汇技术支撑，加快推进林业碳汇价值实现，大力开展林业科普宣传推广，多措并举推动林业碳汇事业高质量发展。

（江西省林业科学院贾全全、余林、况小宝、周汉昌执笔）

生态系统碳汇开发及交易规范化研究

一、研究背景

(一) 生态系统碳汇定义

碳汇主要是指载体为森林、海洋、土壤、岩石、湿地等生态系统吸收并储存二氧化碳的能力。根据具体载体和种类不同,碳汇一般可以分为陆地生态系统碳汇和海洋生态系统碳汇。陆地生态系统碳汇根据固碳物质的不同,可细分为耕地碳汇、林业碳汇、草地碳汇和湿地碳汇等。海洋生态系统碳汇主要包括占海洋生物量 90% 以上的微型生物固碳(海洋生物碳汇),以及海岸带红树林、盐沼和海草床三大海洋生态系统的固碳两类。

(二) 生态系统碳汇市场化交易运行机制

当前,生态系统碳汇项目普遍依托 VCS、CCER 等国内外官方或非官方组织推行的体系化的自愿减排机制,作为其中一项自愿减排项目类别,按照对应自愿减排机制要求得以开发、交易和应用。符合相应自愿减排机制开发条件的生态系统碳汇项目,可由项目业主根据该自愿减排机制的程序和要求进行项目开发和申请,并由第三方验证机构进行温室气体减排量的验证,经减排机制管理方备案后,实现该减排机制的产品签发,进而可开展自愿减排产品的交易。

目前生态系统碳汇中市场化交易较为成熟的为林业碳汇,林业碳汇自愿减排产品的应用场景主要分为两类,一类是与强制碳市场挂钩,用于强制碳市场重点排放单位完成履约义务;另一类是自发性自愿减排,企业基于自愿实现自身碳中和、体现企业社会责任等需求,购买林业碳汇自愿减排产品来抵消自身碳排放。

(三)生态系统碳汇开发及交易存在的主要问题

"碳汇能力巩固提升行动"是碳达峰十大行动之一,旨在坚持系统观念,推进山水林田湖草沙一体化保护和修复,提高生态系统质量和稳定性,提升生态系统碳汇增量。生态系统碳汇在减缓气候变化方面的潜力和功能突出,国家温室气体自愿减排交易已重启,生态系统碳汇交易迎来新的发展机遇。

当前,生态系统碳汇开发受到多方关注,有些不具备实际开发能力的公司做起了"二道贩子",以"空头支票"抢占森林资源,利用信息不对称与林农、林场甚至地方政府签署开发协议,拿走六七成碳汇资产收益权,再向有资金、技术、能力的机构兜售协议,导致林农、林场实际获益较低,开发交易的积极性不高,造成了以林业碳汇为主的生态系统碳汇开发乱象,已经影响了国家公有资源的合理化配置,可能造成公共领域内资源的过度利用,同样的问题也出现在光伏项目、风电项目等核证自愿减排量的开发中。

为构建高效流转、功能完善的生态系统碳汇开发与交易市场体系,引导社会各界有序开发碳汇资源,服务"双碳"目标和生态产品价值有效转化,亟须开展生态系统碳汇开发及交易规范化研究。

二、生态系统碳汇公共属性分析

从经济学上看,碳汇本身具备公共物品的特性。相对于私人物品,公共物品具有三个特性,即效用上的不可分割性、消费上的非竞用性和受益上的非排他性。首先,碳汇发挥减缓气候变化的功能需要全球碳汇的共同作用,它能使全体社会成员及子孙后代受益,某个人或某个国家在享受碳汇效用时,无须判断其来源于哪片对应的森林,因此碳汇效用具有全球性特征,是不可分割的。其次,从全球角度上看,大气是循环流动的,因此碳汇所产生的清除大气中二氧化碳的效应,几乎每个人都能感受到,它不会因为某个人的消费或使用而阻碍其他人的消费或使用,因此林业碳汇具有非排他性。最后,碳汇的效应是几乎同等赋予每个人的,不会因为某个人的使用或消费而降低其他人的使用或消费,也就是增加一个人使用或消费碳汇而固定二氧化碳效应的机会成本为零,因此碳汇具有非竞用性。

生态系统碳汇具有公共物品特性，是一种公共资源。但是，碳汇的产生依附于生态系统，目前我国还没有一部法律法规明确认可和确认各类交易项目的碳汇产权，其产权归属基本是按照《中华人民共和国民法典》规定的森林资源天然孳息归属来确定权利人。以林业碳汇为例，林业碳汇依托林木产生。林权比较具体且权益归属较为明晰，经过"分林到户"政策的不断完善，部分林木所有权人已确权为农户。林业碳汇产权虽具有自己独立的产权，但由于与林权有无法分割的关系，由农户持有的林业碳汇产权也具有私人物品的属性。生态系统碳汇是一种特殊的公共资源，在未有相关法律法规支撑的情况下，尚未被纳入公共资源交易体系，这也是目前生态系统碳汇交易公共性缺失的主要原因。

三、生态系统碳汇交易纳入公共资源交易管理体系的可行性

当前，一些新成立的碳资产开发公司在没有足够资金和技术人员的情况下，与村集体和林农签订碳汇开发合同，从而锁定了林地资源。这种行为给林业碳汇开发带来了重大的隐患和潜在纠纷。另外，依托 VCS、GS 等国际自愿减排机制，国内部分生态系统碳汇正在开展跨境交易。碳市场国际化对于全球加快气候行动具有重要意义，但是生态系统碳汇几乎是唯一的负碳技术，随着碳中和目标的推进，其重要性更为凸显。开展跨境碳汇交易涉及与国际相关规则的衔接，会对完成国家自主贡献计划带来影响，稍有不慎就会造成国有资产流失、认定及长期追责困难等风险，需要国家进行统筹管理。

公共资源交易作为市场化配置公共资源的重要载体，从生态视角看，承担着将国家生态文明建设所涉及的资源、工程、货物和服务等公共资源有效配置的任务，是实现绿色发展协同治理的有效工具。因此，将生态系统碳汇交易纳入公共资源交易体系，按照公共资源交易的要求规范开展生态系统碳汇开发及交易是非常必要的。

2023 年国家发展改革委修订印发的《全国公共资源交易目录指引》指出："加快拓展公共资源交易平台覆盖范围，在工程建设项目招标投标、土地使用权和矿业权出让、国有产权交易、政府采购等已纳入平台体系基础上，逐步扩

大到适合以市场化方式配置的自然资源、资产股权、环境权等各类公共资源",并且其中第十一项为碳排放权交易。碳汇交易作为碳排放权交易有机组成部分,纳入公共资源平台开展交易是可行的。

四、不同生态系统碳汇产权权益交易界定

将生态系统碳汇交易纳入公共资源交易体系,首先需界定纳入公共资源交易边界的生态系统碳汇产权权益。针对当前已经出现的生态系统碳汇开发及交易不规范的问题,亟须规范生态系统碳汇收益权交易及碳汇核证减排量所有权交易,以林业碳汇为例进行说明。

（一）碳汇收益权交易

碳汇收益权交易是指具备碳汇开发条件的主体在还未根据相关自愿减排机制完成开发时,将预期的碳汇收益权转让（全部或部分转让）。例如,具有林权证的碳汇项目业主,选择林业碳汇开发咨询公司协助其进行碳汇项目开发,合作条件为约定预期的一定比例的碳汇收益权转让。

（二）碳汇核证减排量所有权

碳汇所有权交易是指碳汇项目通过相关自愿减排机制核证要求,完成开发获得核证减排量签发后开展的核证减排量交易,可以出售给具有强制减排要求的企业完成其履约任务,或是出售给有自愿减排意愿的企业,帮助其达成减排目标。

五、生态系统碳汇产权交易体系设计

（一）碳汇收益权交易

碳汇收益权交易是当前生态系统碳汇开发乱象的主要交易内容,需要着重从规避纠纷及保护国家和林农利益的交易进行交易体系设计。从公共资源交易体系角度出发,碳汇收益权交易可采取综合评议方式（如招标、竞争性磋商等）进行,一方面通过设定包含业绩、人员等内容的权重分值体系,择优选择林业碳汇开发咨询公司,解决"二道贩子跑马圈地"乱象。通过公开平台引入竞争,发挥公开市场价格功能,在市场上逐步形成合理的碳汇收益分成比例,

保护碳汇项目业主利益。公共资源交易平台作为碳汇收益权的交易平台，要做好入场交易碳汇项目的登记，并将开发地、开发机制、项目业主等信息上报给碳行政主管部门，为主管部门全面掌握辖区内碳汇开发情况提供支撑，若出现不合规的跨境碳汇开发，可在项目开发阶段进行阻止。

（二）碳汇核证减排量所有权交易

碳汇核证减排量所有权交易是生态系统碳汇交易覆盖面最广、交易最活跃的交易内容。参考碳配额交易市场，碳汇核证减排量所有权交易可采取定价转让、竞价、协议交易等方式进行，满足不同类型、不同标准的碳汇所有权交易需求。如用于碳中和的省级碳汇项目等主要通过定价转让交易，VCS、大宗碳汇等主要通过竞价和协议交易。公共资源交易平台要从用户侧做好管理，依法依规对境外机构参与碳汇核证减排量所有权交易做好管理和监督。

（三）国有林场、林业企业采购第三方碳汇咨询服务

除了上述碳汇收益权交易及碳汇核证资源减排量交易，还有一类交易值得注意，即国有林场、林业企业采购第三方碳汇咨询服务。当前，众多国有林场、林业企业为了挖掘林业碳汇价值，寻找第三方开展碳汇摸底调查、潜力评估等服务。由于国有林场、林业企业所管理的森林面积大、涉及面广，应从源头进行规范，通过公共资源交易平台采购第三方碳汇咨询服务，可采取综合评议方式（如招标、竞争性磋商等）进行，通过设定包含业绩、人员等内容的权重分值体系，择优选择具有较强实力的第三方服务公司，全面分析反映当地碳汇开发价值，避免因技术误判造成国有资产流失。

（江西省公共资源交易集团万海涛、周蕾、万利利、雷蕾、刘国浩执笔）

以平台化运营破解江西生态资源碎片化难题

由生态资源碎片化导致的投资开发"低效化"、经营模式"单一化",是推进生态产品价值实现工作的一个重大难点,也是生态产品难抵押、难交易、难变现的重要原因。课题组总结出三种典型的生态资源平台化运营模式,并在此基础上提出打造升级版平台化运营模式,深入推进生态产品价值实现的对策建议。

一、江西已探索形成三种生态资源平台化运营模式

(一)以生态资源运营为导向的转化中心模式

资溪、武宁、崇义建立"两山"转化中心,按照"分散化输入、集中式输出"模式,开展生态资源平台收储和统一运营。一是收储整合。由转化中心对生态资源进行收储和筛选,转换成连片优质高效的"资产包"。二是资本导入。引入产业投资机构、运营管理团队参与开发运营,开展资源所有权、经营权抵质押融资创新。崇义设立林权收储基金,用于发放林业抵押担保贷款。三是交易开发。结合"资产包"运营开发,开展林权、水权、土地使用权和经营权等权益产品交易。目前,资溪毛竹林流转价格已由每亩每年12元提高到40元,杉松木林流转价格由每年每亩1500元提高至2000余元。

(二)以文化保护提升为导向的"古建资管"模式

金溪政府与深圳文交所、中国人民银行合作,打通古建收储、交易、信贷三大环节,创新古建资产经营管理方式。一是集中收储。采取征收和托管两种方式收储古村古建的用益物权,对古村古建经营权进行单独确权。目前,金溪

已与古建房屋产权人签订协议托管1800多栋。二是评估交易。设立办证、信贷、评估、拍卖等窗口，在深圳文交所开设古建民居线下交易分厅，进行古建动态定价。2021年9月，褐源村古建资产使用权、租赁权转让在深圳文交所首笔交易成功。三是信贷支持。推出"古村落金融贷"产品，创新古建筑抵押模式，由县财政安排2000万元设立融资风险补偿金，开发"古建筑抵押保险"。截至2022年底，"古村落金融贷"已累计放贷14.07亿元。

（三）以生态保护修复为导向的"湿地运营"模式

省林业局在进贤、都昌、万年、南丰、资溪、崇义、上栗启动了湿地资源运营中心试点。一是指标交易。根据湿地占补平衡指标基准价，引导湿地占用主体购买与所占湿地面积和质量等级相当的湿地占补平衡指标。二是产业经营。合理利用湿地资源，发展水生蔬菜和观赏植物种植、农牧渔复合经营、生态旅游、自然科普教育等湿地生态环境友好型产业。三是金融创新。建立湿地后备资源产权主体和湿地修复投资主体"握手"机制，鼓励社会主体以提供贷款担保、入股、技术合作以及购买、租赁相关权益等方式参与湿地修复投资。

江西生态资源平台化运营模式对比

平台属地	运营主体	建设架构	主要产品	金融创新
资溪"两山"转化中心	成立生态资源收储运营主体，建立自然资源、文化旅游、融资担保等经营主体	全县统一平台	林权、土地使用权和经营权；河道管理权、经营权、采砂权和养殖权	林权及其收益权和农地经营权抵押质押贷款，开办"绿色项目（企业）融资信贷通"
崇义"两山"价值转化平台	组建林权收储服务中心，由相关部门组成专班共同运营	全县统一平台	林权	设立林权收储基金5000万元，通过"林权抵押＋担保＋收储"模式发放林业抵押担保贷款；创新开发绿色保险，推出特色农产品气象指数保险等独具特色保险产品

续表

平台属地	运营主体	建设架构	主要产品	金融创新
武宁生态产品价值转化中心	组建武宁县生态产品运营管理公司负责运营	县级设总部、乡镇设分部、村级设网点	权益：林权、农房使用权、经营权物资：蜂蜜、中药材等农产品	开发甜蜜贷、资源贷、民宿贷等生态产品信贷产品，并给予特批生态产品专项贷款利率；引进保险公司参与生态资源和生态产品交易的风险保障
金溪"古村落金融贷"	县城投、旅投负责收储运营	设立县生态产品综合交易中心、深圳文交所金溪运营中心等	古屋使用权、经营权	推出"古村落金融贷"，创新"古建筑抵押+信用""古建筑抵押+保证""古建筑抵押+其他抵押""拍卖交易价格参照"等抵押授信方式；引进第三方公司开发"古建筑抵押保险"
林业局"湿地运营"平台	部门挂牌"湿地运营"管理服务机构	全县统一平台	湿地占补平衡指标、湿地后备资源	湿地后备资源产权主体和湿地修复投资主体"握手"机制

二、江西推动生态资源平台化运营遇到的困难

（一）资源收储筛选时间较长

一是收储流程复杂。资源收储前期工作需要通过调查、评估、筛选等途径才能完成，由于缺少技术平台支撑，人力等成本较高。比如，湿地占补平衡机制要求用地者在占用湿地前完成补偿地的筛选、补偿协议签订、湿地修复等一系列工作，而该过程往往耗时数月。二是遗留问题较多。由于确权颁证工作受当时技术条件等限制，权籍调查不准确，四至界限不清楚，无法落宗，跨宗、重叠地较多，权益纠纷不断。截至2022年8月，抚州市共解决登记信息、权属重叠、地类冲突、确权程序、已登记未发证等历史遗留问题27.65万个。三是数据基础薄弱。目前不同管理部门之间的生态产品相关监测标准、统计口径未统一，基础数据采集自动化程度低，尚未建成统一数据共享平台。

（二）交易开发配套存在盲点

一是基础设施配套不够。古建筑、古村落存在地区偏远、"空心化"、缺乏统一规划等问题，基础设施配套不足，难以吸引大量客流，导致后期运营陷入困境。二是交易管理机制不够。湿地补偿制度和占补平衡机制尚不完善，造成湿地建设和修复过程中出现以次充好、湿地建设和修复成果质量差、湿地生态产品价值挖掘动力不足等问题。三是交易过程监管不够。现有交易平台缺少动态监测技术，存在隐瞒信息、暗箱操作、操纵交易等隐患。

（三）绿色信贷内生动力不足

一是缺乏激励机制。绿色项目投资期限较长、回报率较低、贷款风险较大，在缺少政府财政补贴、税收减免、奖励机制、不良容忍度及容错纠错机制等激励措施的情况下，金融机构开展绿色信贷业务积极性不高。二是财政托底负担较大。多数银行表示，如果没有政府信用背书，银行不敢贷、不能贷。根据省政协调研，抚州市、县（区）两级在财力紧张的情况下，筹集1.4亿元注入风险补偿资金池，已给当地政府造成一定财政负担。

三、以"四个赋能"打造生态资源平台化运营模式升级版

（一）改革赋能，以机制创新盘活碎片化资源

积极推进自然资源产权、农村集体资产、村集体经济经营、交易监管与信息披露等相关领域改革创新，为自然资源平台运营打好基础。一是推动自然资源权益分离。深入推进自然资源资产产权制度改革，加快资源确权登记，形成资源目录和产权清单。推动自然资源资产所有权与经营权、使用权分离，适度扩大使用权的出让、转让、出租、担保、入股等权能。二是创新权益分配机制。探索将生态保护修复行为与生态产品经营开发权益挂钩，提升市场开发主体参与生态保护修复积极性。建立生态反哺与补偿机制，推动生态产业化项目将所获收益的生态红利适度返还于生态修复、保护和生态补偿。三是完善配套政策。建立健全交易监管与信息披露制度，提升平台动态监管技术水平。建立市场化的湿地补偿及占补平衡制度，对市场参与主体、参与程序及各方权利义务做出明确详细的规定。加快构建古建筑分级保护体系，激发古建筑市场化的

生命活力。

（二）平台赋能，以实体经营融通碎片化资源

根据财政情况和生态资源储量确定"两山"转化中心运营架构，成立生态资源经营主体，推动资源规模化、集约化经营和开发。一是深入推进平台化运营试点。总结资溪、崇义、武宁等生态资源收储运营经验，在抚州、南昌、吉安和修水、铜鼓、上栗、全南、上犹、安福等自然资源禀赋较好的地区率先开展"转化中心"模式试点，探索市级投融资平台参与"两山"转化中心建设的模式和机制。扩大湿地资源运营中心试点范围。二是建立全流程管理体系。推动生态产业化、运营品牌化的全流程管理，通过赎买、租赁、托管、合作经营等方式，收储、整合、优化碎片化历史文化、自然生态等资源，形成优质资源资产包。建立反映市场供需和地方生态本底优势的生态产品定价体系，挖掘生态农业、生态工业、生态旅游等生态产业的生态红利。打造生态产品区域公用品牌，拓展生态产品的增值溢价空间。

（三）数字赋能，以场景应用链接碎片化资源

加快推进数字化平台建设，开发资源调查、收储、交易等重要环节数字孪生场景，提高资源运营效率。一是推动价值核算自动化。制定生态产品总值核算统计报表制度，建设全省统一的生态产品信息共享和自动化核算平台，完善部门在线填报功能，实现生态产品总值自动化计算分析。二是推动生态资源数据化。借助高分遥感、物联网等数字化手段提升自然资源调查精度，对接国土空间基础信息平台，汇聚省、市、县三级自然资源大数据。三是推动运营平台数字化。建立"两山"转化中心数字平台，加强与生态产品价值核算平台、自然资源系统数据共享，推动资源数字化管控、评估和交易。开发资源"一张图""一张表"等特色功能和赣服通、微信小程序等应用模块，实现资源评估、流转、租赁"手上办""网上办""一链办"。

（四）资本赋能，以资金注入转化碎片化资源

进一步集成和放大财政资金和国有资本效应，引导优质资本进入生态产品市场，助推资源向资本、资金转化。一是积极争取财政资金支持。进一步发挥财政资金引导作用，围绕生态资源碎片化整合开发，筛选一批优质项目，争取国家绿色发展基金支持。发挥省乡村振兴补助资金等财政专项资金作用,进一步加大碎片资源整合相关的配套设施项目补助。二是深化绿色金融改革创新。丰富金融机构抵质押品种,多渠道提高授信额度,因地制宜创新古村落经营权、生态产品收益权、土地承包经营权、收费权等生态权益抵质押金融产品,推广成熟绿色信贷品种。优化绿色金融考核激励机制,鼓励银行将绿色贷款余额占比、绿色贷款增速等指标纳入二级分行绩效考核评价体系。三是吸引各类资本加大投入。发挥财政资金杠杆作用,引入涉农国企资本,组建省生态产品价值实现专项基金,构建国有资本为主的资本运营平台,聚焦生态产品价值实现重点领域、重点产业加大投资力度。采用 EOD、EOD+PPP 等模式吸引社会资本参与生态保护修复,扩大生态补偿资金来源渠道。

(江西省生态文明研究院周吉、孙志伟、吴翠青,江西省农业气象中心郭瑞鸽执笔)

四

双向转化路径研究

探索江西多元化生态产品价值实现路径研究

江西在探索多元化生态产品价值实现路径中遇到难量化、难交易、难融资、难变现等现实障碍。需要从构建核算体系、优化市场机制、加大金融支持、强化产业优势等方面入手，加快推进生态优势向产业优势转化，实现江西生态产业高质量跨越式发展。

一、江西推进生态产品价值实现的基础与优势

（一）生态资源禀赋优势明显

一是生态资源极为丰富。森林覆盖率高达63.35%，位居全国第二；生物物种资源丰富，是公认的"珍禽王国"和"候鸟天堂"。截至2021年底，有国家公园1处，自然保护区190处，森林公园182处，湿地公园109处，44处湿地列入省重要湿地名录。二是生态环境极为优越。2021年，全省空气质量优良天数比率为96.1%，突破了95%；PM$_{2.5}$浓度为29μg/m^3，突破了30μg/m^3；市县两级饮用水水源地水质达标率均为100%，实现历史性突破；赣江干流33个断面

全面达到Ⅰ类，实现赣江干流水质类别突破。

（二）生态文明建设成效显著

2016年8月，江西被纳入中国首批国家生态文明试验区。近年来，江西纵深推动经济发展"高质量"和生态环境"高颜值"协同并进，生态文明建设成效显著。一是国家生态文明试验区建设阶段性任务全面完成。江西省累计创建"绿水青山就是金山银山"实践创新基地8个，国家生态文明建设示范区24个，国家级绿色工业园区13个，绿色发展指数连续9年居中部地区第1位。

二是生态产业化和产业生态化进程得到加快。江西深入推进绿色有机农产品试点省建设，扎实推进江西现代林业产业示范省建设，着力打响"生态鄱阳湖·绿色农产品"品牌；深入推进传统产业转型升级，实施新兴产业倍增发展工程，构建绿色供应链，打造绿色园区，初步形成具有江西特色的绿色低碳产业体系。三是生态保护补偿的长效机制得到完善。赣州市全面推进东江流域生态补偿案例试点工作，将补偿资金用于污水处理、废弃矿山治理、生态产业发展等方面，有力助推乡村振兴，为跨省流域上下游横向生态补偿提供"赣州样板"。

（三）生态政策支持力度强劲

江西是唯一兼具国家生态文明试验区和生态产品价值实现机制国家试点的省份，省委省政府高位推进生态文明体制改革创新、制度落地。一是加强生态文明建设总体设计。出台实施《深化国家生态文明试验区建设 更高标准打造美丽中国"江西样板"规划纲要（2021—2035年）》，全面开展打造美丽中国"江西样板"改革攻坚行动，全力推动国家生态文明试验区向更高水平迈进。二是健全生态保护制度体系。深入实施主体功能区战略，完成省级国土空间规划编制工作；全面推进自然资源统一确权登记，省级自然资源清单、自然资源资产所有权委托代理试点总体方案正式出台。三是健全现代环境治理体系。颁布实施林长制条例，加快幸福河湖建设，深入推进以五级河湖林长制为核心的全要素全领域责任体系；建立自然资源资产离任审计评价指标体系，制定加强生态保护红线管理意见。

二、江西推进生态产品价值实现的难点与障碍分析

（一）核算体系不健全，生态价值难量化

一是生态资源产权难确定。江西自2019年起逐步开展对水流、森林、山岭、草原、荒地、滩涂等物品类生态资源的确权登记工作。但对诸如生物多样性、气候调节、水质净化、土壤保持、水源涵养等具有公共物品属性的调节服务类生态产品的确权工作，因无法精准识别受益方和供给方，而难以清晰界定产权。部分物质类生态产品存在生态空间上的重叠，常出现林草争地、争水等现象，也增加了确权难度。二是生态产品价值难估算。江西生态产品价值估算在价值来源、方法模型、价格体系等方面还没有统一的核算标准与规则，难以准确把握生态产品及服务的区域性和整体性、个体消费不可计量性、价值多维性等问题。

（二）市场机制不完善，生态产品难交易

一是产品交易种类不齐全。江西已开展了林业碳汇、用能权、水权、矿业权、文旅项目等生态产品的市场交易，而调节气候、涵养水源、生物多样性等相对冷门的"生态权"均未列入交易市场。二是产品交易平台不统一。目前，江西在资溪、广昌建立了生态资产交易平台，将农地、林地、古建筑、畜禽养殖经营、水资源、宅基地使用、股权等十个品种生态资产纳入交易范围，但生态资产及权益交易平台不统一且处于探索阶段，交易平台比较分散、交易活跃度不高，特别是调节服务类生态产品在配套制度上也尚不健全。

（三）金融支持不充足，生态产业难融资

一是资金投入较匮乏。江西尚未从根本上形成激励地方政府和市场主体自主保护生态环境的内生机制。在政府主导型的生态公共产品价值实现方面采用了生态补偿方式，但补偿资金主要依赖于中央财政转移支付或地方财政投入。而生态保护以及修复工程时间较长、投资巨大，仅依赖政府财政资金投入无法满足相应的需求。在市场主导型的生态产品价值实现方面，企业对生态产业投资由于周期长、风险大、回报低等原因而存在激励不足，导致资金缺口较大。二是融资渠道较单一。江西企事业单位投入、优惠贷款、生态银行、社会

捐赠等多渠道生态融资模式尚不完善，对生态产业发展、生态保护与生态修复的支持力度有限。三是金融创新较薄弱。目前，绿色金融产品以绿色信贷和绿色债券为主，但绿色信贷产品单一，产品集中度较高导致覆盖领域有限。产权交易、资产交易和期货衍生产品等大量其他绿色金融产品及其配套服务发展不足，绿色保险、绿色信托、绿色基金和碳金融尚未在全省普及，碳汇资源开发及市场化交易还有较大发展空间。

（四）产业优势不明显，生态资源难变现

一是生态农业特色品牌塑造不强。江西拥有丰富的生态农业资源，但在挖掘差异化生态农产品特色方面还有所不足，具有全国影响力的生态农产品品牌不多。在利用新技术、新途径提升生态农产品营销、升级销售平台和拓展终端消费客户等方面的能力还有待加强。在全省数字经济快速发展的强劲势头下，未能充分利用数字赋能作用提高生态农产品的品牌溢价。二是生态文旅潜在价值挖掘不足。江西生态文旅还处于浅层次开发，以生态游览观光、生态农产品销售、仿古村落或乡村游等为主，缺乏对生态资源的深度挖掘，没有依托特色生态产业，开发出一系列既有文化内涵又深受市场欢迎的生态产品或服务。生态文旅产业同质化现象也比较明显，难以为生态产品价值实现提供持久动力。

三、江西推进生态产品价值实现的路径与措施

（一）构建生态产品价值实现的核算体系

一是对生态资源归属做精准确权。首先，要统一全省自然资源资产分类标准、检测与调查标准、监测评价制度，解决重复统计、交叉统计以及统计遗漏等问题，通过确权登记摸清生态"家底"。在此基础上，划定各类自然资源产权的使用权以及所有权边界，为进一步开展市场交易奠定基础。其次，要明确各类生态产权的行使主体以及各类自然资源产权的主体权利，不断创新自然资源全民所有制和集体所有权的实现形式，实现所有权与使用权的进一步分离，通过不断拓展使用权转让、担保、租赁以及入股职能，提高自然资源产权的多层次市场化交易。二是对生态产品价值做精确核算。借鉴丽水市的实践经验围绕生态系统生产总值（GEP）这一重要标准，构建侧重于多维支柱框架的生态

产品价值实现核算体系，开发涵盖物质产品价值、调节服务价值、文化服务价值等一级指标和农业、林业、生态能源、水源涵养、空气净化、固碳释氧、气候调节、自然生态景观等二级指标的生态产品目录清单。确定生态产品与服务价格，构建技术规范标准与价值核算流程，科学核算生态产品价值。三是对生态评估体系做精确归集。推进以村为基本单元的生态产品核算评估，搭建市—县—乡镇—行政村四级核算体系，开展"农产盘活、乡县定权"，形成生态产品价值常态化发布机制，为GEP核算、评估、考核夯实基础。

（二）优化生态产品价值实现的市场机制

一是丰富全品类生态产品交易品种。借鉴广东省碳普惠制核证减排量，重庆市森林覆盖率指标交易、"地票"交易，丽水市林权抵押、生态公益林补偿收益权抵押等实践经验，丰富生态产品交易品种。二是建立系统的生态产品交易标准。在整合现有平台的基础上，扩展林权、排污权、水权、碳排放权、碳汇、农村产权等权益交易。将生态产品价值实现的供给者与受益者直接关联起来，通过健全市场机制提高资源配置效率。在农特产品市场化路径已明确的前提下，通过品牌、标准、平台、技术进步等途径对农特产品进行认证，识别生态环境友好型产品，实现外部性内部化。此外，在生态产品价值实现过程中需要把握产权可界定、产权可验证、产权可转让、产权可执行和政策可持续等重要目标。三是构建统一的生态产品交易平台。按照"一体化建设、系统化管理"目标，坚持统一建设标准、操作流程、交易规则、格式文本、信息平台、监督管理等措施，健全交易网络，并在成熟时将其纳入全国公共资源交易平台，实现生态产品供给方与需求方、资源方与投资方高效对接。

（三）加大生态产品价值实现的金融支持

一是丰富生态产品价值实现的融资渠道。对于公共性较强的生态保护与生态修复工程而言，由于其资金需求大、周期长，需要联合政府财政投入、绿色PPP、生态保护与修复基金、中长期绿色债券等渠道，保障资金的科学分配，建立政府主导下的多元投融资体系。对于外部性较弱、投资周期较短、市场回报率较高的生态私人产品而言，可建立由政府、企业、社会组织等多渠道融资的生态金融体系，充分发挥生态信贷、生态产业投资基金、短期绿色债券的作用,促进生态私人产品价值实现和生态产业发展。二是创新生态产品价值实现的绿色金融。借鉴丽水市推出与生态产品价值核算挂钩的"生态贷"方式,将生态系统总价值作为质押物,生态预期收益作为还款来源,将所获贷款用于生态保护、生态产业培育。在全省范围内推广资溪县收储生态资源经营权进行抵质押融资的做法,带动文旅产业和公用品牌建设,实现资源到资产、资产到资本、资本再到资金的转化。还可借鉴河南淅川县创新生态农业、绿色工业、文旅康养的模式,将财政补贴与普惠金融结合,同步发展经济、提升环境与推进民生福祉。三是大力发展碳金融赋能生态碳汇。切实推进生态碳汇交易,构建包括碳信贷、碳债券、碳基金、碳回购、碳期货、碳期权、碳远期、碳保险、碳理财、碳积分、碳结构性产品的碳金融体系,推动生态产品价值实现。

(四)强化生态产品价值实现的产业优势

一是提升生态农业的溢价空间。大力发展生态农业和现代农业,推进水源、优质土壤、中草药、木材等农业生态产品价值实现,尤其是要结合江西数字经济发展契机,努力实施生态农业数字化转型,压缩农产品交易环节、降低交易成本、改善交易效率,塑造生态农产品公用品牌和知名品牌,提升江西生态农业的"生态溢价"空间。二是挖掘生态文旅的价值潜力。充分发掘"生态要素"中蕴含的美学价值、文化价值,结合人力资本与物质资本,将交通、通信、酒店等基础设施融入生态文旅发展当中。打通生态文旅之间的生产、加工与流通等产业链环节,以自然风光、文化传承为内核,以特色生态文旅产品与服务为依托,增强省内各地区历史文物古迹、自然风光、人文风情等文化价值与生态资源市场化之间对接的可能性。构建"特色农产品+生态资源+文化旅游"的复合发展模式,打造具有江西特色的生态文旅全链条产业体系。此外,要充分发挥政府的政策引导作用,加快生态农业、生态工业和生态旅游的三次产业融合发展,推动江西生态优势转化为产业优势。

(东华理工大学张福庆、张帆、何小芊、熊国保执笔)

江西生态产品价值实现机制建设"走前列"的建议

一、生态产品价值实现机制建设"走前列"的基础扎实

江西积极做好"治山理水"和"显山露水"两篇文章，努力探索绿水青山和金山银山的双向转化路径，具备推动生态产品价值实现机制建设"走前列"的扎实基础。

（一）制度建设试点先行、高位推动

作为国家首批生态文明试验区，持续推进生态文明制度创新。2019年作为全国生态产品价值实现机制两个试点城市之一，抚州市探索创新并逐步向全省推进。2021年，江西在全国率先出台《关于建立健全生态产品价值实现机制的实施方案》及相关配套政策文件，高位推进成立工作领导小组、建立工作机制。集中从构建价值核算评估体系、畅通实现路径、健全保障机制和建立推进机制等4个重要领域，明确时间轴、任务表，压实工作责任，扎实有序推进。

（二）创新实践由"点"到"面"

以国家试点和省级试点双轮驱动，积极推动生态产品价值实现。一方面，以国家试点为引领。抚州将生态产品价值实现机制纳入政府规章，在全省率先实施国土空间规划分类考核；与中国科学院合作开展GEP核算，制定了《生态系统生态产品价值评估与核算技术规范》江西省地方标准；创新确权，单独剥离经营权，颁发果园证、茶园证、古屋古建等经营证；推进产权流转，制定市域生态资产交易管理办法；碳普惠公共服务（绿宝）平台在全国推广。另

一方面，以省级试点为支撑。寻乌县山水林田湖草综合治理案例入选自然资源部首批生态产品价值实现典型案例；瑞昌市规划整治非法码头，创新建设长江"最美岸线"；泰和县深入推进"吉安（千烟洲）山水林田湖草生命共同体试验区"建设等等。截至 2021 年底，江西打造国家级"绿水青山就是金山银山"实践创新基地 6 个；省级"绿水青山就是金山银山"实践创新基地 25 个。

（三）价值实现"增值""富民""赋能"

各地积极探索生态产品价值实现路径，有效推动"资源—资产—资本—资金"转化。一是自然资源权溢价增值变现。建立了统一确权办法和登记体系，开展生态产品总值（GEP）核算，推动自然资源权益"可交易"；健全江西"赣鄱品牌"体系，推动品牌建设提升附加值。二是产业"两化"经营兴村富民。通过产业生态化、生态产业化，寻乌县开展山水林田湖草综合治理，新增就业岗位近万个；"篁岭模式"助力农村一、三产业融合发展，成为全国"景区带村"旅游扶贫示范项目；大余丫山"旅游＋乡村振兴"，带动周边万名村民增收致富。三是绿色金融助力创新赋能。以赣江新区国家绿色金融改革试点为抓手，推出各类创新成果 22 项，其中 6 项为全国"首单首创"；打造"两山银行""湿地银行""森林银行"等金融服务中心；创新生态信贷产品，推出"古屋贷""畜禽洁养贷"等"生态资产权益抵押＋项目贷"，《古村落金融贷实施规范》《畜禽智能洁养贷实施规范》等江西省绿色金融标准列入全国推广标准；建立贷款风险缓释机制，设立生态资产收储担保机构，对农村土地承包经营权、林权"两权"抵押等实行风险补偿金制度。

二、生态产品价值实现机制建设仍有诸多难点

由于生态产品形态虚实并存，具有公益性、整体性和不可再生等自然属性，将"无价"的绿水青山转化为"有价"的生态产品，以实现机制推进生态资源资产化、资本化依然存在以下难点。

（一）评估核算困难

江西在编制自然资源资产负债表、自然资源统一确权登记等工作走在全国前列，但在价值核算方面尚缺乏权威标准。一是产权界定模糊问题突出。省内

生态产品大多数是公共产品,如河流、森林等生态系统是天然的公共资源,具有弥散性、流动性、跨区域等特征,不同区域生态产品价值核算数据来源渠道、衡量指标体系及核算方法模型多样、层次不一,如资溪县的"两山银行",金溪县的"古村贷",其生态产品评估价值的市场认同度仍然不高,在价值来源、方法确定、价格体系、价值模型等方面仍然难复制、难推广。二是现行生态产品价值定量体系亟待进一步细化,江西在生态服务市场交易、生态转移支付、生态补偿、环境污染责任保险等制度机制方面尚缺乏生态产品价值定量标准,导致在现行的金融政策、规则体系下相关工作难以有效推动。

(二)市场交易受限

江西生态资源底蕴深厚,但由于生态产品交易种类、供需对接等问题,未能较好地实现价值转化。一是生态产品市场化交易种类单一,当前江西在林权、排污权、碳排放权等交易上有成功探索和实践经验,但这些主要是针对物质产品类的生态产品进行开发,服务类、文化类生态产品产业化发展不足,生态产品产业链和价值链仍待进一步延展。二是生态产品供需对接不畅,江西生态产品类别丰富,但缺少生态产品价值实现的特许经营权许可、市场准入、退出等交易机制,特别是没有针对不同类型生态产品搭建交易平台,使得江西生态产品供给方与需求方、资源方与投资方对接不畅,增加了生态产品价值变现的难度。

(三)资金支持单一

从全省试点生态产品价值实现的项目来看,还未能摆脱对政府资金和政策的严重依赖,"自我造血"功能尚未有效激活。一是资金来源单一,现主要依靠中央财政转移支付、优惠贷款以及生态资源税征收等,资金来源单一、缺口较大,需进一步拓展企业投入、生态银行(保险)、社会捐赠等多元化资金渠道。二是金融风险分担能力弱,生态产品开发初期需要大量的资金投入,且项目回收期长、管理成本高、风险大,因此金融机构特别是商业性金融机构在额度、期限、利率、担保等方面与项目经营主体的需求极不匹配,需政府财政兜底分担金融风险,如抚州资溪县政府就按照相关项目贷款的80%进行分担,县域财政压力巨大。

（四）政策保障不足

推动生态产品价值有效转化，需要有效体现生态产品供给区与受益区发展的公平与均衡，目前相关补偿和多主体的参与机制尚不完善。一是生态保护补偿机制探索不足，供给地和受益地之间利益分配和风险分担机制有待健全，损害生态环境赔偿制度仍须加大推进力度，污水、垃圾处理收费机制以及生态环境损害鉴定评估方法和实施机制仍须完善。二是生态产品价值考评机制以及生态环境保障机制缺失，各地生态产品价值实现的成果，主要依赖政府大力投入进行保护，缺少相关法律、政策疏导，尚未形成引导企业、市场、群众自觉参与的激励和协调机制。

三、推进生态产品价值实现机制建设"走前列"的建议

要在已有试点实践的基础上，以生态产品价值实现的核算、交易、共享，金融服务和产品开发机制为重点进行创新和完善，促进生态产品供给链、价值链和利益链同步发展，把江西打造成为全国生态产品价值实现的先行示范区。

（一）健全核算评估机制

一是完善生态产品价值标准体系。在前期自然资源资产负债表统计基础上，推动全省建立生态系统生产总值（GEP）核算评估应用体系。细化完善全省生态产品价值核算指标，依托"生态云"大数据平台，加快健全全省生态产品数据管理、价值监测和 GEP 自动核算子功能，定期开展全省 GEP 核算。二是开展全省生态产品价值转化潜力评估。对全省水、林地、湿地等生态资源进行系统分析，厘清哪些资源具有转化优势。加大碳汇资源培育，增强森林、湿地、土壤固碳能力，加强碳汇林建设，开发碳汇"链条产品"，做大做强全省绿水青山附加值。三是建立和完善生态产品价值管理办法。参考借鉴浙江省、深圳市等地经验，建立和完善省级层面生态产品价值评估管理办法，形成生态产品价值评价标准化操作细则，指导第三方评估公司对生态产品价值进行科学评估。

（二）完善市场交易机制

一是推动生态资源有效确权和流转。从省级层面制定和完善生态资源保护

利用的产权管理条例，推动生态资源要素确权以及相关产权流转；构建"山水林田湖草沙"生态资源统一确权登记系统，制定产权主体权力清单，从根本上解决生态产品"归谁有""归谁管"和"归谁用"等问题，形成多元化生态产品生产和供给主体。二是建立和完善生态产品交易平台。建立健全价值核算、产品交易、项目投资、资源运营管理等重点领域机制，谋划一批兼顾生态环境保护、生态产品增值和为经营权使用权赋能的示范性项目。形成生态资产确权、第三方核算、交易市场、转移登记与监管制度等完整的交易体系。三是进一步壮大生态产品交易市场。借鉴福建、浙江、贵州等省在林权抵押贷款、水权交易以及排污权交易等方面的成功经验和做法，积极培育生态产品市场，在森林、湿地等不同生态产品领域开展资源资产化、证券化、资本化改革，建立完善生态变资本、变财富的市场交易新机制。

（三）构建共建共享机制

一是探索"生态飞地"机制。推动建立重点生态功能区与经济发达区域建立共同发展机制，鼓励在赣州、上饶等地设立先行示范区，主动对接粤港澳大湾区、长三角，探索"生态飞地"运营模式，共同构建"产业飞地""科创飞地"。二是完善社会参与机制。切实提高农村居民的参与热情，有效协调生态资源转化地区居民、政府、企业等多方的利益分配问题；进一步发挥新乡贤作用，吸引外流的创业成功者、返乡创业者、退休还乡者及有乡村情怀、愿意回报乡村的技术人员和专家学者入驻或扎根农村，引领和带动村落民众进行"生态资源再生产"。三是建立多元主体的生态产品运营服务体系。完善金融、税收等优惠政策，引进和吸纳社会资本和民间资本，构建实行政企合作开发股份制经营模式，实现共同经营管理、多方参与管理的生态产品综合开发经营模式；有条件的生态资源丰富地区，可以鼓励组织村民以入股的方式参与生态产品保护和开发建设，共享生态开发利用成果，逐步建立起"企业专业管理、村民参与经营、政府监督管理"的多元化管理模式。

（四）创新金融服务机制

一是成立生态产品价值转化基金。设立"以财政引导为辅、社会资本投入为主、市场化运作"的省级生态产品价值转化基金，重点支持生态产业培育和生态产品价值实现等重点项目。二是继续探索实施"两山银行"等制度。对山水林田湖草沙等自然资源以及适合集中经营的碎片化生态资源资产，推进"两山银行""湿地银行""森林银行"等自然资源平台化运营，对自然资源资产进行统一规划、统一收储、统一开发。对接省生态产品交易平台，完善"两山银行"的价值评估、资产运营、金融服务等功能，重点拓展生态产品、环境权益融资，完善市场交易服务，激活生态资源的金融属性。三是创新绿色金融产品。引导各金融机构在试点地区专门设立生态支行、生态金融事业部、生态保险事业部等绿色金融分支机构，建立完善风险担保缓释机制；依托绿色资源，开发以生态产品为对象的信贷产品，试点公益林和天然林收益权质押贷款，开辟林权抵押贷款新渠道，开办农村土地承包经营权、林权、水权、矿产权等权益性资产抵押质押贷款业务；探索碳汇金融、绿色债券、绿色基金等现代绿色融资方式，实现绿色融资多元化发展。

（五）提升生态产品开发机制

一是设立生态产品价值示范区。结合主体功能区规划和国家对生态产品价值转化的要求，选择生态资源潜力大、稳定性较好的如抚州、赣州等地建立示范区，探索培育生态产品价值转化先行示范新模式。二是因地制宜推广生态产品实现的创新模式。根据全省不同类型的生态产品及区域生态产品价值转化程度，选择不同的价值实现模式。针对农业优质产区，可打造优质农、林、牧、渔业生态产品；针对生态资源重点区，可发展生态旅游、生态康养；针对重点生态功能区，可采用生态补偿、生态银行、绿色金融等方式，通过确权、赋利，使生态产品的非市场价值转化为市场价值。三是推动与数字经济相融合。在生态资源的保护与发展实践中普及互联网技术，利用互联网技术手段进行产业升级。如推广乡村旅游智能化、乡村生活智慧化等，从而形成保护与发展的新态势。通过第三产业的"数字"叠加，将生态资源的生产场所由农业农村部门向非农部门拓展，提高生态资源附加价值。

（江西省社科院李志萌、何雄伟、马回、王露瑶、朱羚执笔）

江西建立健全生态产品价值实现机制研究

一、江西推进生态产品价值实现的初步成效

2021年2月19日召开的中央全面深化改革委员会第十八次会议审议通过了《关于建立健全生态产品价值实现机制的指导意见》，提出要探索政府主导、企业和社会各界参与、市场化运作、可持续的生态产品价值实现路径。江西作为长江经济带唯一兼具国家生态文明试验区和生态产品价值实现机制试点的省份，在生态产品价值核算、确权、抵押、转化、厚植等方面率先探索，形成了诸多有益经验。

（一）确权核算先行探索

先后推动自然资源资产负债表编制、省自然资源统一确权登记和生态产品价值核算试点工作，进一步明确绿色发展考核、生态补偿资金测算、生态产品市场流动依据。省自然资源厅探索编制自然资源资产负债表，牵头全省自然资源统一确权登记工作。省市场监管局起草《生态产品价值评估与核算技术规范（征求意见稿）》，规范了生态系统生态产品总值（GEP）的核算步骤、定价以及核算方法。抚州市在全省率先启动确权登记，目前已基本完成集体林权、农村土地承包经营权、农村集体资产所有权确权。同时，对土、林、水资源实物量账户作了初步核算，2019年全市GEP总值达到3907.6亿元，是当年GDP的2.59倍。

（二）平台功能逐步拓展

持续推进交易平台建设，创新经营开发模式，生态产品加快实现"价值转

化""增值溢价"。省公共资源交易集团完成省综合环境能源交易系统一期建设，同步完成碳中和子系统建设，实现了林业碳汇、用能权、排污权交易统一结算，以及会议、景区、个人等场景下的碳排放计算与在线碳中和功能。资溪县在全省率先创建"两山银行"，通过赎买、租赁、托管、股份合作、特许经营等方式，推动生态资源规模整合、平台运营，实现生态资源的集约化和规模化利用。婺源县整合村落建筑物产权，打造综合旅游经济体，形成引领乡村旅游转型的"篁岭模式"。

（三）绿色金融加快创新

以国家绿色金融改革试点为契机，积极创新绿色信贷、绿色担保、绿色债券、绿色保险等金融产品。截至 2021 年 2 月底，全省绿色贷款余额 2290.3 亿元，绿色直接融资达 771.8 亿元。抚州市创新"信用 + 多种经营权抵押贷款""古屋贷"等融资产品，"绿碳美元基金"项目加速落地。共青城市以畜禽养殖许可权作为核心抵质押物，率先推出"畜禽洁养贷"专属信贷产品，获得央行肯定。赣江新区在全国首创"气象 + 价格"综合收益保险、"保险 + 期货"成本价格保险、养殖饲料成本价格保险、家庭装修污染责任险等绿色保险产品。

（四）支撑政策不断完善

出台多项生态产品价值实现地方文件，生态产品价值实现的制度建设向纵深推进。抚州市出台《抚州市生态产品价值实现"两权"抵押贷款风险补偿金实施方案》等试点制度，有 4 项改革举措入选国家推广清单。井冈山市、婺源县等市县制定了生态产品价值实现机制试点实施方案，在生态产品供给、消费、监管等方面开展探索。高安市、铜鼓县等市县编制了《国家生态综合补偿试点实施方案》《国有森林资源资产有偿使用办法（试行）》《水权试点实施方案》，为完善全省生态产品价值实现政策提供了有益借鉴。

江西推进生态产品价值实现取得了一定成效，但要实现国家提出的"2025 年有效化解生态产品'难度量、难抵押、难交易、难变现'等问题"的目标，亟须破解"四大瓶颈"。一是价值核算瓶颈。目前调节服务类生态产品核算方法仍在探索阶段，核算标准存在地区差异，缺少国家标准。比如水源涵养价值,浙江参照水库造价和运营成本核算,江西则参照水价核算。二是基础数据瓶颈。目前统计部门仅负责调度各部门数据,森林资源实物量等数据采集自动化程度低,部分数据靠推算。浙江则制定了精准化数据清单,拓展了部门数据融合路径。三是交易规模瓶颈。环境权益交易尚处试点期,覆盖面窄、交易额小、参与度低,目前排污权交易仅有造纸、印染、火电、钢铁、水泥五个行业开展试点,企业参与积极性不高。四是金融政策瓶颈。现有金融机构政策、规则体系与生态产品价值实现匹配度不高,对评估价值认可度低,金融风险主要依靠政府财政分担,比如抚州市绿色贷款额度80%由市财政分担风险。

二、江西推进生态产品价值实现的路径分析

要深入总结推广各地改革试点经验,重点在确权、核算、供给、交易、制度等关键环节取得新突破,努力走出一条生态产品价值可量化、能变现的绿色发展新路。

(一)深化产权制度改革,巩固产权基石

一是普查生态产品。以第三次国土调查、森林资源二类调查等资源普查成果为基础,全面开展全省自然资源负债表编制,建立能够体现江西山水林田湖草等生态资源优势的生态产品目录清单。二是确权生态产品。以不动产统一登记及全省自然资源确权登记为基础,逐步实现对水流、森林、山岭、草原、荒地、滩涂以及探明储量的矿产资源等全部国土空间内的自然资源所有权统一进行确权登记全覆盖。三是活化生态产品。完善自然资源有偿使用制度,全面推进农村承包地、宅基地"三权"分置,深入开展林权、水权、河权等自然资源权属改革,丰富自然资源资产使用权权利类型,拓宽转换通道。

(二)健全价值核算体系,确定产品估值

一是制定生态产品价值核算实施方案。推广资溪试点经验,尽快编制出台生态产品价值核算实施方案,明确全省生态产品价值核算步骤、分工和时间表。二是出台生态产品价值核算地方标准。出台与联合国统计局的生态系统核算技术指南相衔接、与江西生态资源基础相适应的GEP核算地方标准,明确物质供给类、调节服务类和文化服务类生态产品的价值核算方法。三是建立生

态产品价值核算统计报表制度。根据核算数据需求，建立由生态系统监测、环境与气象监测、社会经济活动与定价、地理信息4类数据构成的统计报表，全面规范数据来源、填报要求和牵头部门。四是建设生态产品价值自动化核算系统。推进县域GEP精准核算及数字化治理试点，依托遥感、物联网等技术，提升自然资源数据精度。完善"生态云"平台自然资源数据搜集管理和GEP核算功能，实现资源网络化管理、价值自动化核算。

（三）延伸生态产品产业链，扩大市场供给

一是发展特色种养业。高标准建设全国绿色有机农产品示范基地，大力发展具备种质资源优势的生态农业，壮大茶叶、油茶、富硒农业等特色产业，科学规划种植规模。依托独特气候资源，探索"赣十味""赣食十味"中药材生态种植模式，打造道地药材重要生态种植基地。推广生猪生态循环养殖、稻渔综合种养、池塘鱼菜共生、家禽鱼类"人放天养"等生态种养模式。二是发展环境敏感型产业。依托洁净空气、清洁水源，适度发展药材加工、医疗器械、集成电路等产业，争取中国科学院120米大口径射电望远镜落户江西，推动生态优势转化为产业优势、创新优势。三是发展生态文旅产业。依托优美生态环境，打造一批生态旅游样板、红色旅游精品、工业旅游典范。推广乡村旅游转型"篁岭模式"，鼓励农民以资源流转、入股分红等方式，与社会资本合作开发生态旅游项目。

（四）构建功能型平台体系，拓展交易空间

一是组建自然资源运营管理平台。推动自然资源一体化收储、平台化运营，打通资源整合收储、资产整理、资本引入、运营发展等关键环节。二是升级环境权益交易平台。推进省综合环境能源交易系统二期项目建设，扩大交易产品品类，打造全省环境权益交易的"总门户"，争取成为全国的区域性交易平台。探索政府管控或设定限额下的绿化增量、清水增量等责任指标交易实现方式，适时纳入平台交易管理。三是拓展物质和文化服务生态产品供需对接平台。持续办好"绿博会""旅发会"等生态产品重大展会，定期组织生态产品线上云交易、云招商。鼓励各地在电商、出行等互联网平台设立生态产品专区，推动更多优质生态产品向线上平台聚集。

（五）完善激励约束机制，强化政策保障

一是健全产品交易激励机制。健全多元化生态保护补偿机制，加大生态功能区的财政转移支付力度。推广抚州"碳普惠"试点经验，引导全社会自觉践行绿色消费。健全风险缓释机制，鼓励更多社会资本进入生态产品交易市场。优化政府采购目录，将更多符合生态产品认证评价标准的产品纳入政府采购范围。二是完善产品质量管理体系。加快建立生态标签产品认证目录、评价规则等，完善统一生态标签产品认证结果采信和奖补机制。依托全省农产品追溯平台，建设全域生态产品质量可追溯系统，强化生产过程控制措施，确保生态产品安全。三是创新绿色金融支持机制。对开展"生态资产权益抵押+项目贷""生态资产权益抵押+项目贷+信用贷""古屋贷"等金融产品创新的机构，参照小微企业授信尽职免责及不良贷款容忍制度。探索建立绿色金融风险补偿机制，降低金融机构开展绿色金融业务风险。四是健全工作考核制度。建立健全生态产品价值考核和责任追究制度，把生态资产供给能力等指标纳入各县（市、区）目标考核统计指标体系，对重点生态功能区取消经济发展考核指标。

三、工作建议

（一）建立生态产品价值实现机制部门联席会议制度

在推动长江经济带发展领导小组统筹领导下，建立由省发展改革委牵头的生态产品价值实现机制部门联席会议制度，省自然资源厅、生态环境厅、统计局、文旅厅、农业农村厅等相关部门参加，加强对建立健全生态产品价值实现机制有关工作的统筹协调，研究并推进实施有关重大改革试点和政策措施，及时协调解决工作中的重点问题。

（二）争取相关技术规范上升为国家标准

尽早发布《"两山银行"建设和服务规范》《生态产品价值评估与核算技术规范》地方标准，适时在各设区市选取1—2个县启动试点。尽快按照国家标准制定程序，全面提炼试点成果，提交国家标准报批稿。积极推进"湿地银行"试点工作，尽快形成标准规范。

（三）组建区域性碳金融机构

依托省金控集团、省产权交易集团，加强与金融机构沟通对接，组建市场化区域性碳金融集团。发挥省属国资优势，整合、引进或控股碳资管公司、第三方审定机构、清洁能源运营商等，完善碳金融产业链，抢占碳金融市场。

（四）加强生态产品市场跨区域对接

依托省综合环境能源交易平台，推动全省环境权益统一交易、信息共享，探索与周边省份建立环境权益交易与金融服务合作机制，做大市场"盘子"，为争取成为全国区域性交易平台奠定基础。积极争取土地指标跨区域交易试点。

（五）开展跨区域横向补偿合作

深入推进生态综合补偿试点工作，支持鄱阳湖流域上、中、下游地区建立协商平台和机制，重点推动南昌经开区与瑞金、湖口与都昌在招商、产业链、人才等领域开展对口协作，在东江流域、渌水流域、昌江流域探索跨省项目合作等横向补偿方式。

（江西省生态文明研究院彭小平、周吉、许自豪、刘熙、秦佳军执笔）

附　录

江西省生态产品价值实现政策文件目录

一、综合政策文件

1. 中共中央办公厅 国务院办公厅印发《关于建立健全生态产品价值实现机制的意见》的通知（中办发〔2021〕24号）

2. 中共江西省委 江西省人民政府印发《关于建立健全生态产品价值实现机制的实施方案》的通知（赣发〔2021〕16号）

3. 江西省人民代表大会关于全力打造国家生态文明建设高地的决定（2024年1月26日，江西省第十四届人民代表大会第二次会议通过）

4. 江西省推动长江经济带发展领导小组办公室关于成立江西省生态产品价值实现推进工作组的通知（赣长江办〔2021〕9号）

5. 江西省生态产品价值实现推进工作组办公室关于公布省级生态产品价值实现机制示范基地（第一批）及示范基地创建单位的通知（赣生态价值办〔2021〕3号）

6. 江西省发展改革委关于积极抓好省级生态产品价值实现改革示范单位建设的通知（赣发改长江〔2023〕898号）

7. 江西省林业局办公室关于贯彻落实《关于建立健全生态产品价值实现机制的实施方案》的通知（赣林办发〔2021〕59号）

二、生态价值评价

1. 江西省自然资源厅 江西省林业局《关于做好过渡期林地经营权登记工作的通知》(赣自然资字〔2019〕2号)

2. 江西省自然资源厅 江西省林业局《关于进一步做好林权登记工作推动完善林权制度促进林业高质量发展的通知》(赣自然资规〔2020〕4号)

3. 江西省自然资源厅办公室关于印发《江西省2022年度自然资源统一确权登记工作实施方案》的通知(赣自然资办函〔2022〕88号)

4. 江西省自然资源厅 江西省林业局印发《关于进一步强化业务协同加快推进林权登记资料移交数据整合和信息共享的通知》(赣自然资办发〔2023〕26号)

5. 江西省市场监管局发布《生态系统生产总值核算技术规范》(DB36/T 1402-2021,2021年6月30日)

6. 江西省生态产品价值实现推进工作组办公室关于做好全省生态产品总值核算相关试点工作的通知(赣生态价值办〔2021〕2号)

7. 江西省生态价值实现推进工作组办公室关于印发《江西省生态产品总值核算规范(试行)》的通知(赣生态价值〔2022〕2号)

8. 江西省发展改革委关于省生态产品信息数据共享平台建设项目可行性研究报告的批复(赣发改高技〔2022〕199号)

9. 江西省发展改革委关于印发《江西省生态产品总值核算统计报表制度(试行)》的通知(赣发改长江〔2023〕258号)

10. 中共江西省委办公厅 江西省政府办公厅关于印发《江西省关于推进生态产品总值核算结果应用的意见(试行)》的通知(赣办发〔2023〕9号)

11. 江西省发展改革委 江西省财政厅 江西省自然资源厅等六部门关于印发《江西省生态资产价值评估管理办法(试行)》的通知(赣发改长江规〔2022〕1068号)

三、生态产品交易

1. 江西省生态文明建设领导小组办公室关于印发《江西省用能权有偿使用和交易管理暂行办法》的通知（赣生态办〔2019〕2号）

2. 江西省水利厅 江西省发展改革委关于印发《江西省水权交易管理办法》的通知（赣水规范文〔2020〕12号）

3. 江西省水利厅、江西省发展改革委、江西省财政厅印发《关于推进用水权改革的实施意见》（赣水资源字〔2023〕12号）

4. 江西省生态环境厅关于印发《江西省林业碳汇开发及交易管理办法（试行）》的通知（赣环规字〔2021〕1号）

5. 江西省林业局办公室《关于印发〈江西省林业碳汇能力提升行动方案〉的通知》（赣林办发〔2021〕62号）

6. 江西公共资源交易集团印发《江西省碳排放权交易中心林业碳汇交易规则（试行）》（赣交易〔2022〕12号）

7. 江西省生态环境厅关于印发《江西省排污权交易规则（试行）》的通知（赣环气候〔2021〕13号）

8. 江西省发展改革委《关于排污权、水权、用能权交易服务收费标准的批复》（赣发改价管〔2022〕513号）

9. 江西省市场监管局发布《"两山银行"运行管理规范》（DB36/T 1403-2021，2021年6月30日）

10. 江西省林业局 江西省发展改革委 江西省自然资源厅关于印发《江西省"湿地银行"建设试点实施方案》的通知（赣林湿字〔2021〕76号）

11. 江西省林业局 江西省自然资源厅关于加快建立湿地后备资源库的通知（赣林湿字〔2024〕35号）

12. 江西省自然资源厅 江西省发展改革委 江西省财政厅等六部门关于探索开展自然资源资产组合供应的通知（赣自然资函〔2024〕80号）

13. 江西省发展改革委等九部门《关于建立健全生态产品价格形成机制的实施意见（试行）》的通知（赣发改〔2022〕812号）

四、生态产业发展

1. 农业农村部 江西省人民政府关于印发《农业农村部江西省人民政府共建江西绿色有机农产品基地试点省工作方案（2021—2025年）》的通知（农质发〔2021〕9号）

2. 江西省人民政府 国家林业和草原局关于印发江西现代林业产业示范省实施方案的通知（赣府发〔2022〕26号）

3. 江西省人民政府办公厅关于加快推进竹产业高质量发展的意见（赣府厅发〔2021〕18号）

4. 江西省人民政府办公厅关于推进林下经济高质量发展的意见（赣府厅发〔2022〕21号）

5. 中共江西省委办公厅 江西省人民政府办公厅印发《江西省推动油茶产业高质量发展三年行动计划（2023—2025年）》（赣办发〔2023〕15号）

6. 江西省人民政府办公厅《关于推进康养旅游发展的意见》（赣府厅发〔2021〕41号）

7. 江西省发展改革委等十二部门关于印发《支持生态产品经营开发主体若干政策措施》的通知（赣发改体改〔2022〕652号）

五、生态保护补偿

1. 江西省人民政府办公厅关于深化生态保护补偿制度改革的实施意见（赣府厅发〔2022〕27号）

2. 江西省人民政府关于印发江西省流域生态补偿办法的通知（赣府发〔2018〕9号）

3. 江西省发展改革委等七部门关于印发江西省流域生态补偿配套考核办法的通知（赣发改环资〔2019〕503号）

4. 江西省生态环境厅等关于印发《江西省健全省内流域上下游横向生态保护补偿机制实施方案（2022—2025年）》的通知（赣环水体字〔2022〕59号）

5. 江西省生态文明建设领导小组办公室关于印发《深入推进鄱阳湖生态保

护补偿机制建设实施方案》的通知（赣生态办〔2021〕3号）

6. 江西省林业局关于印发《江西省鄱阳湖国家重要湿地生态效益补偿资金管理办法》的通知（赣林计字〔2018〕282号）

7. 江西省发展改革委 江西省财政厅 江西省自然资源厅等九部门关于印发《江西省推进市场化、多元化生态保护补偿机制建设行动计划》的通知（赣发改环资〔2019〕1151号）

8. 江西省生态环境厅等十四部门印发《关于贯彻落实生态环境损害赔偿管理规定的实施意见》的通知（赣环法规字〔2022〕153号）

9. 江西省生态环境损害赔偿制度改革工作领导小组办公室印发《关于加强生态环境损害赔偿与检察公益诉讼衔接的办法》的通知（赣环赔改办〔2021〕2号）

10. 江西省生态环境厅 江西省公安厅关于印发《江西省生态环境损害赔偿与刑事犯罪侦查工作衔接实施办法》的通知（赣环法规字〔2023〕377号）

11. 江西省生态环境厅 江西省司法厅关于印发《关于加强生态环境损害赔偿与司法鉴定工作衔接的实施办法》的通知（赣环法规字〔2024〕224号）

六、绿色金融创新

1. 江西省绿色金融改革创新工作领导小组办公室关于印发《江西省绿色金融发展规划（2022—2025年）》的通知（赣绿金改办发〔2022〕3号）

2. 江西省绿色金融改革创新工作领导小组办公室关于印发《绿色金融支持抚州生态产品价值实现机制试点实施方案》的通知（赣绿金改办发〔2020〕1号）

3. 江西省林业局 江西省人民政府金融工作办公室 人民银行南昌中心支行 江西银保监局关于开展林权收储担保体系建设的通知（赣林规〔2022〕2号）

4. 中国银保监会江西监管局 江西省林业局等六部门《关于印发〈江西省林权抵押贷款管理办法（试行）〉〈江西省公益林（天然商品林）补偿收益权质押贷款管理办法（试行）〉》（赣银保监发〔2018〕1号）

5. 江西省人民政府金融办 江西省林业局《关于依托江西省林业金融服务

平台建立林权贷款林银协同服务机制的通知》(赣金字〔2021〕75号)

6.江西省林业局 江西省农村信用联合社《关于进一步推进公益林和天然商品林补偿收益权质押贷款的通知》(赣林改字〔2022〕4号)

7.江西省财政厅 江西省农业农村厅 江西省林业局 江西银保监局《关于做好省级地方特色农业保险相关工作的通知》(赣财金〔2021〕13号)

8.江西省林业局 中国人寿财产保险股份有限公司江西省分公司《关于做好油茶保险相关工作的通知》(赣林财字〔2021〕43号)

江西省生态产品价值实现机制改革示范基地

江西省发展改革委开展省级生态产品价值实现机制改革示范基地考评，评选出武宁县等9个改革示范基地。这些示范基地自然资源禀赋良好，生态环境优美，在生态价值核算评估、生态资源储蓄运营、生态产业规模发展、生态品牌培育保护以及绿色金融改革创新等领域出实招、求实效、做实功、谋实策，取得了明显成效。现将这些改革示范基地的经验做法摘编整理，集中向社会推介。

一、九江市武宁县

武宁县深入贯彻习近平生态文明思想，以敢为天下先的精神在生态产品价值实现机制上争第一、创唯一，先后入选全省唯一的国家生态保护与建设典型示范区和国家级"五好两宜"和美乡村试点试验创建名单，成功入选国家生态文明建设示范县、国家乡村振兴示范县创建名单。特别是自入围全省首批生态产品价值实现机制示范基地后，更是大力创新，探索改革。2022年底，以全省第一、全市唯一的成绩，获评国家"绿水青山就是金山银山"实践创新基地。同时，有效助力全国首届林长制论坛于2023年4月在武宁胜利召开，11月国家林草局管理干部学院与武宁县政府合作共建林长制现场教学基地。2023年以武宁作为示范基地、南昌大学作为依托单位的江西"两山"转化与生态产品价值实现研究示范专家服务基地获得人社部批准通过，成为当前该领域全国唯一的国家级专家服务基地。

高位谋划，强化工作动能。一是高度重视。每年召开全县生态文明建设领导小组、推动长江经济带发展领导小组等会议，成立武宁县生态产品价值实现机制改革推进组，明确66个成员单位的工作职责。成立县政府直属正科级事业单位武宁县生态文明建设服务中心，定编16人，从机构和人员上全力保障生态产品价值实现工作专班推进、专人负责。二是高度推进。每年出台包括《武宁县建立健全生态产品价值实现机制工作要点》在内的生态工作领域的4个工作要点。制定了《生态产品价值实现机制试点实施方案》《生态产品价值实现机制改革工作方案》等制度文件。完善顶层设计，全面安排部署全县生态文明建设及生态产品价值实现等工作。2023年更是紧密结合主题教育，大兴调查研究，将生态产品价值实现作为重要选题方向，县委主要领导领题"县域生态产品价值实现路径中存在的问题及对策研究"，深入基层一线开展调查研究。县政府党组认真总结，形成"打通生态价值转化通道，将生态资源优势转化为经济发展胜势"正面典型案例1个。三是高效调度。每季度在全县最高规格的"4+N"领导小组会议上汇报工作，向县委主要领导汇报生态产品价值实现机制改革工作情况。县生态办一周一推进，分管县领导一月一督导，县主要领导一季一调度，通过查现场、听汇报、抓进度、促成效，确保每个环节落实落细。积极组织全县乡村干部开展生态产品价值实现专题宣讲培训活动，引导全县干部牢固树立"绿水青山就是金山银山"理念，促进各地深入探索生态产品价值实现。

全面推进，注重生态治理。2023年，空气优良天数比率97.6%，全市第2。全县国考、省控断面水质优良（Ⅰ～Ⅲ类）比例为100%，饮用水水源地水质达标率100%。全县纳入生态保护红线范围面积占全县面积38.6%。一是加强对深山区、库区回水区、生态敏感区的保护力度，整合资金10.9亿元建成了武安锦城安置小区，"五个一"后续扶持做法向全国推介，成为武宁推进生态保护与建设的生动实践。二是先后投入3亿元，建成水生态循环净化处理项目、固废填埋场等环保基础设施。投入8000余万元，沿修河武宁段打造41.2公里最美岸线，实现水美、岸美、产业美。三是深化生态环境保护综合行政执法改革，成立生态环境保护合议庭、环境资源审判庭和林业检察室，为生态治理提供了绿色的法律和制度保障。通过"林长＋基层林业"联管共治，构建县乡村三级林长组织体系，579名"林长"实现对418万亩林地的分级管理全覆盖，坚持"禁伐二十年，呵护原生态"政策不动摇，对345万亩林地实行封育保护，占林地总面积84%，林木蓄积量达到1871万立方米，森林覆盖率达到76.54%，湿地保护率达到85%。

多点发力，推动学用赋能。坚持苦练内功和招才引智相结合，将武宁特色优势与科研能力相结合，全面拓宽转化路径，提升转化效能。一是宣传壮声势。向上争取中央驻赣和省直新闻单位媒体记者组成主题采访团，全年分期深入武宁县调研采访，全面宣传推介武宁在探索推进生态产品价值实现、促进乡村振兴发展的经验做法和具体成效，以绿色生态赋能高质量发展。《人民日报》等重要媒体多次头版报道武宁生态产品价值实现的相关工作和经验做法。二是校地促交流。就生态产品价值转化主题，率先与南昌大学开展"校地合作"，南昌大学多次在武宁开展专项研究，助力将武宁打造成全国生态文明建设先行先试科研示范的最佳阵地。中国生态学学会、江西省生态学会与南昌大学联合开展"第六届中国生态文明大讲坛"武宁科普活动。同时，助力南昌大学的两个省重点研发项目在武宁顺利落地，以期形成全省乃至全国能够推广应用的标志性成果。三是加快谋划项目。围绕国家及省政府重大部署，邀请国内专业的咨询公司前来助力，积极谋划长江经济带绿色发展专项中央预算内项目。2023年成功争取长江经济带绿色发展中央预算内专项资金3780万元，助力鲁溪尾矿库治理和船滩片区生态环境治理。成功申报国家"五好两宜"和美乡村试点试验项目，获得财政部2亿元资金支持，助力打造武宁南片区生态产品价值实现典范区和乡村振兴示范区。成功争取市级"双碳"专项资金112.8万元，助力全县生态产品价值实现及绿色低碳发展。

领衔试点，彰显改革成效。研究国家和省市政策形势，大力争取本领域"三个试点"的难得机会，与全县经济社会高质量发展任务有机结合。一是探索林业碳汇交易试点。入围全省林业碳中和试点县，率先在全省选定乡村"四旁"林木实施"乡村林碳"项目，编制了《武宁县"乡村林碳"项目碳汇计量技术指南（试行）》，测算罗坪镇长水村"四旁"林木20年内可吸收二氧化碳约4000吨。目前，已售碳汇1656吨，实现收益8.28万元，全部发放给受益群体。同时，探索"碳汇+生态修复司法行政一体化"改革，建立"1+2+N"（1项机制、2个平台、N条路径）工作机制，促进碳汇消纳，探索推行通过行政执法与刑事司法的衔接联动，创新运用认购碳汇方式替代生态环境损害修复，促进带动全县碳汇交易走向更大更广市场。进一步拓宽生态价值转化路径，实现群众增收受益，真正做到产业更兴、生态更好、百姓更富。二是开展林权收储改革试点。制定了《武宁县林权收储担保运营改革试点实施方案》，通过转让、租赁、拍卖、合作经营等多种收储方式，探索建立多元化生态保护补偿机制，重点围绕主要通道、重点生态保护区周边、乡村风景林、病虫害严重发生区等区位及林农不愿经营或无力经营的碎片化林地实施林权收储。依托生态产品价值转化中心，以县旅发公司、国有林场两个主体进行收储。目前，已与清江乡大田村、汉桥村签订收储（流转）合同780亩，与泉口镇凤东等村组以合作的形式，完成收储10000余亩荒山进行造林。三是开展农村集体经营性建设用地入市试点。制定了《武宁县农村集体经营性建设用地入市交易规则》《武宁县农村集体经营性建设用地入市民主决策管理意见》和《武宁县农村集体经营性建设用地入市土地增值收益调节金征收和使用管理暂行办法》等政策文件。建立县域农村集体经营性建设用地基准地价体系，为集体土地入市提供地价依据，选定清江乡一宗集体工业用地入市并成功交易，成为九江市首宗农村集体经营性建设用地项目，试点工作取得阶段性成果。

创新建设，推进成果转化。率先在全国探索建立了首家生态产品价值转化中心，建立起"1+18+1+N"运作机制，既通过1个县级生态产品价值转化中心、18个乡镇分部，搭建"资源—资产—资本—资金"转化对接平台，整合全县的山水林田湖草沙等自然资源，以及适合集中经营的农村宅基地、集体经营性建设用地、农房等各类资源，汇聚到1个生态产品运营管理公司，引入社会资本、市场主体，实现生态资源的N种转化。已收储各类生态资源10万余项，生态总价值212亿元，收储并交易生态资源总价值18亿元，发放生态产品价值实现的专项贷款1.69亿元。一是推进生态产品在林下经济领域高质量转化。大力发展林茶、林菌、林药、林果等特色林下经济，荣获"中华蜜蜂之乡"。在全省率先出台《林地经营权流转证管理办法》，颁发了全省第一本林地经营权流转证，放活林地经营权，有力推动了适度规模和集约经营，建立林业示范基地96个。全县发展高山茶叶4万亩、油茶23.2万亩、药材3万亩、水果9万亩、养殖蜜蜂4万箱，菌菇年产量达800吨以上，林下经济年产值达到20亿元，成功创建国家级森林乡村12个。二是推进生态产品在文旅产业领域高质量转化。把全域作为一个5A级大景区来打造，现有国家4A级旅游景区3个、3A级景区8个。统筹森林、湖泊、温泉、民宿等生态旅游资源，持续丰富生态旅游、森林康养、亲水戏水、温泉养生、户外运动等旅游产品供给，先后举办茶文化旅游节、吉他艺术节、中国网球协会小网球工程推进会、长江经济带重要节点城市网球论坛等节庆赛事活动，带动武宁旅游持续升温，2023年1—11月，实现旅游人次800万人，旅游收入70.2亿元。入选文化和旅游部首批国家文化产业赋能乡村振兴试点，罗坪镇长水村入选"橙黄橘绿乡村胜景"全国乡村旅游精品线路；成功创建江西省2023"风景独好"旅游名县；荣获江西省优秀旅游服务体验城市试点县；荣获江西省级地名文化遗产古县。三是推进生态产品在乡村振兴领域高质量转化。统筹推进国家乡村振兴示范县创建和"五好两宜"和美乡村国家级试点，新增绿色有机农产品38个，"铁釜太平红""圣鹏"两个品牌入选第四批"赣鄱正品"。太阳红茶业成功申报省级全产业链标准化基地，入选国家农业现代化示范区创建名单。进一步深挖农耕文化、民俗文化、移民文化，找寻乡愁"因子"，留住农村"味道"，创建省级示范乡镇3个、示范村24个，全面推进18个美丽乡镇建设,30个示范村创建，不断提升和美乡村的景观品质和乡村旅游价值。

二、萍乡市莲花县

莲花县地处江西西部，罗霄山脉北段。全县自然资源丰富，生态环境优美，四周山岭环绕，森林覆盖率达73.78%，是中国莲花之乡。近年来，莲花县以习近平生态文明思想为指导，以纳入省级生态产品价值实现机制示范基地创建单位为契机，深入践行"绿水青山就是金山银山"理念，积极开展先行先试,通过"六化"协同路径,促进"生态产品"增质提效、增值变现,形成了生态产品价值实现的八种模式,相关经验做法在第五届国家生态文明试验区(江西)论坛上作典型发言,并在江西改革动态上重点推介,先后荣获国家生态文明建设示范县、国家主体生态功能区、省级生态产品价值实现改革示范基地等多项国家级、省级"生态号"荣誉,打造的两条精品旅游线路被农业农村部推介为中国美丽乡村休闲旅游行(夏季)精品景点线路,走出了一条生态美、产业兴、百姓富的"全民共享"绿色发展之路,为全省生态产品价值实现提供了"莲花示范"。

推进系统治理,增强生态产品供给能力。一是创新生态环境治理模式。创新推行"检察蓝+生态绿"环保合作模式,检察机关与地方人民政府签订合作协议,促进环境保护合作共建、联合共治、发展共促。持续开展"美丽乡村检察行"专项监督、水生态环境专项整治、古树名木保护专项监督等联合行动并现场办公。2022年以来,莲花县检察院共办理了生态环境和资源保护公益诉讼案件20余件,充分发挥检察职能,为保护青山绿水、促进绿色发展筑牢"检察屏障"。二是实施污染防治攻坚行动。打造智慧环保综合监管平台,通过"微观站+巡航车+高空瞭望"实时监测、远程指挥,精准守护莲花的碧水蓝天;深入推进餐饮油烟治理、工业废气治理、城镇生活污水处理等污染防治攻坚行动,采取源头禁限、过程减排、末端治理的全过程环境风险管控措施,生态环境质量连续多年保持全省前列。2023年,空气质量优良率为99.4%。饮用水源地和河流断面水质达标率均达100%,全县受污染耕地安全利用率达到96%以上。三是加强生态保护与修复。围绕"增绿、管绿、护绿、用绿、活绿"五大任务,全面铺开退化林修复、防护林建设、森林抚育补贴、低产低效林改造等项目。多次发现桃花水母、黄腹角雉、白颈长尾雉、灰鹤等一大批国家重点保护动物,创建国家森林乡村4个,省级森林乡村10个,省级乡村森林公园8处,获评江西省森林城市、江西省首届十佳绿色生态县等美誉。2022年以来,共完成造林绿化2.87万亩,低产低效林改造5.5万亩;创新实施矿山复绿工程,引入民间资本1.4亿余元,修复露天矿山80个计1158.35亩,完成率89.4%,入选全省国土空间生态修复试点县创建单位。

产业化经营,实现生态产品价值增值。一是培育农业龙头企业。围绕优质水稻和现代种业、草食畜禽、高效蔬菜、休闲农业"1+4"重点产业,大力发展牛羊家禽养殖业、油茶种植业和硒锌功能农业,培育了一批以胜龙牛业、吉内得大米为首的国家级龙头企业。深入实施农产品精深加工提升行动,持续加强与高校、科研院所战略合作,与江西农大合作,在胜龙牛业成立博士工作站,与江苏省农科院合作共建莲花血鸭产业研究院,与湖南农大合作培育"莲花1号"莲子品种,有力提升农业产业科研水平。二是壮大生态工业产业。以发展生态工业为主线,聚焦新材料、电子信息细分领域、压缩机三大主导产业,量身定做产业规划,确保产业发展思路清、方向明。围绕新兴产业强链延链,明确制造业重点产业链现代化建设"6210"行动目标,出台加快推进企业上市若干措施,推进6家省重点上市后备企业上市步伐。加强企业管理考核与分级激励,创新构建"低碳论英雄"考核体系,全面完成省市下达能耗目标。2022年以来,全县生态工业产业营业收入达57.7亿元,压缩机产业基地被认定为省外贸转型升级基地。三是融合生态旅游产业。立足"红、绿、古"资源禀赋,以江西甘祖昌干部学院为载体,以农文旅融合为抓手,全力打造以生态观光、休闲康养、红色漫游等为主的旅游产品,推出了"赏莲花、尝血鸭、踏青山、游莲江、仰红色"的生态旅游线路。编制莲江乡村振兴示范带、全域旅游和罗霄山脉旅游等规划,在林旅、农旅、花旅、茶旅、村旅、红旅等方面开展深度融合。创新推进"景村融合""美丽庭院"建设试点,对肌理风貌进行微改造、精提升。大力实施"文旅+消费"行动,承办萍"湘"美食文化节,协办全省旅发大会,开展文化旅游节、油菜花节等文旅活动,获评全省首批"美丽活力乡村+民宿"联动建设先行县,"'硒'游莲花,畅享一夏"乡村旅游线路更是获评2022年农业农村部中国美丽乡村休闲旅游行(夏季)精品景点线路。

品牌化打造,实现生态产品价值提质。一是完善生态产品标准、认证、标识体系。充分用好国家有机食品生产基地建设示范县、国家农产品质量安全县、农业高质量发展标准化示范基地等"金字招牌",立足环武功山富硒富锌带,大力发展富硒农业和绿色有机农业,获评全省一类富硒功能重点农业县。

"吉内得大米"获生态原产地产品证书，胜龙牛业入选"江西省十大新锐消费品牌"，并获得农业产业化国家重点龙头企业、畜禽养殖标准化示范场等国家级荣誉。莲花白鹅成功注册国家地理标志证明商标，实现了莲花县在这方面零的突破。大力发展绿色有机农业，积极申报国家地理标志保护产品、"赣鄱正品"品牌认证，吉内得大米、胜龙牛业等生态品牌持续打响。二是创优生态产品特色品牌。制定《莲花血鸭品牌创建与产业发展实施方案》，启动"莲花血鸭"国家非遗申报，全县新增莲花麻鸭、莲花大米、莲花肉牛等14个生态产品纳入国家名特优新农产品目录，开展"莲花血鸭"集体商标注册、行业标准制定、内涵文化挖掘、基地平台建设等系列工作，打造生态产品特色品牌，具体做法获省领导批示肯定。"莲花血鸭"入选国家全产业链标准化示范名录，纳入首批全国预制菜登录宣展名录，并冠名高铁游轮。三是推进生态产品循环发展。以保护大气环境、提升耕地质量、促进产业发展为落脚点，探索实施秸秆产业化综合利用新模式，获评第二批中央财政农作物秸秆综合利用——秸秆产业化模式县，并将秸秆综合利用融入肉牛养殖产业，打通"水稻种植、收割、饲料加工、肉牛养殖、牛肉加工、有机肥生产、水稻种植"绿色循环经济链条，带动9000户农户年均增收3000余元，实现生态保护和增收致富两不误。

数字化赋能，实现生态产品价值增效。一是积极开发绿色信贷产品。建设全县生态产品价值实现机制+GEP精算数字化平台，探索"生态资产权益抵押+项目贷"模式，支持银行机构创新金融产品和服务，加大对生态产品经营开发主体中长期贷款支持力度，试点开展海潭垦殖场林权抵押贷款1.9亿元项目。创新绿色金融信贷产品，探索"古屋贷""洁养贷"和"湿地贷"，丰富"生态信贷通"产品。二是深入挖掘生态产品价值。搭建"一张网、一张图、一套实时动态数据"的国土空间基础信息平台，建立覆盖全县的各类生态环境监管业务，及时跟踪掌握生态产品信息变化情况，形成"时、势、相"三位一体的调查成果图。搭建生态资源价值评估中心、资源收储中心、资产运营中心、金融服务中心和资产交易平台"四中心一平台"，通过赎买、租赁、托管、股权合作、特许经营等方式，实现生态资源"集零为整"集约化和"积少成多"规模化经营，全方位盘活资源，深入挖掘生态产品市场价值，并编制了《2021年莲花县生态系统生产总值（GEP）精算报告》，以2021年为基数核算全县生态总值为408.77亿元，约为当年GDP总值的5.6倍。三是积极推广数字平台应用。上线"漫游莲花"小程序、莲花县文旅地图、"智理闪石"数字乡村平台等数字化旅游工具。推进"数字莲花"项目建设，打造"生态产品交易中心"，拓展生态产品交易渠道。建成吉内得智慧种田应用场景、神岭山生态农业机械化农事服务中心等农业物联网示范基地10个，成功打造"莲小花"农产品电商品牌，全力推进粮食安全生产大数据管理平台建设。

多元化参与，实现生态产品价值共享。一是推进生态建设投融资多元化参与。积极拓宽生态建设投融资渠道，投资5亿元设立产业引导基金，促进生态产业做强做优；积极争取2亿元国际农发基金，推进现代农业高质量发展；联合发起莲创股权投资基金，推进节能环保、智能制造、新能源及新材料等优质项目落户莲花。持续加大对有机农业、林下经营、流域综合治理等绿色信贷领域重大项目的支持力度，培育绿色发展新动能。二是推进生态产品价值共享示范区多元化建设。探索打造集水源地生态补偿、"红绿古金"文旅、特色民宿等于一体的综合示范区，致力建设湘赣边生态产品价值实现共享共建合作示范区。统筹实施生态环境系统整治和配套设施建设，推进资源权益集中流转经营，提升生态产品开发利用价值。

制度化建设，实现生态产品价值保障。一是健全生态产品价值实现制度。出台全县生态产品价值实现机制实施方案和"两山转化运营中心"落地方案，成立指挥部和工作专班，完善GEP核算统计制度。将经济发展增量的环境损害、生态效益、自然资源消耗成本等作为重点核算内容，建立绿色发展绩效评估制度。二是探索生态环保信用体系建设。制定《莲花县生态信用村评定管理办法（试行）》《莲花县企业生态信用评价管理办法（试行）》，探索构建覆盖企业、村集体的生态信用体系，并在项目建设和绿色金融服务等方面予以政策倾斜。三是建立生态产品价值考核制度。探索建立GDP和GEP双考核机制，将生态产品价值核算结果作为领导干部自然资源资产离任审计的重要参考，并将审计结果作为领导干部考核、任免、奖惩的重要依据。

三、鹰潭市余江区

余江区地处赣东北，下辖11个乡镇、1个街道。经济社会发展迈上新台阶。2022年全区经济总量突破200亿元，主要经济指标增幅保持全省"第一方阵"，连续9年获评全省高质量发展（科学发展）考核先进县；城乡居民人均可支配收入比为1.8∶1，优于全省2.19∶1的平均水平。生态资源禀赋厚植新优势。境内有白塔河、信江河两条水系，水质、空气常年保持优良；森林覆盖率为40.65%，成功创建省级生态园林城市；连续3年荣获全省旅游产业发展先进县，2022年被列为全省美丽宜居试点县。产业发展质效实现新提升。成功列为全省四个农机装备产业发展县区之一，稳粮保供案例得到国务院领导批示；承担以宅改、城乡融合为引领的26项国家级改革成效显著，全省全面深化改革考评第1名。

余江区坚持生态优先、绿色发展，成立生态产品价值实现推进工作组，以推动生态资源市场化利用、生态产业多元化发展、生态要素金融化保障为抓手，积极探索生态产品价值实现路径，努力打造生态产品价值实现的余江模式，协同推动经济发展高质量和生态环境高颜值，交出让时代和人民满意的"治山理水、显山露水"的余江答卷。

盘活"两闲"资源，推动生态资源市场化利用。一是坚持夯实改革基础。全面摸清资产底数，建立宅基地数据库；推进房地一体确权登记，全区7.8万宗宅基地登记发证率达98.7%；全区1040个自然村编制村庄规划；开展农村乱占耕地建房（住宅类）专项整治试点，分类稳慎化解历史遗留问题，"一户多宅"占比由39%降为2.2%。二是生态融合盘活资产。在生态、旅游资源丰富的村域先行先试，采取"公司+集体经济+农户"等模式，引导村民以入股、出租、合作等方式有偿转让农房和宅基地使用权，促进生态旅游、乡村民宿、休闲农业等高质量发展。"产业下沉"模式、锦江镇范家驻村帮扶事迹入选全国扶贫典型案例。三是建立健全管理机制。坚持农民主体，100%的自然村成立了村民事务理事会2.0版——组级集体经济合作社，赋予理事会12项权力和15项职责，成为宅改"主心骨"；坚持规范管理，形成区级层面60项制度，乡镇层面11个办法，村组层面9项章程的基本制度成果。四是推动生态资产变资金。以宅改为基础，积极推进土地入市、产权抵押改革试点，推动生产资源整合变现。入市土地47宗面积494.09亩，入市价款约4634万元，覆盖所有乡镇。其中，通过整合潢溪镇桂林村20亩零散宅基地进行异地入市，结合锦江镇前进村94.5亩废弃工矿用地"就地入市"，打造了全省首个"异地入市"产业园，经验与成果被编入《习近平经济思想指导实践案例丛书》。

发展"生态农文旅"，推动生态产业多元化发展。一是推动产业融合发展。围绕优质稻、生猪、果蔬、中药材、水产等特色优势产业，成功创建省级现代农业产业园，形成一批农业产业化联合体样板；发展休闲、观光、采摘、垂钓等特色农业园7个，形成"农业+加工业""农业+旅游业"等产业联结机制，构建要素整合的产业发展体系；推动苗木花卉、油茶等林下经济发展，长江经济带森林质量提升——碳中和项目及龙脑樟种植加工项目稳步推进；大力发展精密仪器、汽车配件、绿色食品制造等环境敏感型产业，余江工业园区获评省级绿色园区；全域土地综合整治试点稳步推进，并在江西省全域土地综合整治试点现场上作典型发言；省级绿色矿山基本建成，顺利通过验收。二是数字赋能产业发展。江西省数字乡村试点区建设有序推进，潢溪镇数字化甘蔗—红糖项目入选2022年江西省数字乡村优秀创新案例；建成农业物联网企业7家，江西省物联网示范企业2家，打造技术创新、助农服务平台，通过"互联网+农产品"销售模式，拓展"特色农品变优质商品"的转化渠道。三是创优生态产品区域公用品牌。提高标准化生产水平，全区打造了2个区域公用品牌，"二评一标"认证农产品42个，全国"名特优新"农产品认证2个，绿色农产品认证43个；产品质量溯源机制持续健全，推行标准化生态有机种养模式，全面推广物联网监控和化学农药、化肥减施技术，建立生产、销售全过程溯源体系，加强对第三方认证机构的监管，提升产品质量。

创新绿色金融供给，推动生态要素金融化保障。一是完善生态要素流转机制。建立确权颁证、价值评估、抵押登记、交易流转等12项机制，通过整合打包使乡村"非标准化"的生态资源变为金融机构能够接受的"生态资产包"。建成农村产权交易中心和"数字农权+普惠金融"两大平台，推动生态资源储蓄运营。二是优化金融信贷服务体系。构建了新型农业经营主体信用评分体系，优化金融服务供给。全区金融机构绿色贷款金额为47.09亿元，绿色贷款占比为13.53%；完成63个行政村集体资产抵押授信，农村产权抵押授信总额约2.4亿元；农村各类农权授信14979.8万元，用信9755.85万元。三是健全风险防控机制。设立农村产权抵押担保风险补偿基金600万元，引入政策性担保公司和商业保险公司，形成了"政府、银行、保险公司、担保公司"风险共担机制。积极推进绿色保险创新，为余江区1418.5亩林地开具鹰潭市首单林业碳汇遥感指数保单。

四、赣州市上犹县

上犹县位于江西省赣州市西部，国土面积1543平方公里，人口33万，是一个典型的老区、山区、库区县，是赣粤湘三省交界处保存完好的生态功能区，属大湾区"两小时经济生活圈"，素有水电之乡、旅游之乡、茶叶之乡的美誉，先后获评国家生态文明建设示范区、江西省首批生态产品价值实现示范基地、国家级全域森林康养试点建设县（全国28个、全省唯一）、省级"绿水青山就是金山银山"实践创新基地，在全国生态产品价值实现机制经验交流现场会上，上犹县作为全国唯一一个县级代表参会并作经验交流。

上犹深入践行习近平生态文明思想，全面落实习近平总书记考察江西重要讲话精神，坚定不移走生态优先、绿色发展之路，通过筑牢一个基础、建立一套机制、拓展三个通道，探索"1+1+3"模式助推绿水青山到金山银山的有效转化，绿色发展迸发出强劲活力。

筑牢一个基础，扩大优质生态供给，为生态产品价值实现提供"源头活水"。上犹县坚决落实习近平总书记考察江西重要讲话精神，围绕省委打造"生态文明建设高地"的战略定位，走好绿色发展道路。一是凝聚生态共识，上犹县依照"生态优先、融湾发展、开放创新、担当实干"工作思路，贯彻绿色发展理念，从制定发展战略规划、城乡总体规划到编制基础设施、产业发展专项规划，坚持把生态保护作为第一要素来考量，全县85%的国土面积划定为生态保护空间，49%的国土面积划定为生态红线，最大限度减少发展对生态环境的负面影响。二是提升生态质量，坚持用系统思维统筹推进山水林田湖草沙一体化治理，投入资金16亿元打好治山理水"组合拳"，构建起生态岸线修复、沿江沿河污水处理、农村面源污染治理、水源涵养林保护、和美生态文化塑造五道生态屏障，主要生态环境质量指标稳居省市前列，地表水质综合指数常年保持在全省前列、全市第一，空气负氧离子含量是国际标准的7倍，森林覆盖率稳定在81.8%，为生态产品价值实现奠定生态基础。央视《新闻直播间》报道了上犹县提升湿地质量、推动长江经济带高质量发展的做法。

建立一套机制，破解核算应用难题，为生态产品价值实现提供"量化标准"。通过生态产品价值实现机制，生态产品的供给过程才能产生经济效益。为了实现从"守绿待金"到"添绿增金"的转变，上犹县根据物质供给产品、调节服务产品、文化服务产品等不同功能，充分挖掘生态产品潜在价值，提升生态产品的变现能力和溢价空间。一是聚焦可度量，搭建GEP数字化管理平台，建立起涵盖三大类17项49个细分指标的基础数据核算体系，实现生态产品价值核算标准化。2020年全县GEP核算总量为594.78亿元。二是聚焦可交易，开展生态产品全面普查，在全省率先编制优质生态产品目录清单，确定首批一级生态产品10个、二级生态产品12个、三级生态产品4个，创建生态产品综合服务交易平台。三是聚焦可抵押，深化绿色金融改革创新，对各类自然生态空间开展统一确权登记，建立"上犹智慧金融"综合信息平台，推出"公益林收益权质押贷"等7款绿色金融产品。四是聚焦可变现，创新生态补偿链接机制，吸纳生态产品供给地农户通过土地流转、参与项目建设、农企合作等方式，实现持续稳定增收。如紫阳乡采取村集体资产入股的方式打造伊露云品牌富硒含氢山泉水，村集体每年可增收20万元，带动群众户均增收5000元。

拓展三个通道，培育绿色生态产业，为生态产品价值实现拓宽"转化空间"。上犹县有9.1万亩自然保护区、186万亩林地、14座海拔千米以上山峰、2000多个湖泊山塘、610条大小河流、11万亩茶园、38万亩油茶林、24万亩毛竹林等资源，绿色家底丰厚。上犹深入推进生态产业化和产业生态化，在产业培育、供需对接等方面持续发力，着力解决实现模式不丰富等问题。一是拓展以生态产品发展全域旅游的通道。以"森系"差异化定位的设计，建设"一核一带五区"全域旅游示范区,形成"春采茶赏花、夏嬉水漂流、秋赏枫露营、冬垂钓温泉"的四季旅游体系,推出登峰览胜趣野营等"森宿上犹"8条精品旅游路线,打造全国首个森系主题旅游度假目的地。在全市率先出台支持民宿经济、赛事经济、夜间经济发展的鼓励政策,形成政策洼地。在民宿经济发展方面,坚持"亲山不侵山、亲水不侵水"的理念,盘活各类资产和老旧民宅,推出六类民宿集群,为游客创造看美景、住民宿、"森呼吸"的体验。举办全国民宿集群创新大会,签约径山集等13个民宿,民宿旺季入住率达90%以上、营收达5000万元,带动所在村集体年均增收近50万元。在赛事经济发展方面,利用赛事经济对生态冲击低、复购率高的优势,举办中国汽车漂移锦标赛、全国垂钓拉力赛等20多种品牌赛事,通过赛事立体呈现生态资源禀赋,产生经济收益过亿元,《"体育+旅游"融合发展做活赛事经济》在中央政研室《综合研究》第82期刊载。全力推广匹克球运动,12月将举办全国匹克球大赛,打造匹克球第一县。2023年接待游客突破千万人次、旅游综合收入超百亿元。二是拓展以生态优势赋能乡村振兴的通道。创新乡村发展和生态治理模式,依托环境提升、品牌提升促进产业升级、乡村振兴,该模式在全省乡村振兴工作会议上作推广。出台三年行动方案,按照壮大一个产业、设计一个IP、讲好一个故事、开发一系列文创产品、完善一套基层治理机制、展现一幅乡村致富图景的"六个一"模式编制规划,每年打造5个县级示范村,以农文旅深度融合推动乡村生态产品价值实现。如,以打造茶叶和小火车为IP的梅水园村,以茶旅融合为特色的油石笔架山,辐射带动10万人增收致富,示范村人均年收入增加5000元。举办"两山一区"乡村振兴科教联盟现场会,试点推进"五个一"工程,即聚焦一批农业特色产业、建立一批院士科技小院、引进一批农业龙头企业、出台一套产业扶持政策、打造一个乡村振兴科技园区,为生态农产品价值实现拓宽了有效路径。三是拓展以品牌提升促进供需对接的通道。上犹48%的土地富硒,以大湾区市场需求为导向,以提升品牌价值为基础,大力发展生态米基础产业、有机茶优势产业、生态竹特色产业、农村电商新兴产业、数字农场未来产业,打造大湾区生态富硒产品供应基地,推进生态产品供需高效对接,大湾区优质农产品销售额占比超过45%。如有机茶优势产业，通过扩规模、提品质、促融合、强品牌，常态化组织企业参加国际春茶产业博览会等会展，开展对接招商、线上交易，11月25日在央视《好物节》推介上犹茶叶等农产品，目前茶叶规模和产量占赣州市的52%，上犹绿茶品牌价值达6.4亿元，绿茶湾区销售额占比连年提升；生态竹产业年产值保持20%的增长，从香港引进投资5亿元的生态竹全产业链项目，带动1/3的村、1.2万户农户参与竹产业发展，目前正申报"以竹代塑"应用推广基地县。同时，通过国家发展改革委、全国工商联等部委对口支援赣南搭建的桥梁，助推优质农产品飞出大山、走向全国。

五、宜春市铜鼓县

铜鼓县位于江西省西部、湘赣边界，地处南昌、长沙、武汉三个省会城市的圆心位置，是修河的源头，森林覆盖率高达88.04%，居全省前列，地表水水质综合指数连续4年位列全省第一。近年来，铜鼓县深入贯彻落实习近平生态文明思想，以实际行动践行"绿水青山就是金山银山"发展理念，强化"上游意识"，担起"上游责任"，体现"上游水平"，生态文明建设工作成效突出，成功打造了国家生态县、国家重点生态功能区、国家生态文明建设示范县、国家"绿水青山就是金山银山"实践创新基地等4张国家级生态名片。

汇聚合力抓治理，构建人与自然和谐共生新面貌。一是扛牢生态文明建设政治责任。县第十五次党代会提出将"生态立县"作为全县首位发展战略，对领导干部自然资源保护离任审计实行"一票否决"，用最严格的制度、最严厉的法治为生态环境建设保驾护航。整合公安、林业、水利、自然资源、生态环境等部门力量，成立"生态卫士"综合执法中心，联合开展生态环境保护的指挥协调、综合研判、综合执法等工作。2023年以来，共侦破"食药环知水森"领域违法犯罪案件26起。二是抓好生态环境综合整治提升。围绕建设国家综合补偿试点县目标，县级财政每年配套生态补偿资金1200万元，推进全域封山育林，封育面积达172万亩，占全县总面积的85%。以省级文明城市创建为引领，统筹推进卫生城、森林城、园林城、双拥模范城创建，新建凤凰山公园、红豆杉公园、"河长制"主题公园等一批民心工程，全面完成城区13条背街小巷改造、22个老旧小区改造、河道岸线15公里改造,成功创建省级生态园林城市。三是持续打好污染防治攻坚战。深入推进蓝天、碧水、净土三大保卫战,统筹推进山水林田湖草沙综合治理,深入实施污染防治新的八大标志性战役和30个专项行动,对全县范围内所有污染源实行全天候监测,从严从重打击破坏生态环境违法行为。制定国家重点生态功能区产业准入负面清单并严格执行,先后否决了大唐发电、正邦饲料等投资亿元以上项目,累计拒绝外来投资达30多亿元。2023年水环境质量综合指数保持全省第一,空气质量优良率达100%,位列全省第一。

集中精力谋发展,推进绿色经济产业焕发新动能。一是推动工业绿色低碳转型。以生态理念抓工业,聚焦电子信息、生物医药、绿色食品和精细化工、竹木加工"3+2"生态工业主赛道,大力推进创新驱动、数字赋能,完成冷链物流园6.3万平方米建设,电子信息产业园12万平方米标准化厂房竣工,入驻企业20家,入驻率达100%。14万平方米高新技术成果孵化园三期和20万平方米生物医药大健康产业园建设正稳步推进。2023年,共落户亿元以上项目9个,累计投资额达33.5亿元,在谈亿元项目14个,预计投资额达40亿元,首次出现"项目等厂房"的可喜局面。二是打响生态康养文旅品牌。以打造"湘赣两省冬季旅游首选地"为目标,以创建国家全域旅游示范区为抓手,大力实施"文旅兴县"发展战略,每年安排3000万元专项资金用于支持文旅产业发展,形成了以秋收起义为代表的"红色研学游",以汤里温泉为代表的"绿色康养游",以客家民俗为代表的"特色风情游"三大品牌,打造了"春踏青赏花、夏漂流避暑、秋摘果登山、冬滑雪泡泉"为主题的"四季"旅游项目。成功举办七星岭大众冰雪节、半程马拉松赛、环鄱阳湖国际自行车赛等大型文体活动。引导汤里文化旅游度假区、天柱峰景区、七星岭滑雪场等龙头景区,丰富康养项目和住宿设施,打造高等级文化旅游度假区。大力发展研学旅行产业,近两年共接待各类研学团队800余批共70余万人次,打响"来吧铜学"研学品牌。先后荣获江西省"风景独好"旅游名县、江西省首批革命文物保护利用示范县、"2023美丽中国首选旅游目的地"、全省优秀旅游服务体验试点城市等多项荣誉。

三是壮大农业特色优势产业。靠山吃山唱山歌，依托丰富的林下资源，大力发展以黄精为代表的林下经济，按照"五化"加"接二连三"的模式，即：规模化种植、公司化运行、标准化生产、智能化管理、品牌化营销，推动黄精产业由一产种植向二产精深加工、三产康养观光延伸。探索运用5G技术，为农产品"种、管、采、卖"提供全方位支撑，构建了从农田到餐桌全链条食品安全追溯体系。目前，共培育出黄精、竹荪、灵芝、羊肚菌、罗汉果等10余种纯天然、高品质道地食材，其中，全县黄精种植总面积突破6万亩，年产值近2亿元，亩均效益达4000元。"铜鼓黄精"被列为国家农产品地理标志登记保护项目。成功获评国家农产品质量安全县、全国休闲农业重点县、国家有机产品认证示范区、中国树参蜜之乡。

不遗余力求创新，走出生态产品价值转化新路径。一是做活"核算文章"，让"好山水"也能定价。在全省率先探索建立县域"1+3"GEP核算制度体系，首次对"一镇一村一业"优质生态资源进行系统核算，通过开展GEP核算量化生态资源家底，给绿水青山贴上"价值标签"；对农村集体土地使用权、土地承包经营权、集体林权等产权办理流转，给绿水青山贴上"资产标签"；对农业、水利、林业等23个部门的生态数据进行整合，建立生态云平台，给绿水青山贴上"数字标签"，实现GEP"一键核算"和"一本账"的精准掌握。2021年首次利用生态云平台实现了"一键核算"，经核算全县GEP达389.3亿元，是当年GDP的6倍，在全省已知开展GEP核算的县（区）中位居前列。二是做好"碳汇文章"，让"好空气"也能卖钱。成立铜鼓县碳达峰碳中和工作领导小组，开展全域林业资源盘查工作，对辖区内预计符合国家自愿核证减排量开发标准的4.4万亩新造林进行碳资产开发，项目周期共计30年，预计项目周期内产生温室气体减排量约140万吨。率先开展森林碳汇交易，发放了全省第一笔碳汇贷款800万元。与国泰君安证券股份有限公司合作开发林业碳汇资源，成功签订全省首笔千万级林业碳汇远期交易协议，第一个监测期内预估将产生50万吨左右的温室气体减排量，市场价值约2500万元。三是做强"交易文章"，让"好资源"也能变现。建成生态产品价值实现支撑平台，成立"两山"资源发展有限公司，实现收储、评估、运营、交易等"一站式"服务，推动生态产品可整合、可运营，实现生态资源交易变现。推出百福农权贷、银担惠农贷、文旅贷等多种绿色信贷产品，建立起"绿色金融＋普惠金融＋乡村振兴"新模式，为生态产业发展注入金融活水。成功获评国家生态综合补偿试点江西重点支持区域、江西省生态产品价值机制改革示范基地。2023年，全县绿色贷款余额达13.52亿元，同比增长9%，绿色贷款占比18.64%，居全市第二。在全国第一批开展土地经营权抵押贷款试点，探索"信用＋土地经营权抵押贷款"机制，成功获批农发行5亿元农村土地流转和土地规模经营贷款，已实现首笔投放1.14亿元，近五年发放土地经营权流转抵押贷款470笔3.84亿元。在全省第一批开展非国有商品林赎买试点，有效解决"银行机构向林业产业贷款内生动力不足"的问题，目前已发放92笔林权抵押贷款1.02亿元。绿水青山是大自然和先辈们馈赠给铜鼓最珍贵的礼物、最宝贵的资源。铜鼓县将坚决贯彻落实好习近平生态文明思想，保护好、利用好、发展好这一方青山绿水，持续探索"两山"转化新路径。

六、宜春市靖安县

靖安县坚持以习近平生态文明思想为指导，牢固树立和践行绿水青山就是金山银山的理念，探索出"一产利用生态、二产服从生态、三产保护生态"的绿色发展模式，走出了一条生态保护与经济发展共赢之路。在全县上下共同努力下，靖安生态文明建设走在全国前列，绿色发展"靖安模式"特色改革品牌持续打响。先后获评江西首个国家生态县、全国首批国家生态文明建设示范县和"两山"实践创新基地等国字号荣誉，国家重点生态功能区考核环境管理连续四年全省第一，被生态环境部点名通报表扬。特别是在2018年全国生态环境保护大会上，靖安绿色发展模式得到了习近平总书记点名表扬，为靖安生态文明建设指明了前进方向、注入了强大动力。

激发改革创新"新活力"，持续夯实生态产品价值实现基础，系统推进走在前。靖安县以推动高质量绿色发展的主动担当、探索新时代生态价值转换机制路径的积极作为，更高质量、更加系统、更加全面推动绿色发展。一是深化改革创新。做到"五个率先"：率先建成全国首个水环境监测与河湖管理平台，率先建成全省首个森林航空护林直升机场——靖安机场，率先在全省开展"生态卫士"综合执法改革试点，率先成立全市首支县级专业突发环境应急救援队——靖安县碧水救援队，率先在全市推行生态环境"局队站合一"体制改革，构建"空天地"立体保护体系，实现对山水林田湖草等自然生态要素全方位管控和便捷高效的系统治理。二是严格制度保护。在全省率先编制了重点生态功能区产业准入负面清单、靖安县建设项目环境保护负面清单，全县各项规划、招商引资、项目建设严格落实负面清单要求，提前介入把好准入关口，实行环保一票否决制；印发了《靖安县集中式生活饮用水水源地突发环境事件应急预案》；"生态卫士"综合执法改革成功入选"中国改革2022年度地方全面深化改革典型案例"，获评第一批"全省法治政府建设示范项目"并在宜春全市推广。三是统筹规划引领。"十四五"时期，靖安县以习近平总书记点赞为新的起点，围绕生态产业化先后编制印发了《靖安县高质量绿色发展"十四五"规划——践行"一产利用生态、二产服从生态、三产保护生态"绿色发展模式的部署》《靖安县大健康产业发展规划》《靖安县关于加快大健康产业发展的补充政策》《全域旅游发展规划》《靖安县关于打造国家生态文明建设高地的实施意见》。

开辟生态转化"新赛道"，持续增强绿色发展新动能，生态价值实现勇争先。靖安县以大健康产业统领一、二、三产发展，优化升级绿色产业链，打造生态产业化集群。一产利用生态发展精致有机农业。靖安县绿色有机有效期内认证产品85个，成功创建国家有机产品认证示范区；靖安县璪都镇港背村入选2023年中国美丽休闲乡村；中源乡三坪村和璪都镇港背村入选第三批全国乡村治理示范村，全国乡村治理示范村累计达到5个；江西海益园入选2023年第一批全国五星级休闲农业和乡村旅游精品企业（园区）；现有茶园（白茶）6万余亩，2023年茶叶总产值2.4亿元。二产服从生态打造低碳循环工业。靖安县是第一批江西省大健康产业试点示范县，坚定不移把大健康产业作为最大变量，集中资源加快企业培育，医疗器械产业CDMO创新平台、三爪仑绿色食品、南昌交通学院数字经济产业园、瀚良生物等企业逐步壮大，大健康产业企业数量增加至30家，入库税收同比增长283%，实现了数量和质量的双提升。2023年新签约项目23个，累计完成投资138.53亿元，大健康产业集群蓄势起航。三产保护生态壮大全域绿色旅游。获评第十五届"五洲钻石奖"——文旅国际年度金牌旅游目的地、2023全国深呼吸生态魅力名县；入选为江西省优秀旅游服务体验试点城市；获评首批"风景独好"旅游名县；荣获全市文化和旅游发展先进县；璪都镇、高湖镇获评2023年江西省避暑旅游目的地；《山水间的家》在总台央视综合频道（CCTV-1）播出《宜春靖安港背村篇》；靖安县《探索"两山"转化模式 尽享绿色诗意生活》入选国家文旅部绿色旅游典型案例；中源国际滑雪场项目已经完工，江西首个室内滑雪场三爪仑四季滑雪项目已开始运营，星空宿田园综合体、大梓房车营地改造完工并投入使用。举办"2023靖安生活年"系列活动，持续唱响"有一种生活叫靖安"，实现旅游综合收入72.98亿，同比增长20.3%。同时开展了土地入市、上下游流域补偿、用能权、用水权、排污权等试点工作。

绘好价值共享"同心圆"，持续凝聚民心民智增合力，生态强村富民善作为。靖安县坚持生态文明共同参与、共同建设、共同享有，不断凝聚全社会的共识与合力，坚持把生态产品价值实现成效落实到人民福祉上。一是环境质量稳步提升。靖安县4个地表水断面水质达标率均保持100%，全县水质综合指数2.8688，全省第八。二是优化升级股份制市场化生态转化平台。靖安县"两山"转化平台建成并正式投入使用，已登记乡村闲置资产136处，上架"两山"平台招商资产130个。三是鼓励创新绿色金融产品。引导金融机构自主推出绿色金融产品如"白茶贷""民宿贷"，积极开展"两山信贷"试点；出台"乡村民宿贷"贴息贷款政策，推出了"企业入规贷""安全环保达标贷""旅游升级贷"等融资拓展产品、融资担保合作产品。截至目前，入规贷15笔，金额1240万元；安全环保贷17笔，金额1960万元；旅游升级贷10笔，金额1340万元。2023年担保累计放款100笔，2.1639亿元；过桥160笔，5.6亿元。四是打造休闲乡村民宿品牌。靖安县大力发展乡村民宿，带动群众共同致富，靖安休闲乡宿规范经营与管理改革入选"中国改革2023年度地方全面深化改革典型案例""中国改革2023年度地方全面深化改革县域案例"，典型经验在《中国乡村振兴》杂志封面报道，代表江西省在全国脱贫地区高质量发展庭院经济工作培训班作经验交流发言；中源乡在全省"美丽活力乡村+乡村民宿"联动建设专项工作座谈会上作典型发言；印发了《靖安县推进"十百千万"工程 打造省级休闲民宿集聚区实施方案（试行）》《靖安县推进"十百千万"工程 打造省级休闲民宿集聚区若干扶持措施（试行）》，通过"五品""四带动"形成乡村民宿集群10个左右，打造特色乡村民宿村落100个左右，引导发展品质乡村民宿1000家左右，推出品质乡村民宿床位10000个左右，建设一批有体验、有品位、有乡愁、有故事的精品乡村民宿，实现乡村民宿规范化、集群化、品质化发展。

七、上饶市婺源县

2023年10月11日下午，习近平总书记来到婺源县秋口镇王村石门自然村考察指导，这里是饶河源国家湿地公园中心区，也是极度濒危鸟类蓝冠噪鹛自然保护小区，植被多样、生态良好。他指出，优美的自然环境本身就是乡村振兴的优质资源，要找到实现生态价值转换的有效途径，让群众得到实实在在的好处。婺源坚持在发展中保护、在保护中发展，以发展全域旅游为抓手，通过创新体制机制、构建生态产品价值实现体系、厚植生态产品价值实现资本，形成了生态产品价值实现的婺源模式，实现了生态产品价值实现机制工作"步步高"，交出了"治山理水、显山露水"婺源答卷。成功入选国家生态综合补偿重点区域名单、江西省生态产品价值实现机制改革示范基地，城区空气环境质量优良率为99.4%以上，全县危险废物处置率达100%，空气、水质等各项指标继续保持全市第一、全省全国前列。

生态产品价值实现体制出彩出新。一是完善顶层设计。切实围绕打造"三个样板"、实施"六大工程"，树牢全县"一盘棋"思想，先后出台并实施《婺源县生态综合补偿实施方案（2023—2025）》《婺源县国土空间总体规划（2021—2035）》《婺源县生态产品价值实现机制示范基地建设工作方案》《婺源县古建筑全球认购认领保护工作实施方案》《婺源县古村落古建筑保护与利用方案》《婺源县森林赎买实施方案》《婺源县民宿产业扶持办法》《婺源县"乡宿贷"工作方案》等文件，成立婺源县生态产品价值实现机制示范基地建设工作领导小组,组织召开试点工作推进会,稳步推动全县生态产品价值实现机制。二是创新建设。创建婺源县"两山"转化中心,搭建婺源县GEP精算服务平台,编制2020年、2021年度生态系统生产总值GEP精算报告。开展林权收储改革试点,对县域森林资源确权登记和收储。全县已完成赎买山场总面积1.05万亩,达成赎买意向的山场1.7万亩,国有林0.33万亩,赎买金额1800余万元。

生态产品价值实现路径拓宽拓展。一是探索古建古村保护利用。对全县3800余栋古建民居全面摸底确权,按照"一村一档""一屋一档"原则,建立档案库。开创了整村整体搬迁的"篁岭模式"、民宿开发保护的"延村模式"、文旅融合保护的"江湾模式"和整村整体保护的"汪口模式",获评"传统村落集中连片保护利用示范县"。创新推出古建筑全球认购认领模式,首批老城区14栋古宅全部颁发认领书,并启动第二批古宅全球认领工程,目前全球认领古宅36栋。鼓励利用财政资金引导撬动社会资本参与传统村落保护发展,累计争取和筹措传统村落保护资金近3亿元,撬动社会资金13亿元。实施"景村"党建引领传统村落保护工程,探索"村党组织+公司+合作社+农户"利益共赢模式,村级集体经营性收入达4943.91万元。二是擦亮观鸟产业生态名片。科学规划4条精品生态观鸟路线,编写婺源观鸟手册,制作婺源观鸟地图,精心打造思口镇龙腾生态观鸟园、沱川乡金岗岭生态观鸟基地两个标准化生态观鸟点,联合中国科学院、国家林业和草原局申报生态观鸟基地行业标准,培育专业观鸟导游队伍,建设高标准的观鸟场馆和高水平的鸟类科普基地。举办第十届中法环境月系列重要活动——蓝冠噪鹛科研交流会暨婺源观鸟赛活动,把蓝冠噪鹛打造成为婺源观鸟的特色IP。定期开展生态观鸟云直播,全年吸引全球自然科学爱好者4万余人,综合效益超1亿元。石门自然村以鸟为媒,既保护好弥足珍贵的绿色之肾,又实现了生态+旅游深度融合,村人均年收入由2013年的4000元左右提升到2022年的2.65万元,实现了美丽经济新内涵。三是深耕三大产业协调发展。现代农业特色彰显,荣获"2023年度重点产茶县域"称号,"婺绿1号"获评国家级茶树新品种,婺源绿茶制作技艺被列入《人类非物质遗产代表作名录》,茶产业年综合产值48.57亿元。生态工业数字赋能，建成数字经济产业园，阿里巴巴、京东等头部企业均有项目落户。新增规模以上工业企业 16 户，省级专精特新企业 6 户，两化融合管理体系贯标企业 5 户；"大健康产业"项目全面启动，"六大板块"同步推进，投资 50 亿元的中医药生产加工项目稳步推进。旅游产业强势增长，弦高古城保护性开发项目正式落地开工；婺女洲度假区对外营业，填补了婺源城区度假游的空白，单日最高游客过 3 万人次；篁岭景区"乡村奇妙夜"夜游项目建成开业，通过抖音直播、视频带货等方式，单条爆款作品带来 50 万订单，游客日均逗留时间增加 4 小时，游客的体验感明显增强；实施"微改造、精提升"工程，培育了江湾梨子巷、云上江岭露营、严田小火车等一批新业态。

生态产品价值实现示范突破突围。一是全国首创建设自然保护小区，获评世界发明奖。建立了珍稀动物型、自然生态型、水源涵养型等自然保护小区193 处，保护面积达 65.4 万亩，森林生态保护补偿"婺源模式"入列全国典型案例推广清单。二是开展全省首个县级上下游生态补偿试点，与乐平市、德兴市分别签订共产主义水库水环境横向补偿协议和饶河上下游横向生态保护补偿协议，建立健全"成本共担、效益共享、合作共治"的生态补偿机制。三是加强浙皖赣三省七县（市）省际合作发展，共商省际交接合作事宜，共议区域合作发展愿景，不断增强区域协同联动，稳步推进生态共同体和利益共同体建设，践行绿水青山就是金山银山理念，实现人人有事做，家家有收入目标，打造省际县域合作发展先行示范区，逐步形成省际交界地区县（市）区域协同融通发展格局。四是率先开发茶叶价格指数特色保险，为全县 5200 户茶农提供 400 万保险保障。创新推出"乡宿贷"供应链融资产品，推广"油茶贷""绿色项目贷款"等绿色金融产品。截至 9 月底，全县绿色贷款余额 17.14 亿元。

生态产品价值实现效益有面有里。一方面，在"家门口"吃上"生态饭"，激发了村民的内生动力，形成了"保护美丽生态环境—转化为'美丽经济'—促进村民保护环境"的人与自然和谐发展的良性循环。如今，婺源打造了"四季不落幕"的乡村旅游胜地和全域旅游样板，呈现了"青山绿水不变、村民返居兴业、乡村文明开放"的新面貌。另一方面，在撬动当地经济发展的同时，也带富了一方百姓。形成了篁岭、延村、严田 3 个百栋以上的古宅民宿群，11

个"过千"床位的旅游度假村，全县精品民宿发展到 800 余家，3300 多户农家乐年均经营净收入超过 10 万元，城乡居民可支配收入 4 年增长 70%。高水平举办国际旅游名村村长峰会、严田国际乡村旅居论坛，提升了婺源旅游国际知名度，真正实现婺源旅游服务标准国际化、营销国际化、游客国际化，婺源旅游更具"国际范"。加快篁岭创建国家 5A 级旅游景区和上市进程，篁岭"晒秋"成为最美中国符号，篁岭古村入选 2023 年联合国世界旅游组织"最佳旅游乡村"名单；婺女洲 5 天 5 场音乐节吸引全国各地乐迷超 8 万人，全网话题传播量 2.8 亿次；"严田小火车"新鲜出炉，上半年圈粉 33 万人，塑造了"新玩法"带火"老景区"的成功范例。溪头乡龙尾村获评省级 4A 乡村旅游点，江湾镇荷田村、思口镇金竹村、沱川乡查平坦村、溪头乡龙池汰村、珍珠山莲子滩村获评 3A 级乡村旅游点，总数 65 家，继续保持全省县级第一，强化"生态人文、赣风徽韵、旅居乐游、梦里老家"的独特旅游品牌辨识度，彰显了"中国最美乡村"的知名度和美誉度，成功打造了中国最美乡村升级版。2023 年全县接待游客 2620.3 万人次，同比 2019 年增长 10.5%；综合收入 256.8 亿元，同比 2019 年增长 6.7%。

八、吉安市吉州区

吉州区聚焦"走在前、勇争先、善作为"目标要求，依托自身良好的生态环境资源禀赋，建立健全生态产品价值实现机制，把绿水青山加快转化为金山银山。创新提出"1245"工程，谋划实施吉州区"两山"转化突破攻坚战；探索钓源古村 VEP 核算试点，打造全省首个生态产品价值实现共建点、全省首个碳中和景区，典型经验推荐至国家发展改革委；获评省级绿色低碳示范区、全省首批碳达峰城市试点省级"绿水青山就是金山银山"实践创新基地、省级生态产品价值实现机制改革示范基地等多项省级以上试点示范，创建全国物流"平台+基地+公铁水空多式联运"典型模式，竹笋巷低碳社区获评全国绿色低碳典型案例，首创提出低碳社区省级标准编制；低碳城市、生态产品价值实现等工作获中央、省级主流媒体点赞。

绿水青山加快转化为金山银山。

建章立制推动价值评估。一是强化组织引领。成立以区长为组长的生态产品价值实现推进工作组,印发建立健全生态产品价值实现机制实施方案。成立专项指挥部,构建"1+4"落实机制,设立"1+4"工作组,实施每周调度,印发《吉州区"两山"转化突破攻坚战实施方案》及相关配套机制,全面打响吉州区"两山"转化突破攻坚战。二是探索长效机制。形成一套 GEP 核算成果应用机制,将 GEP 纳入全区国民经济和社会发展、生态环境保护、产业发展等规划和年度计划,将 GEP 综合考评作为加分项纳入区美丽中国"江西样板"建设年度考核,将 GEP 核算成果作为项目规划选址、生态产品价值评估、市场融资、生态流域补偿资金分配的重要依据,推进应用进规划、进考核、进决策、进市场。三是开展生态价值核算评估。积极参与全市 GEP 核算平台共建,收集全区 GEP 核算试点数据,完成生产总值 GEP 核算工作,探索搭建 GEP 数据核算平台,形成《2018 年—2020 年吉州区生态系统报告》。邀请第三方到吉州区钓源古村、吉州工业园区调研,编制《钓源古村生态产品价值实现机制试点方案》。

数智支撑推动碳汇交易。一是成立区级"两山"公司。构建"两山"价值转化平台,细化生态资源分类,推动生态资源集中化收储、规模化整合,将分散的生态产品数据进行统一的盘点,以生态资源、生态产品为核心进行统一的规划、治理、建库,最终实现系统化评估、产业化开发,推动生态产品交易,加快形成生态产品溢价体系,推动水库存量资产盘活(一期)项目对接中国银行融资 3 亿元。二是搭建数智化综合管理平台。强化数智支撑,建立整体联动、开放共享的生态资源数据库,建设生态资源分布"一张图"、GEP 核算结果应用及钓源古村生态价值开发、生态产品价值实现模块,摸清吉州生态资源家底,探索生态资源"分散输入、集中输出"流转交易路径,为打通生态资源—资产—资本转化通道提供数据依据,助力"共富共享吉州"建设。三是开展自然资源资产交易。深化全省首批碳达峰试点城市,依托区级"两山"资产运营平台和数智化综合管理平台,探索开展自然资源资产交易,鼓励支持有条件的企业积极参与碳排放权、排污权、用能权、绿电等市场交易。探索发展林地、农田、水流域等碳汇交易新路径，成功实现全区首笔景区碳汇交易，撬动绿色发展的新支点。

绿色金融赋能生态资源。一是创新市场化交易机制。创新抵质押方式，加大对小微企业、六大富民产业等金融产品创新，持续推广"财园信贷通""惠农信贷通""科贷通"等政策性惠企贷款实施。绿色信贷投放增速明显，2022年绿色信贷占各项贷款比重比上年高0.35%，同比增长23.77%。珠江村镇吉州分行设置银行绿色金融服务站，吉州珠江村镇银行绿色金融事业部揭牌成立。二是开展政银企专项行动。加快绿色金融创新探索，强化支撑保障，支持高效节能装备制造、工业节能改造、林权抵押、收益权质押贷、古村落贷、湿地贷、文旅贷等开展探索，提报绿色金融案例2个、签约项目3个、绿色金融项目18个，涉及生态农业、生态文旅、生态环境治理、清洁能源等领域。三是推出绿色金融产品。支持金融机构发展绿色信贷、绿色保险，持续推动农业保险"扩面、提标、增品"；积极创新碳金融、能效信贷等创新型绿色金融产品，积极开展生态产品价格指数保险和绿色产品质量安全保险，积极创新生态产品价值核算的"生态贷""GEP贷"产品。如，江西银行吉州分行创新推出林权抵押贷款，兴桥镇丘湖村成功落地生猪"保险+期货"项目。

金山银山持续反哺绿水青山。

生态环境向美向善。一是环境质量持续向好。2023年，3个地表水考核断面水质优良率100%，赣江干流水质保持Ⅱ类，省监测断面水质综合指数3.0288，全省排名15位，同比前移1位；县级以上城市集中式饮用水水源水质达标率100%；受污染耕地安全利用率达到93%以上，重点建设用地安全利用得到有效保障。二是环保设施持续完善。全市首个循环经济产业中心和工业园污水处理厂建成投运，螺湖水系水环境整治、8个搅拌站搬迁改造有序推进，镇域生活污水处理设施实现全覆盖；积极推行垃圾分类，全市首座竖式工艺厨余垃圾压缩转运站投运，新增垃圾分类收集站（亭）34座，垃圾分类设施设备实现公共机构、住宅小区全覆盖。三是执法改革持续深化。建立河湖长制、林长制协作机制，实现跨部门联合执法和信息共享。建立环保督察整改交办、提示、督办、约谈、销号闭环管理制度，中央和省历次督察、长江经济带和省生态环境警示片反馈的64个限期整改问题有序推进，169件信访件全部办结；深化"四通四及时"生态环境治理改革，建立环保监管员队伍和生态环境警示片制度，相关经验做法被列入美丽江西建设典型案例。

生态产业绿色发展。一是产业结构优化调整。加快构建产业结构优、科技含量高、资源消耗少的绿色产业体系，2022年全区战略性新兴产业、高新技术产业增加值占规上工业比重分别达69.41%、76.14%，三产结构优化调整为2.7∶36.0∶61.3。实施绿色建造行动，大力发展装配式建筑、绿色建筑、智能建筑，严格绿色建筑执行标准。二是生态产业化发展。累计完成高标准农田建设9.63万亩，富民产业种植面积达8万亩。绿色服务业发展强劲，连年稳居全市第一。钓源古村获评江西省首批"风景独好"旅游名村、江西省五星级休闲乡宿、江西省首批乡村休闲文化旅游示范点等多项荣誉，在全省旅发大会精美呈现，田侯路历史文化街区获评国家3A级旅游景区，2022年全区生态旅游收入48.48亿元，同比增长11.4%。三是产业生态化转型。"1+3"产业持续延链强链，引进佛山伊戈尔、江西瑞炫、江西中旋、兴泰科技等优质企业，获批高新技术企业16家、科技型中小企业70家，区工业园入选全市首批数字经济创新发展试验基地，新增市级以上企业技术中心5家，华立源锂能获批省级绿色工厂，兴泰科技评为省级智能制造标杆企业。

低碳生活共建共享。一是能源结构清洁化。积极倡导绿色低碳生产生活方式，大力发展新能源，推进能源、工业、建筑、交通等领域清洁低碳转型，全区新能源公交车保有量达308辆，投放共享单车、电动车1.2万余辆。统筹推进优质重大项目用能保障和遏制"两高一低"项目盲目发展，2020年以来能耗"双控"相关指标呈逐年下降趋势，2023年上半年单位GDP能耗同比下降3.3%，能耗强度保持全市最低值。二是资源循环体系化。深入推进废旧资源循环利用体系建设，全市首个绿色分拣中心荣获全国"废塑料分拣配送中心"证书，大件家具处理中心建成投运，资源循环利用中心项目推进建设。实施"两网融合"示范项目，有序推进全区20个废旧物资回收网点建设，全省首个"两网融合"试点（"i吉收"001吉州区东投金麟府点）站点建成投运。严守水资源"三条红线"，累计创建节水型机关、学校、企业共115个。深入推进

"节地增效"行动,2023年处置闲置土地558.34亩,任务完成率位居全市前列。农作物秸秆肥料化、饲料化利用水平显著提升,全区秸秆综合利用率95.49%。三是城市生活低碳化。首创提出低碳社区省级标准编制,将低碳社区融入新一轮老旧小区改造,打造了30余个绿色社区、低碳社区、近零碳社区(比如永叔街道华平社区、文山街道思源社区、习溪桥街道凯震金鹭花园小区、北门街道香榭丽都小区),其中竹笋巷低碳小区已获批全省唯一入选全国绿色低碳典型案例,星港澳园正在申报全国绿色低碳典型案例。同时,在全市率先推行绿色低碳出行"135"计划,即倡导公众1公里以内步行、3公里以内骑自行车、5公里以内乘公交车。

打通双向转化通道,试点示范成效显著。一是"两山"品牌持续擦亮。拓展转换通道,加快推动经济社会发展全面转型,成功入选全省首批碳达峰试点城市,获评第五批"两山"实践创新基地,成立区级"两山"资产运营公司,设立全省首个生态产品价值实现共建点,钓源古村作为吉安市首个VEP评估试点区域并成为全省首个碳中和景区。二是钓源VEP试点先行。钓源古村作为国家4A级旅游景区、全国生态文化村、中国美丽休闲乡村,生态资源禀赋良好,基于全区GEP初步核算成果,按照《江西省生态资产价值评估管理办法(试行)》,采用VEP评估体系,对钓源古村社会经济、基础地理环境、生态资源价值、开发运营等情况摸底,明确古村生态产品的空间分布、权属信息、数量质量、保护和开发利用情况等,形成精细化、可追溯性的钓源VEP试点方案,助推其成功获评江西省首批"风景独好"旅游名村、省五星级休闲乡宿、省首批乡村休闲文化旅游示范点等多项荣誉。2023年1—11月接待游客39.61万人次,综合营收1500余万元,节假日民宿住宿爆满,吸引江浙沪、粤港澳等发达地区高端客群入住民宿占比超80%。三是国家、省、市媒体点赞吉州。通过探索,全区培育了一批生态产品价值实现典型案例,发布生态产品价值实现创新典型案例8个。钓源古村生态产品经营开发新路径获省领导肯定,相关经验已报国家发展改革委,低碳城市建设、四通四及时生态治理法等逐渐成为吉州名片,《从低碳社区迈向低碳城市:看吉州如何打造低碳社区的国家级样板》《"十里芳菲"遇芳菲:吉州区古村钓源改造升级成为农旅产业融合新典范》《让废旧家具"有家可归"：吉州区建成全市首个大件家具处理中心或将成为全省标杆》《稳住"菜篮子"扛起大民生：吉州区发扬菜帮精神大力建设"菜篮子"工程》等优秀案例上报中央、省级主流媒体。

九、抚州市资溪县

资溪地处江西省东部、武夷山脉西麓，现辖12个乡（镇、场）。生态资源禀赋优越。森林覆盖率87.7%，活立木蓄积量达998万立方米，拥有毛竹林55万亩，动植物种类繁多，有种子植物2054种，脊椎动物387种，被誉为"动植物基因库"。近年来，资溪县用足用好"生态第一优势"，持续探索生态优先、绿色发展新路径，在全省率先创建"两山银行"，按照"标准化设计、实体化运作、产业化经营"的思路，搭建"四中心一平台"，打通"资源—资产—资本"转化通道，探索形成生态产品价值实现"资溪方案"。

摸清生态家底。一是开展资源核查。重点摸清土地、林木、水资源和矿产等自然资源资产"家底"，完成第三次国土资源调查和第七次森林资源二类调查，编制自然资源资产负债表，编制生态资源图谱，为生态产品价值实现提供大数据支撑。经核查，全县林地面积约167.6万亩，活立木蓄积量约998万立方米，毛竹近1亿株。二是明晰资源产权。按照"到企""到户"的原则，完善山林、土地、房屋、河道等产权及收益权确权登记制度，落实生态资源统一确权登记，积极推动自然资源所有权与使用权、经营权分离，适度扩大使用权的出让、转让、出租、担保、入股等权能，建立生态权益资源库，构建分类合理、内容完善的自然资源资产产权体系，为生态资产交易提供保障。三是精准核算价值。聘请第三方团队编制生态资产和生态产品目录清单，参与起草《生态系统生产总值核算技术规范》江西省地方标准。探索开展GEP精准核算，2021年全县GEP总值为478.76亿元，是当年地区生产总值的9.23倍。搭建完成集生态资源空间分布、多维度分析、可视化展示于一体的资溪县GEP数字化平台。

打造综合平台。借鉴商业银行存贷理念和财富概念，在全省率先创建"两山银行"，搭建"四中心一平台"，打通"资源—资产—资本"转化通道。《"两山银行"运行管理规范》江西省地方标准正式发布。一是建立资源收储中心。成立泰丰自然资源经营有限公司作为国有收储主体，县林业局、农业农村局、水利局、自然资源局、住建局等部门提供指导，通过赎买、租赁、托管、股权合作、特许经营等多种方式，推动山林、土地、流域、农房等碎片化资源收储、整合，最大限度实现资源的集约化和规模化，形成优质资产包。二是建立资产运营中心。组建泰丰自然资源、"两山"林业、纯净文旅等公司，负责国有生态资产的运营与服务。成立纯净资溪生态产业协会，全县180余家生态企业入会，探索NPO（非营利组织）的运作模式，推动全县生态领域企业资源共享、抱团发展。三是建立金融服务中心。建立健全"两山"转化金融服务体制机制，统计分析生态产业投融资状况，推动生态资源所有权、经营权抵质押融资创新，打通生态产业融资渠道。四是建立资产交易平台。依托县公共资源交易中心，打造生态资产（产品）交易中心，出台生态产品交易管理办法，规范交易行为，重点围绕商品林赎买、公益林收储和水域经营权流转等，探索开展出让、租赁、买卖等交易试点，促进生态资产流转。

加强金融创新。一是推进"一行一品"金融模式。在全省率先落地森林赎买抵押贷款、林权收益权质押贷款、特定资产收费权抵押贷款、特种养殖权抵押贷款、水资源抵押贷款、"百福·碳汇贷"、林权代偿收储担保等多种生态权益金融业务，全县生态产品价值实现各项贷款余额达39亿元。二是开创"代偿收储担保"先例。出台《林权代偿收储担保管理办法》，设立林权代偿收储担保中心，为林权抵押融资提供"代偿收储担保"，创新贷前评估、贷时担保、逾期代偿的林权融资新模式，有效防范信贷风险，促进林业发展和林农增收。目前，已完成融资担保3030万元，帮助银行化解林权抵押不良贷款4笔568.86万元。三是探索"VEP+项目贷"。以野狼谷景区为案例，积极探索特定地域单元生态产品价值评价，打通区域资源变现金融资本新路径。经科学测算，野狼谷生态资源的价值为1992.27万元。2023年8月，资溪农商行参考野狼谷景区生态资源的价值，增加授信额度，为企业增加发放信用贷款500万元，生态价值采信额度达到25%。

做足增值文章。一是培育区域公用品牌。以"纯净资溪"区域公用品牌统领"资溪面包""资溪白茶""资溪好森活"等各类产品品牌,加快建立"区域公用品牌＋单一产业品牌＋企业专属品牌"生态产品价值品牌体系,把"纯净资溪"打造成覆盖全区域、全品类、全产业链的地方"金字招牌",实现生态产品的溢价增值。资溪特色农业产业"资溪白茶"在2022年中国茶叶区域公用品牌价值评估中品牌价值为6.07亿元人民币,产量达到450吨,年产值2亿多元,带动茶农增收致富。二是坚持生态赋能产品。对县域特色生态产品进行碳排放量化核查,发布了资溪面包、大庄和吉中的户外竹材、庄驰的整竹砧板及圣农食品等5个产品碳足迹及碳标签证书,其中,资溪"整竹砧板""大庄户外竹材"获中国质量认证中心在全国首次颁发的吸碳产品足迹证书,得到《江西日报》、新华财经网、"学习强国"、新闻速读等主流媒体平台广泛宣传。

江西省生态产品价值实现智库联盟

江西省生态产品价值实现智库联盟由江西省生态文明研究院发起，于2023年9月17日正式组建。首批成员单位包括中国科学院地理科学与资源研究所、中国科学院科技战略咨询研究院、中国科学院南京地理与湖泊研究所、中咨公司资源与环境业务部、中节能生态产品发展研究中心等5家国家级大院大所，以及省科学院、省社会科学院、南昌大学、江西财经大学、江西师范大学、东华理工大学、省林业科学院、省国土空间调查规划研究院、省公共资源交易集团等省内重要科研力量。联盟旨在通过信息共享、课题共研、项目共推、平台共建、标准共拟、学科共融、宣传共频，广泛凝聚省内外生态产品价值实现领域优质智力资源，为江西打造全国领先的生态产品价值实现模式、推动全国生态产品价值实现理论研究和实践探索作出积极贡献。江西省生态产品价值实现智库联盟的成立，作为全省生态产品价值实现工作亮点写入了省委十五届五次全会工作报告。

一、中国科学院地理科学与资源研究所

中国科学院地理科学与资源研究所（以下简称"地理资源所"）于1999年9月经中国科学院批准，由中国科学院地理研究所（前身是1940年成立的中国地理研究所）和中国科学院自然资源综合考察委员会（1956年成立）整合而成。地理资源所的定位是：以解决关系国家全局和制约长远发展的资源环境

领域的重大公益性科技问题为着力点，以持续提升研究所自主创新能力和可持续发展能力为主线，建设成为服务、引领和支撑我国区域可持续发展的资源环境研究科技力量。发展目标是：成为在我国陆地表层过程、区域可持续发展、资源环境安全、生态系统及地理信息系统核心科学与技术研究中起引领作用的综合研究机构，成为国家区域发展、资源利用、环境整治和生态文明建设重要的思想库、人才库，成为国际地理科学、资源科学和生态建设领域的著名综合性研究机构。

二、中国科学院科技战略咨询研究院

中国科学院科技战略咨询研究院是中国科学院大学公共政策与管理学院的主承办单位。设有"管理科学与工程""公共管理"一级学科硕博士学位培养点，"情报学"二级学科硕博士培养点。"管理科学与工程"学科设有博士后科研流动站。获教育部批准"高端科技智库人才培养"专项，成为全国首家智库理论与方法方向的研究生培养单位。在公共管理一级学科下设置"智库理论与方法"特色方向，建立了系统的知识体系和课程体系，着重面向未来培养高端科技智库人才，开创了国内高校智库专业建设的先河，为国家高端智库建设提供高水平的智力支撑。战略咨询院已与国际上近30个著名的科研机构、大学形成战略合作伙伴关系，并创建了中俄科技与创新合作研究中心、中德联合创新研究中心、中芬科技与创新合作中心三个机制化合作研究机构，发起成立了近40家重要研究机构和著名大学参加的中英创新战略和政策研究网络。依托"一带一路"国际科学组织联盟（ANSO），组建专题联盟"ANSO创新与可持续政策联盟"。

三、中国科学院南京地理与湖泊研究所

中国科学院南京地理与湖泊研究所，前身系1940年8月在重庆北碚成立的中国地理研究所，目前是全国唯一以湖泊—流域系统为主要研究对象的国家综合研究机构。中国科学院院士黄秉维、任美锷、周立三曾先后担任过所长。研究所以湖泊科学和流域地理学为特色学科，瞄准湖泊—流域学科国际前沿，

针对我国湖泊—流域生态环境与可持续发展中的重大问题，围绕湖泊生态系统演化、湖泊环境治理、流域地理与可持续发展等学科方向，聚焦湖泊—流域科学基础理论、核心技术、系统治理和综合管理等科学问题，开展自然和人文要素驱动下湖泊—流域系统格局、过程、机理与调控的基础性、战略性和前瞻性研究；发展湖泊科学和流域地理学新理论、新方法和新技术，引领湖泊—流域学科发展，显著提升解决湖泊—流域生态环境及可持续发展综合性、复杂性和系统性问题的能力，为我国湖泊资源合理利用、湖泊环境质量和生态系统服务功能提升、流域综合管理和区域协调发展提供重要支撑；构建先进的湖泊—流域科技创新平台，培养造就湖泊—流域科学领域高层次人才队伍，成为国际一流的湖泊科学和流域地理学研究中心。

四、中咨公司资源与环境业务部

中国国际工程咨询有限公司（以下简称"中咨公司"）成立于1982年，是国家高端智库和从事综合性工程咨询的中央企业，也是国家投资建设领域决策科学化、民主化的先行者。中咨公司的业务领域覆盖国民经济的主要行业，具有甲级工程咨询综合资信、工程咨询专业资信、工程咨询专项资信等专业资质，通过了ISO9001、ISO14001、ISO45001等国际标准认证，建立了覆盖全部业务范围，较为健全的质量管理、环境管理和职业健康安全管理体系。资源与环境业务部为中央政府、地方政府和企业等各类市场主体，在资源节约、环境保护、生态文明建设、节能及能评审查、循环经济及资源综合利用、节水、应对气候变化等领域，开展政策研究、规划编制与咨询、项目咨询评估、后续评价及节能环保重大工程投资研究等方面提供咨询服务。

五、中节能生态产品发展研究中心

中节能生态产品发展研究中心（以下，简称"研究中心"）是中国节能环保集团发起成立的国有独资二级公司。研究中心作为中国节能从事生态产品价值实现、绿色发展研究的特色智库和智力平台，聚焦节能与清洁能源、生态环境保护与应对气候变化、健康产业与绿色金融等领域，主营业务包括政策与专题研究、规划编制、绿色金融服务、工程咨询、第三方业务、节能技术推广、信息系统开发等一系列全产业链咨询服务。研究中心注册资本1亿元，下属中节能咨询有限公司、中节能衡准科技服务（北京）有限公司2家全资子公司，参股北京绿色交易所，加挂"中节能绿色发展研究院""中节能碳达峰碳中和研究院"牌子，是中国环境科学学会气候投融资专业委员会秘书处单位。

六、江西省科学院

江西省科学院设有生物资源研究所、微生物研究所、能源研究所、应用物理研究所、应用化学研究所、科技战略研究所6个研究所和江西省产业技术研究院，以及一批新型研发机构。目前在岗职工550余人，高级职称180余人，博士200余人。建有国家国际科技合作基地、国家级科技企业孵化器、国家级众创空间、国家级小微企业创新创业示范基地等6个国家级基地，铜基新材料江西省重点实验室、温室气体核算与碳减排江西省重点实验室、工业水污染防治江西省重点实验室、特色果树茶叶种植与高值利用江西省重点实验室、江西省药食同源植物功效成分提取与高效利用工程实验室、江西省稀土催化材料工程研究中心等21个省部级研发平台和1个省级智库。江西省人民政府与中国工程院共建的中国工程科技发展战略江西研究院依托省科学院建设运行。在新材料、新能源、低碳技术、生物化工、天然产物化学、现代农业、科技智库等领域具备鲜明的优势。

七、江西省社会科学院

江西省社会科学院是省委省政府科学决策、民主决策的重要思想库与智囊团。建立了马克思主义研究所、哲学研究所、经济研究所、农业农村发展研究所、社会学研究所、法学研究所、文学与文化研究所、历史研究所、江西发展战略研究所。设有江西社会科学杂志社，主办《江西社会科学》《企业经济》《农业考古》和《鄱阳湖学刊》4个学术刊物。打造应用对策研究型内刊《专报》和《江西发展蓝皮书》系列丛书等成果宣传报送平台。获得省部级以上领导肯定批示多件，多项成果被中央、省委、省政府采纳或被列为重要会议材料。一大批学术论文在 CSSCI 和核心期刊上发表，国家社科基金立项率在全省名列前茅。涌现了一批知名的领军人才和优秀科研骨干。

八、南昌大学

南昌大学是国家"双一流"建设高校、教育部与江西省部省合建高校、江西省一流大学整体建设高校。学校地处"英雄城"南昌市，拥有前湖、青山湖、东湖 3 个校区，其中前湖主校区占地面积 4264.54 亩，校舍建筑面积 150 万平方米。学校现有 42 个教学单位、13 个学科门类、92 个本科招生专业，22 个博士学位授权一级学科，3 个博士专业学位授权类别，18 个博士后科研流动站，49 个硕士学位授权一级学科，35 个硕士专业学位授权类别。学校设有 5 所直属附属医院，共有 9 个国家临床重点专科。材料科学与工程学科入选国家"双一流"建设学科，6 个学科入选省一流学科。15 个学科进入 ESI 全球排名前 1%，其中农业科学（以食品科学为主）进入全球排名前 0.326‰；食品学科在"US News 全球大学学科排名"中位居第 7 位。

九、江西财经大学

江西财经大学是一所财政部、教育部、江西省人民政府共建，以经济、管理类学科为主，法、工、文、理、艺术、教育等学科协调发展的高等财经学府。设有工商管理学院（MBA 教育学院）、财税与公共管理学院、会计学院、国际经贸学院、经济学院、金融学院、统计与数据科学学院、信息管理学院、软件与物联网工程学院（用友软件学院）、外国语学院、人文学院、法学院、设计与艺术学院、体育学院（国防教育部）、马克思主义学院、虚拟现实（VR）现代产业学院、应用经济学院（数字经济学院）共 17 个教学学院，国际学院、海外教育学院、创业教育学院、继续教育学院共 4 个管理型学院，以及 1 个独立学院。2009 年至今，学校立项国家社科基金项目 380 项，其中重大招标项目 25 项；立项国家自然科学基金项目 486 项，其中重点项目 2 项。10 余项研究成果编入国家社科规划办《成果要报》并送中央领导决策参考，363 篇研究成果、调研报告获中央和省部级领导批示。立项教育部人文社科项目187项，在国际一流刊物及国内权威刊物发表论文3570余篇，获教育部中国高校人文社会科学研究优秀成果奖、江西省人文社会科学研究优秀成果奖、江西省社会科学优秀成果奖430余项。

十、江西师范大学

江西师范大学是教育部、江西省人民政府共建高校和中西部高校基础能力建设工程高校。学校融哲学、经济学、法学、教育学、文学、历史学、理学、工学、管理学、艺术学等十大学科门类于一体，位于具有深厚历史文化底蕴，素有"物华天宝、人杰地灵"美誉的江西省省会南昌，对江西的政治、经济、文化和社会发展有较大影响，被江西省人民政府确定为优先发展的省属重点（师范）大学。学校现有瑶湖、青山湖两个校区，占地面积3500余亩，建筑面积140余万平方米。学校聚焦重大科研创新，优化组织模式，加强团队建设和梯队培养，不断提升创新能力。近5年来，获国家自然科学基金363项，其中重点4项。获国家社会科学基金178项，年度项目立项数位居全国高校50强，连续6年居全省第1位。

十一、东华理工大学

东华理工大学（原华东地质学院）（以下简称"东华理工"），创办于1956年，是中国核工业第一所高等学府，是江西省人民政府与国家国防科技工业局、自然资源部、中国核工业集团有限公司共建的具有地学、核科学特色，以理工为主，经、管、文、法、教、艺兼备的综合性大学。学校是教育部"卓越工程师教育培养计划"试点高校、教育部"111计划"入选高校、"中西部高校基础能力建设工程"支持高校、全国国防教育特色学校、国家新工科和新文科项目入选高校，国家语言文字推广基地、中国人民海军士官选拔培训基地、中国核工业集团有限公司人才培养基地。近年来，学校不断加大科技研发投入，年均科研经费达2.8亿元，总量位列全国170位以内，稳居全省前列。获得国家科技进步二等奖、国防科技进步特等奖与二等奖、国防技术发明二等奖、江西省自然科学一等奖、江西省科技进步奖一等奖、江西省社科优秀成果一等奖等国家级、省部级科技成果奖80余项。

十二、江西省林业科学院

江西省林业科学院成立于1956年8月，前身为江西省林业科学研究所，1968年撤销，1972年恢复，1997年所改院，2000年升格为省政府直属副厅级事业单位。主要从事林业经济和生态环境建设中重大关键性科学技术问题的应用研究、应用基础研究与开发研究，以及科技成果推广转化和科普宣传教育等工作。内设职能处室7个、科研机构17个，附属1个子弟学校，共建4个分院。截至2023年10月，全院有在职人员296人，其中有正高27名，副高73名，博士70名，硕士103名，本科以上学历人员占比85%以上。拥有各类科技平台47个，其中：国家部级科技平台20个，省级科技平台23个，市厅级科技平台4个。拥有省级创新团队2个，省林业局科技创新团队6个，省林业局育种攻关团队4个，院科技创新团队14个。

十三、江西省国土空间调查规划研究院

2021年1月13日，江西省国土空间调查规划研究院正式挂牌成立，为副厅级公益二类事业单位，由省自然资源厅管理，整合省自然资源厅国土资源勘测规划院、省国土资源数据备份中心、省土地开发整理中心、省自然资源厅建设用地事务中心、省地质灾害应急中心、省测绘地理信息规划研究中心、省地理空间数据交换中心等单位和省住建厅所属省城乡规划设计研究总院、省林业局所属林业调查规划研究院相关职责。承担山水林田湖草资源调查、统一国土空间规划研究等职责，为全省自然资源规划管理、国土空间开发保护和用途管制、构建多层次规划体系及行业标准提供技术支撑。

十四、江西省生态文明研究院

江西省生态文明研究院是经省委省政府批准，在省山江湖开发治理委员会办公室基础上，整合省发展改革研究院（《价格月刊》编辑部）、省鄱阳湖生态经济区规划馆及相关职责组建的副厅级公益一类事业单位，由江西省发展改革

委管理，对外保留江西省山江湖开发治理委员会办公室牌子。2021年2月5日，江西省生态文明研究院正式揭牌成立，主要承担开展全省经济建设、生态文明建设与可持续发展的全局性、综合性、战略性问题研究，参与重大规划、重大政策、重大改革研究，开展重大平台建设、实验示范、综合评价、对外合作交流和科普宣教等职责，核定办公室、战略规划与综合经济研究所、资源环境与生态建设研究所、江西生态文明展示馆等4个正处级内设机构，是江西省宏观经济学会、江西山江湖可持续发展促进会的理事长单位，负责编辑出版《价格月刊》《江西生态文明》《山江湖之声》等报刊和"江西生态文明网"运维。

十五、江西公共资源交易集团

江西公共资源交易集团是以江西省产权交易所为依托组建的国有全资企业。作为省本级唯一的公共资源交易平台，主要从事国有产权交易、工程建设项目招投标、政府采购、土地和矿业权出让和环境权益要素交易等公共资源交易活动，并积极构建全省数据要素交易、知识产权要素交易等全要素区域交易市场。交易集团按照"政府强监管、市场化运作、企业化管理"的模式，不断提升公共资源交易服务能力，提高市场化水平和辐射吸纳能力，实现公共资源交易价值最大化和配置效率最优化，打造公平透明、公平公正、统一规范、便捷高效的全国一流"全省一体化、全要素"公共资源交易平台，建设高标准的交易场所，助力构建服务江西面向全国的集各类公共资源交易于一体的公共资源交易市场，助推江西省经济高质量发展。

后 记

《江西省生态产品价值实现机制改革绿皮书》，是江西第一部关于生态产品价值实现的绿皮书，为各地各部门深入贯彻落实习近平生态文明思想和习近平总书记考察江西重要讲话精神，进一步深化生态产品价值实现机制改革提供重要参考。

本书收录了国家发展改革委环资司青年理论学习小组文章《加快完善生态产品价值实现机制 拓宽绿水青山转化金山银山路径》（《习近平经济思想研究》2024年第4期刊发，崔洪运、张雨宇执笔），作为《全国生态产品价值实现机制改革情况》报告。

本书编写工作得到省财政厅、省自然资源厅、省生态环境厅、省水利厅、省农业农村厅、省商务厅、省林业局、省委金融办（省地方金融监督管理局）、省市场监管局、省机关事务管理局、省气象局、中国人民银行江西省分行等省直有关部门以及各市、县（区）的大力支持。江西省生态产品价值实现智库联盟各成员单位（中国科学院地理科学与资源研究所、中国科学院科技战略咨询研究院、中国科学院南京地理与湖泊研究所、中咨公司资源与环境业务部、中节能生态产品发展研究中心、省科学院、省社会科学院、南昌大学、江西财经大学、江西师范大学、东华理工大学、省林业科学院、省国土空间调查规划研究院、江西公共资源交易集团）参与了本书的编写或积极提供技术支持。

全书编写由江西省发展改革委党组书记、主任王前虎主持，省发展改革委副主任、省生态文明建设领导小组办公室专职副主任刘兵，省生态文明研究院院长彭小平，省生态文明研究院党委书记徐伟民组织具体编写工作。编委会多次召开会议，进行深入研究讨论。

省发展改革委长江处、省生态文明研究院生态所承担了策划、组稿、审读、校改等具体工作。江西人民出版社为本书的出版给予了大力支持。在此，谨向所有给予本书帮助支持的单位和个人表示衷心感谢。

需要说明的是，受时间、经验、编者水平等因素限制，本书难免存在一些不足和疏漏之处，敬请提出宝贵意见。

本书编委会

2024 年 8 月